DRA. ANA NOGALES
AMOR,
INTIMIDAD
Y SEXO

UNA GUIA PARA LA PAREJA LATINA

Dra. Ana Nogales con *Laura Golden Bellotti*

BROADWAY BOOKS | NEW YORK

Las ediciones en español y en inglés son siendo publicadas simultáneamente.

Los títulos de Broadway Books pueden ser adquiridos para negocio o uso publicitario o para ventas especiales. Para obtener información, por favor, escriba a: Special Markets Department, Bantam Doubleday Dell Publishing Group, Inc., 1540 Broadway, New York, NY 10036.

Nota: Para proteger la privacidad de las personas cuyas historias aparecen en este libro, todos los nombres han sido cambiados, excepto cuando se mencionan con nombre y apellido.

Library of Congress Cataloging-in-Publication Data
Nogales, Ana, 1951–
    [Dr. Ana Nogales's book of love, sex, and relationships. Spanish] Amor, intimidad y sexo : una guía para las parejas latinas / Dra. Ana Nogales con Laura Golden Belloti.
        p.   cm.
    ISBN 0-7679-0120-7 (paper)   Eng. ed.: ISBN 0-7679-0118-5 (HC)
    1. Hispanic Americans—Life skills guides. 2. Hispanic Americans—Communication. 3. Hispanic Americans—Sexual behavior. 4. Hispanic American women—Psychology. 5. Hispanic American women—Attitudes. 6. Man-woman relationships—United States. 7. Hispanic American families—Psychology. I. Belotti, Laura Golden. II. Title.
E184.S75N6418 1998   97–40920
305.868′073—dc21   CIP

Primera Edición
Producido por K&N Bookworks Inc.
Diseñado por Chris Welch

98 99 00 01 02 10 9 8 7 6 5 4 3 2 1

DEDICATORIA

Dedicado a todos los latinos que viven en los Estados Unidos y que con su esfuerzo y buena voluntad contribuyen a la grandeza de esta nación.

CONTENIDO

AGRADECIMIENTOS

Primero, quisiera agradecer a dos países:

... a la Argentina, donde nací de padres inmigrantes, por darme mi "espíritu latinoamericano". Amo a la Argentina y amo ser latina.

... a los Estados Unidos, por concederme la oportunidad de pertenecer a la comunidad latina, de unirme a otros que tienen sus raíces en América Latina, pero que ahora tienen su hogar en este maravilloso país donde pueden convivir muchas culturas. Estoy agradecida a todas las personas de este país —latinos y no latinos— que me recibieron a mi familia y a mí para crear unos Estados Unidos de América donde todos podamos participar y lograr una sociedad mejor.

También quiero agradecer a mi familia...

A mi esposo, Alex, por su amor y por crear conmigo la relación que compartimos, la que ha inspirado tantas de las ideas expresadas a través de este libro.

A mis tres hijas, Eleonora, Gabriela y Natalie, las mujercitas latinas que son mi orgullo y que pueden disfrutar de las oportunidades que este país les brinda.

A mi madre, cuyo trabajo arduo y persistencia hacia sus objetivos han sido mi constante inspiración.

A mi padre, por ser un soñador, lo que me permitió elaborar el sueño de mi propia vida.

A mis hermanos y cuñados, Quela y Bruno, Norma y Oscar, quienes siempre me han apoyado incondicionalmente.

Quiero extender mi profunda gratitud a mi representante en Los Angeles, Betsy Amster, quien tuvo la idea de que escribiera este libro, quien confió en que podría hacerlo y abrió una nueva puerta para que pudiera expresarme.

Un cálido agradecimiento a mi representante en Nueva York, Angela Miller, por su apoyo y su dedicación a este proyecto.

Mi más profundo agradecimiento a nuestra editora, Janet Goldstein, por creer en el libro y por brindar su sabia y entusiasta orientación editorial.

Quiero agradecer especialmente a mi colaboradora, Laura Golden Bellotti, por ser mi segunda mente, pensando y sintiendo conmigo, y poniendo en palabras los conceptos, ideas y el amor espiritual que deseo que este libro exprese.

A Marcela Dominguez y Diana Valori por su comprensión, dedicación y buena voluntad que posibilitaron esta clara y elocuente versión en español.

Finalmente, estoy muy agradecida con mis pacientes y mi público de televisión y radio por compartir sus experiencias conmigo. Sé que sus historias alimentarán e inspirarán a los lectores de este libro.

—*Dra. Ana Nogales, noviembre de 1997*

INTRODUCCION

Escribí este libro especialmente para usted. Ya sea usted soltero o soltera o haya estado casado o casada durante años, ya sea una persona de origen latino de tercera generación o haya inmigrado recientemente, sin importar el tipo de preocupaciones que puede tener en sus relaciones, usted es la persona que yo tenía en mente cuando escribí este libro.

Durante los muchos años en que he sido psicóloga, columnista de periódicos y anfitriona de programas con participación del público, nunca he visto un libro de autoayuda acerca del amor y las relaciones humanas dirigido específicamente al lector latino residente en los Estados Unidos. Siempre es un desafío tener una relación amorosa porque las personalidades, los sentimientos, las expectativas y los sueños de dos personas se entremezclan... y a veces se chocan. Como latinoamericanos, enfrentamos desafíos adicionales en nuestras relaciones: nuestros valores culturales a menudo están en conflicto con los de la cultura mayoritaria, y debemos lidiar con un conjunto único de presiones sociales. Esas circunstancias especiales no pueden sino afectar la forma en que nos relacionamos con las personas que amamos.

Por haber dedicado mi carrera profesional a ayudar a personas de la comunidad latina con sus preocupaciones por la familia, el matrimonio, la intimidad y el "vivir entre dos mundos", sabía que se necesitaba un libro sobre relaciones especialmente para los latinos. Sentí que sería tremendamente útil compartir las historias emocionantes que la gente me ha contado sobre su vida personal, así como el consejo y las estrategias que les he brindado.

Asimismo incorporo en este libro mis propias experiencias de mujer soltera, de esposa, de madre, de psicóloga, de miembro de la comunidad latina y de inmigrante. Cuando vine a California de la Argentina hace veinte años, me sentía profundamente ligada al país donde nací, y mi identidad estaba sumamente conectada a él. Fue para mí un choque cultural y una sorpresa encontrar tanta variedad de "americanos" y de "latinos". Me casé con un méxicoamericano cuyos padres provienen de México. El entorno cultural de ellos era totalmente diferente al mío, pero también teníamos mucho en común. Aprendí de sus experiencias, y en la actualidad, mi esposo y yo continuamos aprendiendo el uno del otro. La gente con la que he tenido el privilegio de trabajar en la comunidad latina de Los Angeles también me ha hecho enfrentar diversas situaciones de la vida en los Estados Unidos permitiéndome entender las circunstancias por las que atraviesan los distintos inmigrantes.

Trabajar como psicóloga latina en este país, adaptarme a una nueva cultura, alcanzar junto a mi esposo un entendimiento más profundo acerca del matrimonio y el amor, y ayudar a mis hijas a crecer en una comunidad tan variada ha expandido mi conciencia y entendimiento de la problemática. A lo largo de este libro compartiré con usted las ideas que he obtenido en este proceso.

Imagino que la razón por la que usted seleccionó este libro es una o más de las siguientes:

❧ Quiere explorar cómo el ser latino y llevar una "vida cultural doble" afecta las relaciones con aquellos que ama.

❧ Es feliz en su matrimonio, pero le gustaría que fuera más íntimo y significativo.

❧ Tiene problemas con su cónyuge (o novio o novia) y quiere entender cuál es la causa. Le gustaría aprender de sus desacuerdos y saber qué hacer para mejorar la situación, de manera que puedan acercarse más el uno al otro.

❧ Quiere aprender a confrontar mejor las presiones que enfrentamos los latinos, y prevenir el tipo de desesperación que puede poner en peligro la relación de pareja o conducir a la infidelidad, la violencia doméstica o el consumo de la droga o del alcohol.

❧ Desearía que su vida sexual fuera un reflejo de la persona cariñosa, sensual y sensible que es, de manera que usted y su pareja puedan disfrutar una mayor intimidad tanto a nivel físico como espiritual.

❧ Necesita consejos para ayudar a sus hijos a recibir las oportunidades que este país les ofrece, y también para asegurarse de que ellos vivan de acuerdo a los valores culturales que apreciamos.

En este libro hablaremos de todo eso y de mucho más. Ahondaremos en el tema de cómo las latinas y los latinos reaccionan a los conceptos cambiantes de lo que significa ser hombre o mujer en la sociedad actual; por qué algunos hombres latinos se sienten orgullosos de que su esposa no trabaje fuera del hogar; y por qué tantas latinas, por el contrario, se sienten satisfechas al trabajar; cómo las relaciones sexuales pueden ser más satisfactorias cuando los miembros de la pareja alcanzan un nuevo nivel de intimidad y entendimiento mutuo; por qué algunas latinas encuentran atractivos a los hombres que parecen "machos"... pero sólo cuando ellos respetan el derecho de la mujer de ser sí misma; por qué algunas esposas se sienten infelices con su marido a pesar de que él hace todo lo posible para brindarle una vida cómoda; qué hacer cuando se destruyen sus expectativas de una vida mejor y las presiones sociales o económicas debilitan la familia; y cómo vivir "entre dos mundos culturales" sin perder la identidad latina.

En cada capítulo, escuchará historias personales contadas por aquéllos cuyas familias son muy parecidas a la suya y a la mía y cuyas situaciones le resultarán muy familiares. El lector latino se podrá identificar tanto en los logros individuales como en las historias de éxito de este libro. A lo largo de él, le ofreceré mi experiencia profesional, consejos prácticos, e inclusive algunos ejercicios y técnicas opcionales con las que usted podrá beneficiarse.

Compartir nuestras historias con aquéllos en los que confiamos puede ser una experiencia enriquecedora. Espero que leer este libro lo incentive a examinar su relación personal y a profundizarla, para resolver los problemas que puedan existir entre usted y su pareja y desarrollar la intimidad que tanto desea.

Atentamente,
Dra. Ana Nogales

DRA. ANA NOGALES

AMOR, INTIMIDAD Y SEXO

VIVIENDO ENTRE DOS MUNDOS

A veces me siento como el personaje de Clark Kent/Superman —corriendo hacia una cabina telefónica para cambiar su identidad en secreto cuando sus amigos no lo están mirando. Un grupo de gente me ve de una forma, mientras que para otros soy una persona muy diferente. Con los amigos del trabajo, soy Michael —un tipo agradable y simpático que trabaja en ventas. Hablo inglés sin acento, flirteo discretamente con las mujeres de mi oficina y los compañeros me toman el pelo porque siempre pido ensaladas saludables para el almuerzo. Con mi familia, soy Miguel. El que se graduó de la universidad y tiene un magnífico empleo. El que se llena de albóndigas y taquitos. El que se está demorando demasiado en encontrar esposa porque quiere asegurarse de que sea la adecuada. Aunque me siento cómodo en ambas situaciones, es como si faltaran piezas de mí mismo cuando estoy desempeñando un papel o el otro.

—Miguel / Michael, 29 años

Cuando llegué por primera vez a este país, alrededor de los veinte años, ni siquiera sabía lo que era un "date". Cuando alguien me preguntaba, "Do you date?", no sabía de qué me estaba hablando. Necesitaba aprender cómo se te acercan los hombres, y qué quieren cuando te invitan a salir. ¿Quieren salir contigo o solamente tener relaciones sexuales? ¿Desean establecer una relación, o llegar a conocerte? ¿Cuál es el lenguaje del amor? Tuve que aprenderlo todo de *nuevo... En los Estados Unidos hay tantas tradiciones diferentes, que lo que es aceptable para otra persona, no lo es para ti. No perteneces a un grupo unido y homogéneo de personas como en tu propio país, donde no sólo formabas parte de una gran familia, sino que también tenías los mismos amigos desde la edad escolar y te sentías cómodo con ellos. Sabías que pertenecías a un determinado grupo familiar y/o social. Allí, las reglas eran siempre las mismas, pero, en los Estados Unidos, cada uno tiene reglas propias.*

—Marta, 35 años

Hayamos nacido en los Estados Unidos* o vivido aquí sólo durante un tiempo breve, por ser latinos, habitamos dos mundos diferentes. Uno es el mundo de nuestros padres, abuelos y bisabuelos, la cultura que llevamos en nuestros corazones, la cultura que une a grandes familias y nos enlaza a tías y tíos, primos y cuñadas; la cultura que valora la tradición, la lealtad, los viejos amigos y nos da el sentido de comunidad.

También habitamos el mundo multicultural de los Estados Unidos, un medio ambiente tan diverso que es casi imposible de definir. Es un mundo donde se supone que a cada ciudadano se le otorga la oportunidad de concretar sus sueños; donde sobresalir es considerado heroico; donde las mujeres y los hombres son tratados con más igualdad que en cualquier otra parte del mundo; donde casi siempre se valora al individuo por encima del grupo.

Como Miguel, muchos de nosotros luchamos con el sentimiento de tener dos identidades diferentes. Sentimos que, al

*Geográficamente América incluye Canadá, los Estados Unidos, México y los países de Centro y Sud América. En este libro, hemos utilizado el término "americano" (usado por los latinos y la gente de gran parte del mundo) para referirnos a personas de cualquier grupo étnico, que incluye a los latinos que viven en los Estados Unidos, y el término "americanización" para referirnos al proceso por el cual uno se asemeja culturalmente a la mayoría de los que viven en este país.

movernos entre un "mundo" y el otro, debemos cambiar partes de nosotros mismos para ser aceptados. Por eso, nos preguntamos qué ganamos y qué perdemos en este proceso. ¿Cómo es que esta "doble vida cultural" afecta nuestras relaciones, nuestra vida amorosa y el bienestar de nuestras familias?

Algunos somos inmigrantes como Marta, quien aún recuerda y añora su país natal a la vez que se regocija por la nueva posibilidad de establecer su hogar en los Estados Unidos. Ella, que todavía no es capaz, como Miguel, de integrar los dos mundos, ha tenido que familiarizarse no sólo con un nuevo idioma, sino también, con un conjunto de nuevas reglas culturales básicas.

Acostumbrada a socializar en grupo, tuvo que aprender cómo actuar con un hombre en una primera salida. Después de depender durante tanto tiempo del apoyo emocional de su grupo de amistades y familiares, tuvo que descubrir formas de establecer nuevos contactos para poder desempeñarse en el nuevo ambiente. Más adelante, los ajustes que tuvo que hacer influyeron en su matrimonio, en su papel de madre y en su interacción con parientes y colegas.

En mi caso, mi identidad está tanto "aquí" como "allá". Hay dos perspectivas integradas en mi persona. Aunque nunca escuchaba música de tango o folklore en Buenos Aires, cuando llegué a Los Angeles, sentí la necesidad de escuchar "mi" música para sentirme más en contacto con quien soy. Además, siempre me sentía muy feliz cuando otro conductor veía la calcomanía de "I love Argentina" en el parachoques de mi auto y me tocaba la bocina y saludaba con entusiasmo. En esos momentos, no me sentía tan sola —¡un compatriota conducía por la misma carretera! Incluso ahora, cuando abordo un avión para ir de visita a la Argentina, siento que, de cierta forma, puedo relajarme, como lo hace quién se quita los zapatos. Sin embargo, luego de permanecer allá durante varias semanas, me siento ansiosa por volver porque ahora mi hogar está aquí, mis raíces están sembradas en los Estados Unidos. A fin de cuentas, lo que me define como persona no está ni aquí ni allá; está tanto aquí como allá —soy de "aquí" y de "allá".

A mi esposo le sucede lo mismo. Alejandro fue educado en los Estados Unidos y pertenece a una primera generación de méxicoamericanos, pero reconoce que, culturalmente, se siente "en el medio" por haber sido criado con una mezcla de valores estadounidenses y mexicanos que lo influenciaron por igual. Mi marido ha tenido que superar muchos conflictos para encontrar un equilibrio cultural con el que se sienta cómodo.

Ahora bien, en este capítulo exploraremos la lucha y la ambivalencia que experimentamos los latinos al intentar integrar estos dos mundos. Si entendemos la trama bicultural que afecta nuestras vidas, comenzaremos a notar su influencia en nuestra forma de relacionarnos con aquellos que nos son importantes.

EL SUEÑO AMERICANO

¿Cuántas veces hemos escuchado a nuestros familiares contar lo que pensaban de los Estados Unidos antes de llegar a este país tan elogiado? Todo inmigrante, no importa de dónde proceda, tiene una fantasía de cómo será su vida en el país que se autoproclama "la tierra de las oportunidades".

En parte, esa visión se basa en la realidad, pero también en la esperanza. Los inmigrantes queremos creer que, en los Estados Unidos, quienes tienen fuerza de voluntad pueden ganar el dinero necesario para disfrutar de un estilo de vida confortable. También creemos que hasta una persona pobre puede trabajar arduamente y llegar a poseer su propio negocio o enviar a sus hijos a la universidad y que los principios del sistema democrático establecido en los Estados Unidos garantizan a los recién llegados las mismas oportunidades económicas que a quienes nacieron aquí. Las mujeres creemos en una promesa adicional: se nos darán las mismas oportunidades educativas, sociales y económicas que a los hombres.

Claro que hay algo de cierto en cada una de estas suposiciones, pero como todos sabemos, triunfar en este país no es tan fácil como el futuro inmigrante lo imagina. Hay una enorme diferencia entre las imágenes publicitarias deslumbrantes de "la buena vida en los Estados Unidos" y las duras presiones económicas y sociales que enfrentamos la mayoría de los inmigrantes de la comunidad latinoamericana.

Muchos inmigrantes latinos —desencantados porque su fantasía no tiene nada que ver con la realidad de su vida en los Estados Unidos— se preguntan si vivir "allá en casa" no tiene más sentido que "vivir en U.S.A.".

Como tantos otros argentinos, nicaragüenses, salvadoreños y cubanos, entre otros, Ernesto llegó a los Estados Unidos por motivos políticos. Por ser un refugiado, pudo apreciar no sólo las oportunidades económicas que le ofrecía este país, sino también las libertades políticas y religiosas. Para él, venir a este país hace más de veinticinco años significó venir a una tierra donde podía hablar libremente; donde no tenía por qué sentir temor de que si decía algo inadecuado le costaría su vida, o la vida de un familiar. Aun así, extraña muchas cosas de su Argentina natal. Hace poco regresó para reunirse con antiguos compañeros escolares y estos le pidieron que pronunciara un discurso sobre la vida en los Estados Unidos:

Cuando comencé a hablar, los ojos se me llenaron de lágrimas. Sabía que mis ex compañeros sentían envidia de mí. Vivo bien en los Estados Unidos. Tengo una carrera exitosa. Mis hijos se criaron aquí y también han llegado a triunfar. Pero en mi discurso les dije: "Todos ustedes se preguntan qué habría pasado si se hubieran ido como yo me fui. Se quejan de que no tienen las cosas que yo tengo. Pero ustedes se tienen los unos a los otros. La mayoría de ustedes aún tiene las mismas amistades que tenía cuando niño, las valiosas amistades que comparten aquí hoy. Sus hijos están cerca de los abuelos, las tías, los tíos y los primos. Ustedes comparten una vida y una historia en común. Con sólo caminar por las calles, se encuentran con amigos y se dan un abrazo, con gran placer, con mucho amor. Pueden recordar los buenos momentos que han

compartido mientras beben un café y hablan de las cosas que están
sucediendo en sus vidas. Si tienen problemas, se llaman por
teléfono. En cuanto a mí, tengo conocidos y vecinos, pero no tengo
a quién llamar cuando hay buenas noticias para compartir, o
cuando necesito que me escuchen porque me ocurre algo
desagradable. En las calles no me encuentro con nadie, con
ninguna cara conocida. Entonces, ¿quién vive mejor? ¿Ustedes,
que se tienen los unos a los otros, o yo, que tengo todas estas cosas
maravillosas, pero vivo básicamente solo?"

Flora, una inmigrante llegada hace relativamente poco de
Guadalajara, México, también habla de lo que extraña, así como
de algunas malas experiencias que le han hecho cuestionar su per-
manencia en los Estados Unidos:

En México no teníamos mucho, pero ahora pienso que tal vez
no apreciaba algunas de las cosas que sí teníamos, como la
importancia de nuestra familia y nuestros lazos estrechos. Aquí
tenemos un hogar más agradable y vivimos en un departamento
bonito de una comunidad linda. Pero me preocupa el problema de
las pandillas y su influencia sobre mis hijos. Veo que se comportan
de una manera que nunca les enseñé, y eso me asusta. Además, no
veo mucho a mi esposo porque ambos tenemos que trabajar para
pagar el alquiler. Donde yo me crié, la familia se reunía en la mesa
para cenar, pero eso no es posible aquí porque mi esposo trabaja de
noche. Espero que nuestra decisión de mejorar nuestras vidas y
forjar una familia en este país resulte la correcta.

Luís, el esposo de Flora, también se preocupa de que su familia
esté sacrificándose demasiado para alcanzar la "buena vida"
soñada:

Los dos tuvimos que abandonar nuestras familias. Mi hermano
se mudó para acá hace poco, pero Flora y yo extrañamos

muchísimo a nuestros familiares. Creo que vivir cerca de ellos representaría una gran diferencia en la crianza de nuestros hijos. Yo siempre tuve tíos, abuelos y primos mayores que me cuidaban cuando mis padres no estaban en casa. Sé que Flora se beneficiaría con esa ayuda. En los Estados Unidos, todos parecen arreglárselas por su cuenta. Extraño el sentimiento de formar parte de una gran familia, de saber que siempre habrá alguien para ayudarme, y que yo también puedo ayudar, sin importar cuál sea el problema.

Luís y Flora luchan con los cambios que han tenido que aceptar para vivir en este país. Pero, en parte, ya están disfrutando del sueño que los impulsó a mudarse a los Estados Unidos. Los dos ganan más dinero aquí del que ganaba Luís en Guadalajara. Sus hijos han aprendido inglés y tienen buenas notas en la escuela. Algún día, Luís espera abrir su propio negocio de reparación de vehículos. Flora está tomando clases en una escuela de adultos donde se prepara para ser maestra. En última instancia, sus dudas y preocupaciones tienen menos peso que sus logros, sus planes para el futuro y sus sueños anhelados.

INTEGRARSE O CONSERVAR LAS TRADICIONES

En quienes nacieron en los Estados Unidos —ya sea de padres inmigrantes, o de padres de primera, segunda o tercera generación en este país— a menudo existe una sensación de identidad y lealtad divididas. Es probable que, orgullosos de los logros obtenidos por su familia en este país, y conscientes de la cultura de sus antepasados, sientan amor y respeto por sus raíces culturales. Pero, naturalmente, también se sienten mucho más "americanos" que los inmigrantes recién llegados o las personas mayores que tienen lazos más estrechos con los valores latinos tradicionales.

Quizás les sea difícil imaginarse viviendo en el país del cual llegaron hace años sus familiares. Tal vez miren a sus primos que aún viven allá con cierta tristeza porque se sienten más privilegiados que ellos por vivir en los Estados Unidos. Al mismo tiempo, es posible que sus padres y abuelos se pregunten qué habría sido de sus vidas si hubieran permanecido en sus países de origen.

Por esa razón, es posible que usted se pregunte si ciertas tradiciones latinas que mantiene su familia le impiden disfrutar del tipo de vida que desea, y al mismo tiempo, reconozca que existen valores culturales tradicionales que no quiere rechazar. Como se ve, no siempre es fácil integrar la forma de ser del latino con el estilo de vida estadounidense y sentirse a gusto.

Rita, una méxicoamericana de segunda generación, ejemplifica la ambivalencia típica que sienten hoy en día muchas mujeres latinas que han avanzado social y profesionalmente. Con veintiséis años de edad, casada y en el tercer año de la Facultad de Derecho, Rita es la personificación del sueño americano, pero también reconoce los ajustes que ha tenido que realizar para alcanzar sus metas:

La mayoría de mis amigos de la escuela secundaria ya tienen dos o tres hijos. A pesar de que adoro lo que hago y deseo ejercer mi profesión, siento una punzada en el pecho cada vez que me invitan a un "baby shower". Y lo mismo le sucede a mi mamá. Los hijos son el centro de las familias mexicanas, y siento que estoy desilusionando a mi madre porque Jerry y yo hemos decidido esperar hasta que establezca mi práctica profesional para tener hijos.

Muchas chicas de mi barrio querían ir a la universidad, pero nunca lo hicieron porque se casaron y quedaron embarazadas al terminar la escuela secundaria, o se embarazaron y luego se casaron. Creo que muchas de nuestras madres desean que el matrimonio y la familia sean nuestra prioridad y quieren que estas cosas estén por encima de los estudios superiores, a pesar de que dicen que quieren que seamos independientes y salgamos adelante. Tal vez sea un conflicto interno personal de las "mujeres liberadas" el sentir que no es femenino tener una carrera. Pero yo no quise que nada me impidiera concretar los planes que había trazado para mi vida.

Rita se entristece cuando revela que en su familia hay quienes sienten que ella ha traicionado sus "raíces" al esforzarse por ser "más que sólo esposa y madre". Ella valora la importancia que los latinos dan a la familia, pero no cree que las mujeres deban ser presionadas para abandonar sus carreras y convertirse en madres de tiempo completo.

A diferencia de su madre y sus tías, Rita se siente bien con la idea de compartir con su esposo la responsabilidad de criar a los hijos. "Esa es una de las muchas razones que me atrajeron a Jerry", confiesa Rita. "El no cree que es una amenaza a su masculinidad estar casado con una mujer que desea una relación de igualdad. Desgraciadamente, demasiados hombres latinos aún están atrapados dentro de ese concepto machista".

Los comentarios de Rita indican uno de los dilemas creados por la diferencia entre los valores tradicionales latinos y las modernas creencias estadounidenses en el papel de las mujeres. Una y otra vez, escucho a mujeres que se quejan de que sus novios o esposos no pueden aceptar que "los tiempos han cambiado" y que las mujeres deben ocupar el sitio que se merecen. El cambio del rol femenino está afectando nuestras relaciones y nuestras familias de muchas formas. Y este tema, más que cualquier otro, hace que las parejas latinas cuestionen seriamente sus raíces culturales. Aunque "integrarse" a la cultura básica estadounidense es visto a veces como "vender" nuestras tradiciones latinas, en lo que se refiere a otorgarles a las mujeres las mismas oportunidades que a los hombres, muchos sentimos que nuestras costumbres latinas deben ceder ante un código de conducta equitativo.

Víctor está de acuerdo. Siendo un cubanoamericano de primera generación, aprecia que las mujeres se hayan unido a los hombres en el mundo laboral y estén al mismo nivel en las actividades sociales. Víctor prefiere a las mujeres profesionales y asegura que lo heredó de su madre, que era una enfermera graduada. Pero casi siempre Víctor tiene que defender sus opiniones en las reuniones familiares, donde algunos de sus tíos y primos discuten con él acerca de este tema:

> *En numerosas ocasiones, cuando llevo a una novia o a una amiga a las reuniones familiares en la casa de mi abuela, mi tío Manny y mi tío Roberto me llaman para bromear sobre ella y desacreditar mi gusto en mujeres. Por lo general, me critican porque suelo escoger mujeres que son fuertes, que no tienen pelos en la lengua, y que no temen estar en desacuerdo conmigo, ni con mis parientes del sexo masculino. ¡Esto sí que les molesta a mis tíos! Para ellos, el hombre siempre le debe mostrar a la mujer que él es el que manda, inclusive si ella sabe más que él sobre un tema. Yo me divierto con mis tíos y casi siempre les dejo decir lo que quieran. Y, créame, ¡esto me causa un montón de problemas con las chicas después que nos vamos de la fiesta!*

Como disfruta de la compañía de sus tíos testarudos tanto como de salir con mujeres dinámicas, Víctor no quiere sacrificar una cosa por la otra. El amor por su familia y su apego a la camaradería masculina son tan suyos como su respeto por las mujeres. Pero como su relato lo confirma, su vida cultural doble obliga a Víctor a justificar el comportamiento de sus tíos ante sus amigas, y aceptar las burlas de sus tíos queridos. Sin embargo, ésta no es necesariamente la única solución.

EL SENTIMIENTO DE PERTENECER

Los latinos apreciamos ser bien recibidos tanto por la familia como por la sociedad. A diferencia de la mayoría de los estadounidenses, nuestra identidad está basada en ser miembros de nuestra familia, de nuestra iglesia, de nuestra comunidad cultural. Tendemos a vernos reflejados en nuestra relación con los demás. Apreciamos esos lazos cercanos que nos unen a aquellos que respetamos y queremos. Para tener un fuerte sentido de identidad, dependemos de la relación emocional con esas personas.

Tradicionalmente, nuestras familias han sido numerosas. Ellas nos proporcionan nuestro sentido de identidad. Pertenecemos a la familia González, a la familia Guerrero, a la familia Nogales. Este grupo familiar es tan amplio que no necesitamos buscar muchos amigos. Los primos, las cuñadas y los sobrinos son nuestros amigos. Hay tantos miembros en la familia, que podemos socializar entre nosotros sin sentirnos faltos de compañía. Aunque contemos sólo con la familia, sentimos que vivimos en una comunidad. Por ejemplo, en la película *Fools Rush In*, estrenada a principios de 1997, los estrechos lazos con la familia extensa se reflejan en la familia del personaje protagonizado por la actriz Salma Hayek.

Los parientes latinos nos apoyamos los unos a los otros de muchas maneras. Por ser miembros de familias muy numerosas, no necesitamos salir de ellas para encontrar soluciones a dilemas sociales, psicológicos o económicos. Las respuestas se encuentran dentro de la estructura familiar. Siempre hay alguien con quien hablar, alguien que te presta dinero o te presenta a un agradable joven soltero para formar pareja cuando llegue el momento adecuado.

Por desgracia, no siempre tenemos la fortuna de tener a toda nuestra familia en los Estados Unidos. Muchos hemos inmigrado aquí solos y por tanto experimentamos un gran vacío al adaptarnos a una vida diferente sin nuestros familiares. Al principio, nos sentimos aislados y solitarios hasta que creamos maneras de compensar la estructura familiar que dejamos atrás.

El concepto de familia es diferente en el estilo de vida estadounidense contemporáneo. Cuando la mayoría de los estadounidenses hablan de "familia" se refieren a un grupo mucho menor que el nuestro. Para ellos, la familia es su familia "inmediata": su esposo, su esposa y sus hijos. Los abuelos, los tíos y los primos, suelen vivir muy lejos. Es posible que la "familia básica" vaya a visitar a los abuelos por una semana en época de Navidad y se reúna con sus tíos y primos muy de vez en cuando. Además, no es usual socializar periódicamente con docenas de parientes a la vez.

En realidad, muchas personas en este país nunca ven a sus propios padres o hermanos, aunque vivan en la misma ciudad, ya sea por falta de tiempo o porque, por algún motivo, han cortado las relaciones con ellos. Aunque se habla de los "valores familiares", muchos estadounidenses tienden a darle más valor a su independencia y a su libertad de hacer "lo que quieren" que a la lealtad familiar.

Además de depender de fuertes lazos familiares, tradicionalmente los latinos han recurrido a la Iglesia católica para confirmar su identidad. Más allá de su papel puramente religioso, la Iglesia brinda un profundo sentido de seguridad y comunidad y reafirma la estructura familiar.

La Iglesia a menudo tiene un papel importante en la vida de los nuevos inmigrantes, ayudándoles a superar sentimientos de aislamiento y frustración. Les proporciona un medio ambiente que refleja el que ya conocían en sus países de origen. Los recién llegados saben que la comunidad religiosa los cuidará, les dará apoyo emocional y que allí encontrarán a otros que provienen de un ámbito similar. Aun cuando no fueran tanto a la Iglesia en su país, aquí en los Estados Unidos encuentran en la Iglesia una base para forjar sus nuevas vidas. Ella les brinda una red social y un sentido de unidad e identidad que los recién llegados carecen con frecuencia.

Pero ¿continúa siendo la Iglesia una parte integral de la vida de la mayoría de los latinos después que se han establecido en los Estados Unidos? ¿O es que la "americanización" trae consigo una tendencia a buscar en otras fuentes una identidad social y espiritual? La Iglesia, un valor fundamental en la cultura latina desde hace tiempo ¿está comenzando a perder su importancia?

Por empezar, a diferencia de los países latinoamericanos, donde la Iglesia católica ha sido dominante por mucho tiempo, en los Estados Unidos hay cientos de ramas del cristianismo. Como con casi todos los otros aspectos del estilo de vida estadounidense, nos encontramos ante una gama de alternativas que puede llegar a provocar confusión.

Además existen conflictos entre la doctrina católica y las costumbres y actitudes estadounidenses modernas, que se ven reflejados en cuestiones como la igualdad de los sexos, el divorcio, el control de la natalidad y, naturalmente, el aborto. Nuevamente, como latinos, éste es otro ejemplo de cómo estamos atrapados entre dos mundos. Muchos nos sentimos divididos entre los fuertes lazos culturales con la Iglesia y las poderosas convicciones que hemos adquirido como resultado de habernos adaptado a la cultura estadounidense. ¿Significa entonces que la alianza con la Iglesia católica, un aspecto de la identidad latina que durante tanto tiempo se ha dado por sentado, está siendo desplazada en forma gradual por nuestra nueva cultura? No necesariamente.

Como Sandra, una mujer profesional puertorriqueña, muchos latinos hoy día aprenden a reconciliar las dos caras de su sistema de valores:

Me crié en el seno de la Iglesia católica y no puedo imaginar mi vida sin ella. Es parte de quién soy, aun cuando no estoy de acuerdo con muchas de las cosas que la Iglesia sostiene, como su oposición absoluta a que haya mujeres sacerdotes. Todas las otras religiones tienen ahora mujeres en puestos relevantes. ¿No es hora de que la Iglesia católica haga lo mismo? Y en cuanto a mi vida, me dolió que la Iglesia no reconociera mi divorcio. Sin embargo, tenía que ser fiel a mis sentimientos, y no podía seguir casada con alguien a quien ya no quería. Fue aun más conflictivo cuando no pude casarme de nuevo por la Iglesia. En cuanto al control de la natalidad, muy pocas de mis amigas católicas respetan los preceptos de la Iglesia que prohiben el uso de todo método anticonceptivo, excepto el del ritmo. Pero a pesar de todas sus deficiencias, sigo sintiendo que la Iglesia católica es mi hogar. Está en mi corazón, formo parte de ella.

NUESTRA FORMA DE EXPRESARNOS

Hay otra diferencia, más sutil, entre el carácter latino y el de la mayoría de los estadounidenses, que tiende a notarse en nuestras relaciones amorosas y familiares. La distinción radica en la forma que expresamos nuestros sentimientos. Aunque provengamos de México, América Central, Puerto Rico, Cuba, Sudamérica o España, tenemos la fama de ser personas cálidas y emotivas, y si bien nos estereotipan de "Latin lovers" o "temperamentales", es innegable que existe una calidez en el espíritu latino.

¿Cómo se manifiesta esta calidez al relacionarnos con conocidos y con seres queridos? Generalmente, somos sinceros y amistosos con quienes recién conocemos. Damos la bienvenida a los amigos a nuestros hogares y los tratamos como si fueran de la familia. Cuando queremos a alguien lo demostramos afectuosamente. Abrazamos y besamos a nuestros hijos, inclusive cuando ya son adultos.

A un nivel más íntimo, tendemos a expresar el amor que sentimos por nuestro cónyuge y nuestra familia a través de acciones en vez de palabras. Un esposo y padre demuestra su amor manteniendo a su esposa y su familia, siéndoles leal, y considerando pocas veces la opción del divorcio. Una esposa y madre demuestra su amor atendiendo a su esposo y sus hijos, y manteniendo un hogar cálido al cual ellos puedan regresar cada día y encontrar bienestar y seguridad. Asimismo, los hijos muestran su amor respetando a los padres y manteniéndose en contacto estrecho con ellos aun de adultos.

Si bien puede que las familias típicas estadounidenses tengan algunas de estas características, existe una gran diferencia en la forma que los latinos y los "americanos" típicos expresan el amor y los sentimientos en general. En los Estados Unidos, sobre todo durante los últimos veinte años, el pensamiento de la mayoría plantea la importancia de expresar verbalmente a los seres amados los sentimientos más íntimos. Mientras más cerca se sienta uno de alguien, más importante es abrirse emocionalmente y expresar los sentimientos, los temores y los secretos. Pero la idea de compartir los sentimientos más íntimos con otra persona no es común en las familias latinas, aun cuando se trate de un ser muy querido.

Este factor se debe a varias razones. Por empezar, los hombres latinos en general creen que es una debilidad revelar sus temores o ansiedades. Dar la apariencia de fortaleza y confianza en sí mismo es esencial para la identidad del hombre. Y como para expresar los propios sentimientos hace falta mostrar las vulnerabilidades, no es de sorprenderse que los hombres latinos sean reacios a expresarlos, ya sea con mujeres o con otros hombres.

Generalmente, a las mujeres latinas educadas de la manera tradicional se nos ha enseñado a no expresar nuestros pensamientos y sentimientos, aunque en menor medida que a los hombres. De niñas, se espera que respetemos a nuestros mayores y que demostremos nuestro amor por ellos obedeciéndolos. No es común que les contemos a los padres nuestras dudas y frustraciones ni lo que sucede en nuestra vida. Por eso, de adultas, cuando nos relacionamos con un hombre, tampoco expresamos verbalmente nuestros sentimientos más íntimos ni las cosas que nos preocupan. Además, como estamos conscientes de la dificultad que tienen los hombres para comunicarse con nosotras, a menudo nos rendimos ante el esfuerzo de "hablar de nuestros sentimientos" aun antes de intentarlo.

Esto no significa que los latinos nunca expresemos nuestras emociones, sino que generalmente lo hacemos sin palabras. Algunos pacientes me preguntan: "¿Por qué es importante decirle 'te quiero' a mi pareja cuando le demuestro que la quiero?". Muchos evitan decir "te quiero", "te amo", "te necesito" o "te deseo", porque creen que al hacerlo se rebajan. Aseguran que si tienen que decir esas frases, es porque no han sido capaces de brindar amor.

A veces las palabras no sólo se sienten innecesarias, sino demasiado poderosas, como si tuvieran un tipo de fuerza o magia al que tememos, como si al pronunciar algo muy personal fuéramos a sentirnos obligados a actuar de una manera que no resulta natural. Las palabras tienen muchos significados, y no queremos que se mal interpreten nuestras intenciones al usar ese poder de forma errónea.

También nos encontramos frente a la discreción y la modestia de los latinos. En nuestras culturas tendemos a creer que es inapropiado mencionar ciertas cosas que se consideran privadas. Esto va mano a mano con nuestra costumbre de no revelar a nadie cuestiones muy personales. No hay duda de que el amor es algo muy personal, pero hay otras facetas de nuestra vida que también lo son. Por ejemplo, algunas mujeres se refieren a su período menstrual como "eso", ya que consideran vulgar un término más explícito. De igual forma, nos resulta inadecuado usar palabras para nombrar o calificar nuestras emociones, aun cuando sean positivas.

La experiencia de Cristina, una amiga mía cuya hermana recientemente vino a visitarla de San Antonio, ejemplifica las diferencias en los Estados Unidos entre cómo los latinos y los que no lo son expresan los sentimientos:

> Comenté con mis amigas lo contenta que estaba de que mi hermana viniera a quedarse conmigo durante unas cuantas semanas. Todas mis amigas latinas vinieron a visitarla, a darle la bienvenida y a conocerla. Una compró sus galletitas favoritas para compartirlas con ella. Otra le trajo aguacates porque en San Antonio, en esta época del año, no hay buenos aguacates. Todo giró alrededor de la comida, porque en la cultura latina comer en compañía de otros es muy importante. Servir la comida es una manera de servir amor.
>
> Mis amigas estadounidenses, por otra parte, no aparecieron. Querían darme el "espacio" para disfrutar yo sola de la visita de mi hermana; no querían interferir en el tiempo que pasáramos juntas. Después que mi hermana se fue, me llamaron para enterarse qué tal había sido la visita. Me imagino que ésta fue la manera de expresar su amistad y afecto.

Así que, aunque somos gente cálida, sincera, hospitalaria, que busca y celebra la pasión de vivir, por lo general expresamos nuestros sentimientos con acciones en vez de palabras. En los capítulos siguientes exploraremos cómo esta característica en particular afecta nuestro modo de relacionarnos con el sexo opuesto, nuestras relaciones sexuales y la relación con nuestros hijos.

LA FORMALIDAD LATINA SE ENFRENTA CON LA INFORMALIDAD ESTADOUNIDENSE

En la mayoría de los países latinoamericanos todavía no se puede hablar de una "clase media", lo que significa que se pertenece a una clase económica alta o a una baja. La mayoría de la gente ve a la clase privilegiada como ejemplo, y lo que observan en su comportamiento y la forma de vestir es una evidente formalidad. La tradición latina, aun en los Estados Unidos, tiende a incorporar esta preferencia hacia la formalidad. Tratamos, en lo posible, de comportarnos como personas orgullosas de sí mismas y con buenos modales.

Aquí la palabra clave es "orgullo". Por empezar, usted representa la educación que le brindaron y no quiere ser "la vergüenza de la familia". No acepta ser tratado despectivamente porque es el reflejo de su familia y quiere mantener una imagen positiva. Esto está relacionado con el concepto de "el qué dirán". Ser formal significa estar muy consciente de cómo lo ven los demás. Al comportarse así, demuestra ser una persona culta y educada, y desea mantener esa imagen distinguida por su propio orgullo y el de su familia.

Esta formalidad indica que se valora a sí mismo y se identifica con los estándares más altos. De esta manera logra lo que la comunidad y la sociedad en general esperan de uno. La formalidad brinda una imagen que le facilita recibir la confianza de los demás:

se muestra fuerte mientras oculta sus vulnerabilidades. Esta tradición concierne también a las mujeres. Una mujer que acata el código de formalidad proyecta la imagen de alguien que mantiene su frente en alto, que siente orgullo de sí misma. La informalidad reflejaría una falta de adherencia a los valores convencionales, disminuyendo así su aceptación social. Si quiebra el código de formalidad y se permite lucir como un "excéntrico", tal vez los demás lo miren con desprecio y se cuestionen sobre su familia, y su nivel educativo y económico. "¿Y a éste qué le pasa?", será la pregunta en boca de todos.

En los Estados Unidos, los latinos adaptados a la cultura de este país se atienen a las pautas de una forma menos estricta, pero aun así tienden a ser más formales que los "americanos". Para muchos de nosotros, vivir entre dos mundos significa mantener la formalidad lo suficiente como para conservar nuestro sentido de orgullo a la vez que nos permitimos cierta informalidad.

Alicia ejemplifica esta forma de ser. En su vida personal es muy informal, se ríe de los chistes graciosos, habla sin problema de cualquier tema, asiste a los "barbecues" familiares en pantalones cortos y zapatos deportivos. Pero en la vida profesional, como trabajadora social en la comunidad latina, es una persona diferente. Debe comportarse con cierta formalidad y discreción. Se viste de forma conservadora, con trajes de falda y chaqueta para ir al trabajo y a los acontecimientos comunitarios, y actúa con el estilo ceremonioso que considera apropiado para su nivel profesional. "Debo cumplir con el papel que la comunidad espera de mí", ella explica. "Si no me visto y me comporto así, no me van a tomar en serio".

Alicia cuenta que una vez cuando se encontró con un colega en la oficina, se sintió "totalmente anonadada" cuando él se levantó para darle la mano... ¡Llevaba pantalones cortos! "Aprecio la espontaneidad de mis amigos y colegas que no son latinos. Me gusta la honestidad que acompaña ese modo más informal de presentarse y de comunicarse, pero hay maneras que personalmente no comparto. No me educaron de esa forma".

EL MACHISMO HEREDADO

Otro aspecto del vivir entre dos mundos radica en las diferencias entre el machismo latino y la perspectiva más "liberada" que comparten muchos hombres y mujeres estadounidenses. Las mujeres latinas me dicen con frecuencia que desearían que sus novios o esposos se "americanizaran" más. Los hombres latinos, por su parte, se quejan de que sus novias y esposas se vuelven menos femeninas y amorosas, y demasiado "liberadas".

Los hombres latinos no inventaron el machismo. Casi todas las culturas del mundo respetan y glorifican los conceptos de la fuerza masculina, la tenacidad y la superioridad del hombre sobre la mujer. Sin embargo, la encarnación latina del poder y el orgullo masculino es algo legendario.

Algunos señalan que las raíces del machismo en el hemisferio occidental se remontan a las culturas aborígenes de América del Norte, que alentaban e inspiraban a los hombres a morir en el campo de batalla. En el mundo azteca, Tlacaélel, el consejero de los reyes, era reverenciado como la "personificación del poder en la tierra". Este mantenía que los guerreros debían buscar una "muerte gloriosa" sobresaliendo en la guerra, y estando dispuestos a morir luchando con valentía. Al ofrendar su vida de esa manera notoria, los hombres tenían asegurado un lugar en el cielo. Según Miguel León-Portilla, autor de *Pensamiento y cultura azteca*, y Earl Shorris, autor de *Latinos*, la palabra en náhuatl para calificar ese modo ideal de morir es la forma pasiva del verbo "mati" (saber), que es "macho" (hacerse conocer).

Después que los invasores españoles y otros europeos aplastaron brutalmente a las diversas civilizaciones aborígenes de América, el machismo tomó un cariz muy diferente. Los conquistadores no sólo habían esclavizado a los aborígenes, sino que también se habían apropiado de las mujeres que deseaban. En el proceso de conquistar e imponer su voluntad y sus valores, les inculcaron su propio tipo de machismo a los aborígenes y a una nueva raza que luego se formó: el mestizo. Las poblaciones aborígenes y mestizas se convirtieron en pueblos atormentados y oprimidos. Desafortunadamente, sus propios actos de machismo eran a menudo una reacción a su impotencia. Eran intentos para probar su hombría en el contexto de una nueva cultura que se las había robado.

En su forma actual, el machismo continúa enmascarando la impotencia que sienten muchos latinos en los Estados Unidos. Al enfrentarse a las dificultades económicas, las barreras del idioma y del racismo, y la creciente igualdad de las mujeres, algunos hombres latinos manifiestan su necesidad de sentirse fuertes, de "hacerse conocer", de poseer una imagen de la cual puedan sentirse orgullosos. Algunos se enredan en discusiones verbales inofensivas con sus amigos, jactándose ante otros hombres de sus logros en los negocios o de sus conquistas románticas. Otros, con menos esperanza y menos que perder, chocan con rivales imaginarios de una manera más peligrosa y más concreta, integrándose a las pandillas y muriendo en búsqueda de un sentido del honor.

Tal vez la forma más triste y despreciable en que se manifiesta el machismo es en la violencia doméstica. El código de honor de un hombre se pervierte brutalmente cuando tiene que golpear a su esposa o a sus hijos para validarse a sí mismo como ser humano.

También se puede observar el juego machista de seducir románticamente a las mujeres y luego abandonarlas. Como dice Ilan Stavans, autor de *La condición hispana,* "el espíritu machista, poseído por la duda y la inseguridad, se entretiene con el desafío: pone a prueba sus estrategias románticas, evalúa su presencia física, y cuenta sus víctimas".

Inclusive los hombres latinos que se sienten seguros, que han triunfado y que se han adaptado a los valores de la mayoría de los estadounidenses siguen sintiéndose tentados por el estilo machista. Actuar como "macho" es, después de todo, parte de su herencia, transmitida de una generación a otra. En sus formas más benignas, el comportamiento machista no siempre carece de atractivo para las mujeres. Es posible que las mujeres modernas digan que rechazan a los hombres machistas, pero todavía muchas de ellas se sienten atraídas hacia el "tipo fuerte", el "romántico exagerado" o el hombre que proyecta la imagen de estar en control de la situación.

Ciertamente, muchos otros hombres que no son de ascendencia latinoamericana reflejan un comportamiento machista. Las mujeres estadounidenses de cualquier procedencia étnica siguen enfrentándose a actitudes machistas en el trabajo, en las relaciones sociales y en el hogar. Pero en general, el modo de vida estadounidense acepta la igualdad laboral, la participación activa de la madre y el padre en la crianza de los hijos, la libertad de decisión acerca de la conducta sexual para las mujeres y otros comportamientos que hacen caso omiso del machismo.

A lo largo de este libro, hablaremos sobre cómo las mujeres latinas enfrentan el machismo, y por qué nuestra cultura latina a menudo debe lidiar con este tema a un nivel más profundo que la mayoría de los estadounidenses típicos.

¿CUAL ES NUESTRA SITUACION ACTUAL?

Es difícil para las parejas de los 90 lidiar con las tormentas normales de las relaciones amorosas tales como encontrar a la persona adecuada, enfrentarse a cuestiones como la falta de confianza y/o compromiso, la manipulación de la pareja, mantener una vida sexual activa y plena, confrontar la traición de la infidelidad. Pero los que somos latinoamericanos debemos considerar también el problema de nuestra identidad cultural, que influye en cada aspecto de nuestra vida personal. Por más que rechacemos las costumbres sociales de nuestro país de origen y las actitudes que aprendimos de nuestros padres y abuelos, éstas permanecen con nosotros a un nivel subconsciente. Cada uno de estos factores afecta cómo somos y cómo nos relacionamos con las personas que amamos.

En este capítulo he comenzado a examinar algunas de las diferencias entre la cultura de la mayoría de los estadounidenses y la cultura latina, temas que desarrollaré más adelante. Al examinar las siguientes listas de características culturales, usted podrá pensar en otras que afecten su vida. Probablemente se identificará con algunos de los valores de ambas listas. Ninguna representa una forma correcta o incorrecta de ser. Ambos conjuntos de valores son cualidades valiosas de las cuales podemos sentirnos orgullosos. Lo importante es aprender de ambas culturas e integrar los valores culturales al estilo de vida que refleje su persona.

En la cultura latina...

En la cultura "americana"...

❦ "cuidar y atender" a su pareja es una prueba de amor

❦ "compartir sentimientos" es esencial para la intimidad de la pareja

❦ la familia, incluidos los parientes, son siempre su prioridad básica

❦ la familia es la familia "básica" o "inmediata"

❦ pertenecer, sentirse parte de un grupo, es un aspecto importante de su identidad

❦ la individualidad y el "salir adelante solo" tienen más valor que el trabajo en equipo

❦ la formalidad es una manera de mostrar orgullo de sí mismo

❦ la informalidad lo hace a usted más accesible

❦ las personas solteras generalmente socializan en grupos

❦ las personas solteras por lo general socializan en parejas

❦ las personas mayores son tratadas con respeto

❦ se glorifican la juventud y la vitalidad

❦ el hombre y la mujer son tradicionales en su forma de ser

❦ la igualdad entre el hombre y la mujer es más aceptada

Naturalmente, cada uno de nosotros tiene una personalidad única, una historia familiar distinta y un conjunto diferente de cuestiones personales. Pero como latinos que vivimos en los Estados Unidos, también compartimos algunos de los aspectos de la "vida cultural doble", y es este vivir simultáneamente en dos mundos lo que enriquece nuestras relaciones personales.

CONFLICTO DE CULTURAS EN NUESTRA CASA

Como se estila en las culturas latinas, fui educada para complacer a los demás. Primero para complacer a mis padres, y luego para complacer a un hombre y ser la que mantiene la paz en el hogar, la que cuida al esposo, a los hijos y a todo el mundo. Cuando acepté mi primer empleo, lo hice sólo para contribuir a los ingresos de la familia. Pero luego, establecí mi propio negocio de cortinas y tuve mucho éxito. Comencé a ganar bastante dinero y mi esposo dejó su trabajo para ayudarme a administrar el negocio. Ahora, tengo numerosos empleados que trabajan para mí. Trabajo muchas horas adicionales y tengo muchos problemas que no tenía antes, como el resentimiento de mi esposo por mi éxito. El dice que me he vuelto muy "pushy", que pienso demasiado en los negocios, que no soy la misma mujer con la que él se casó. El quiere que siga siendo la misma ama de casa típica cuyo fin en la vida es complacer a su esposo.

—Gloria, 42 años

Estoy orgulloso de Gloria, realmente lo estoy. Ha logrado algo importante en su vida. Pero ha cambiado durante el proceso y, en mi opinión, no todos sus cambios han sido positivos. No me molesta que sea la jefa en el trabajo, ni siquiera me importa que en la oficina también sea mi jefa. Pero en el hogar, ella debe aprender a dejar eso de lado y ocuparse de las necesidades de la familia. Debe convertirse en la mujer cariñosa y dulce de la cual me enamoré.

—Ralph, 45 años

Aunque los problemas que están sufriendo Gloria y Ralph no son exclusivos de las parejas latinas, estos sí están matizados por los valores culturales de cada uno de ellos. Su lucha para determinar qué conjunto de normas culturales debe usarse para pautar sus expectativas, su comportamiento y su relación es muy familiar para nosotros. Como les pasó a Gloria y Ralph, nuestras relaciones pueden volverse tensas cuando tratamos de integrar los valores latinos y los valores de la mayoría estadounidense que hemos adquirido. Estas culturas distintas suelen jalarnos en direcciones opuestas, forzándonos a cuestionar seriamente qué está bien y qué está mal en una relación amorosa, en un matrimonio, o en una familia. Este capítulo explora la manifestación concreta de este "conflicto cultural" bajo nuestro propio techo.

"SI TRIUNFO ¿ME SEGUIRAS AMANDO?"

En el caso de Gloria y Ralph, el conflicto se centra en el comportamiento y el rol apropiado que debe asumir una esposa moderna. Para Ralph, es difícil expresar lo que le hacen sentir los cambios que ha experimentado Gloria desde que tiene su propio negocio, pero, en general, se siente amenazado y temeroso.

Se siente resentido porque Gloria trabaja durante muchas horas cuando debería estar en el hogar con sus hijos, quienes la extrañan y necesitan. En realidad, lo que él quiere decir es que necesita contar con ella. Le preocupa que el éxito de su esposa lo está privando de su atención, y la critica por la forma en que ha escogido cambiar su vida. Ralph siente que la nueva vida de negocios de Gloria le impide ser la esposa y madre que él espera que ella sea:

Solía abrazarme y prepararme mis comidas favoritas cuando sabía que había tenido un día muy difícil. Ahora tenemos a una empleada doméstica, así que Gloria casi nunca cocina durante la semana. La empleada prepara la comida y se ha convertido en el ama de casa, mientras que Gloria se comporta como una jefa, ordenando a los niños que pongan la mesa y a mí que ayude en la cocina. Pero más que eso, me molesta su actitud. Ha perdido su dulzura, su feminidad.

Para Ralph, su hogar se ha convertido en una extensión del trabajo, donde su esposa es la jefa que da órdenes y él ya no recibe atención especial ni amor. Ahora, cada vez que le gusta la comida, no siente que es un plato preparado con amor, sino el trabajo de una empleada. Ya no es lo mismo compartir la comida familiar. Más importante aún, ha llegado a dudar del amor que siente Gloria por él.

Gloria afirma que las expectativas de Ralph no concuerdan con las pautas sociales de hoy día, y que él la critica porque se siente intimidado por su éxito como mujer profesional. Pero Gloria también admite tener sentimientos de culpa:

Me gusta tener mi propio negocio y quiero que Ralph lo acepte, pero a veces me siento culpable porque no soy la mujer que me educaron para ser: la mujer cariñosa cuya misión es cuidar a sus seres queridos. No es que quiera evitar ser una esposa o una madre responsable, sino que, cuando llego a casa, no siempre me es fácil adivinar lo que necesita Ralph. Yo lo amo y deseo demostrárselo. Pero después de dar directivas durante todo el día, me es difícil transformarme en la mujer dulce y comprensiva. Me doy cuenta de que necesito aprender a relajarme y disfrutar mi vida hogareña, pero Ralph también tiene que aceptar esta nueva dimensión de mi persona.

Tanto Ralph como Gloria se sienten atrapados entre dos ideales culturales de la mujer perfecta que están en conflicto. Las mujeres en la comunidad latina son educadas para ayudar a los demás. Se espera que ayuden a sus madres, a sus abuelas, y a sus hermanas y hermanos menores. Cuando crecen, se espera que cuiden a su esposo y a sus hijos, que se aseguren de que el hogar marche sobre ruedas, y que "mantengan la paz", como dice Gloria. Pero en este país, donde hay tantas oportunidades nuevas para las mujeres, muchas latinas están descubriendo que, además de ser madres y amas de casa competentes, pueden ser excelentes trabajadoras, magníficas supervisoras, destacadas profesionales, mujeres de negocios como Gloria, y hasta congresistas de los Estados Unidos, como Loretta Sánchez. Lo que ven en las mujeres estadounidenses y lo que desean para sí mismas es realización personal, éxito profesional e independencia económica.

Pero, al igual que Ralph, cuando los hombres latinos ven que sus mujeres cambian y se hacen más independientes, sienten que su hombría se ve amenazada, en especial, si durante su crianza aprendieron el rol masculino tradicional. El éxito de una novia o una esposa en una profesión fuera del hogar a menudo es interpretado por los amigos como un síntoma de debilidad del esposo. Si su mujer lo supera en algo, él no es "lo suficientemente hombre". Este tipo de pensamiento machista insiste que un hombre fuerte debe asegurarse de que su mujer nunca supere sus propios logros ni le usurpe su legítima posición de cabeza de la familia. Este modo de pensar, que a veces se observa entre quienes no son latinos, pero es más común en nuestra cultura de origen, es muy sencillo: una mujer fuerte y realizada desprestigia al hombre con quien está. Una esposa exitosa amenaza el orgullo de su esposo.

Los temores masculinos también se relacionan con el hecho de que nuestra sociedad capitalista valora a las personas según lo que hacen y según cuánto dinero ganan. Por eso, si una mujer comienza a ganar más que su esposo, enseguida es considerada más valiosa que él. A esto se añade el temor que tienen muchos hombres latinos de que, si su mujer llega a tener más éxito financiero que ellos, lo dejará por otro hombre que esté más a su nivel.

Al mismo tiempo, una esposa exitosa, o cualquier mujer que lleva dinero al hogar, a menudo tiene sus propios temores. El mayor temor es que su esposo deje de amarla porque su nuevo rol la vuelve indigna de ser amada. Y si no es amada, no es una verdadera mujer. En nuestra cultura, es considerado intrínseco a la esencia de la mujer ser amada por el hombre que la ha escogido. Las enseñanzas de la Iglesia católica refuerzan esta creencia sugiriendo que el papel de la mujer es ser amada, recibir amor, y ser protegida por el hombre. Si una mujer es capaz de "protegerse" manteniéndose económicamente, se arriesga a no ser percibida como una "verdadera mujer".

Además, existe otro temor cuando una mujer comienza a ganar un sueldo decente. Esta puede quedar, en cierta forma, alienada de su familia. En algunas familias latinas, si el hombre o la mujer empieza a ganar bastante dinero, se dice que se ha "americanizado" y esto es una traición a sus raíces. A veces, los miembros de la familia consideran que la persona exitosa es capaz de olvidarse de la familia. Para una mujer, este tipo de pensamiento constituye una amenaza doble. En primer lugar, se considera que ella ha abandonado sus raíces por sobresalir en un sector en el que sus familiares no han sobresalido y, en segundo lugar, por apropiarse de un rol que es considerado exclusivamente masculino.

Por lo tanto, cuando Gloria y Ralph se atacan con sus numerosas acusaciones y quejas, sus discusiones son afectadas no sólo por sus personalidades individuales y la historia que han vivido juntos, sino también, por los prejuicios culturales que han heredado tanto de sus familias como de la sociedad estadounidense en la que viven. El primer paso para encontrar una solución a su conflicto es hacerse consciente del origen de los sentimientos y las opiniones que profesan.

Gloria y Ralph se aman, pero el éxito de Gloria ha creado cambios importantes en la relación. A causa de su independencia económica y la confianza que ha ganado, Gloria se ha "americanizado" en lo que espera de una relación. Ella quiere que Ralph la ame tal como es ahora y no como la ama de casa que solía ser. Ralph está tratando de adaptarse al nuevo rol de Gloria, pero quiere asegurarse de que ella aún lo necesita, lo ama, y lo respeta como hombre. Los dos siguen luchando con los temores ocasionados por los cambios en su estilo de vida.

Ralph tardará en darse cuenta de que el nuevo rol de Gloria, el de sostén financiero de la familia, no amenaza su hombría. Al contrario, es probable que el crecimiento de la autoestima de Gloria la haga sentirse más cómoda consigo misma. Triunfar no significa tener que alejarse de la familia o ejercer control sobre los demás. En lugar de sentirse atemorizado y amenazado por el éxito de Gloria, Ralph puede convertir su temor en una invitación: una invitación a conocer otra faceta de Gloria y a celebrar su éxito junto a ella.

Encarar nuestros temores significa transformarlos en desafíos o invitaciones a aprender más sobre nosotros mismos y nuestros seres queridos. Esta actitud nos conduce al crecimiento personal.

❦ Cuadro —Cuestionario

¿TIENE MIEDO DEL ÉXITO DE SU ESPOSA O DE SU PROPIO ÉXITO?

¿Recuerda que mencioné que en este libro íbamos a tener algunos ejercicios prácticos? He aquí el primero para usted y su cónyuge (o su novio o novia). Sus respuestas le ayudarán a aclarar sus sentimientos.

Hombres: (¿*sí* o *no*?)

1. ¿Temo que, si mi esposa trabaja fuera del hogar, conocerá a otros hombres con los que tendrá más en común que conmigo, y que esto podría causar que ella me fuera infiel?

2. ¿Temo que, si mi esposa gana más dinero que yo, tomará las riendas de la familia y yo me sentiré menos hombre?
3. ¿Temo que, si mi esposa pasa demasiado tiempo en su trabajo, no recibiré suficiente atención de ella?
4. ¿Temo que, si mi esposa tiene mucho éxito, llegará a no apreciarme?
5. ¿Temo que, si mi esposa se convierte en una mujer profesional, no será una mujer hogareña como mi madre?

Mujeres: (¿sí o no?)
1. ¿Temo que, si tengo demasiado éxito, traicionaré mi cultura y mi familia y me sentiré aislada y sola?
2. ¿Temo que, si cambio demasiado y llego al éxito, mi esposo me considerará una mujer dura y difícil de amar?
3. ¿Temo que, si dedico más tiempo a mi carrera, mi esposo se desquitará teniendo una aventura amorosa?
4. ¿Temo que, si tengo éxito, perderé las cualidades femeninas que valoro como dar amor y cuidado?

Si está listo o lista, puede explorar sus respuestas con su pareja. La meta no es eliminar estos sentimientos, sino reconocer sus temores y transformarlos en desafíos y posibilidades de cambio. Toda relación requiere cambios, y hasta los cambios positivos pueden causar temor e inseguridad. Pero ¿no es cierto que, cuando miramos nuestro miedo al cambio con una actitud más positiva, a menudo descubrimos nuevas alternativas que pueden hacernos más felices?

Por ejemplo, un hombre como Ralph puede darse cuenta de que, si su esposa trabaja en su propio negocio, se sentirá más segura y mejor consigo misma y será más agradable estar con ella. Si Ralph analiza el asunto, se dará cuenta de que el cambio puede beneficiarlo a él también, mejorando la calidad de su vínculo con Gloria.

Una mujer como Gloria, que se enfrenta al temor de que su éxito ahuyentará a su pareja, puede descubrir que él se siente tan orgulloso de su éxito como ella misma. Y si descubre que su éxito ahuyenta a su esposo por completo, puede darse cuenta de que es capaz de sobrevivir sola y hasta conocer a nuevas personas que la acepten tal como es. En los dos casos, ella se enfrentaría con su temor permaneciendo fiel a sí misma y así daría cabida a relaciones más afines al tipo de persona que es ahora.

"SI ME AMAS, TAMBIEN TIENES QUE QUERER A MI FAMILIA"

Una televidente llamó por teléfono a uno de mis programas con un problema grave que la hizo llorar mientras hablaba. Su hermano se estaba por mudar a los Estados Unidos desde El Salvador y quería vivir con ella y su esposo durante un tiempo. Ella se había casado hace pocos meses y su esposo, un chicano de segunda generación, se oponía con vehemencia a que su cuñado fuera a vivir con ellos. Aunque el esposo estaba dispuesto a prestarle dinero y ayudarle a encontrar trabajo y un lugar propio para vivir, no quería compartir su hogar con su cuñado. La mujer se sentía atrapada entre la espada y la pared. Comprendía que su esposo pensara que necesitaban privacidad en esta etapa inicial del matrimonio, pero ella de ninguna manera podía rechazar a su hermano. "El forma parte de mi familia", suplicaba ella. Por desgracia, el punto de vista de su esposo difería considerablemente.

Es costumbre en nuestros países de origen recibir a los familiares en nuestro hogar si se presenta la necesidad. Permitir que un pariente se incorpore al hogar no sólo es considerado algo normal, sino que se ve como una manera de incrementar la fortaleza y la unión de la familia.

La familia es muy importante en nuestros países de origen porque la situación política, por lo general, es tan inestable que, si no se consigue un sentido de estabilidad en la familia, la vida se hace muy difícil. La familia debe ser fuerte y brindar un sentido perdurable de comunidad.

La familia extensa es también fuente de seguridad y bienestar para los latinos aquí en los Estados Unidos. Tal vez porque vivimos en una cultura más amplia en la cual no siempre nos sentimos cómodos, saber que formamos parte de un gran grupo de parientes nos permite superar la sensación incómoda de pertenecer a una minoría. Deseamos estar más cerca de nuestra gente.

En las ciudades grandes de nuestros países de origen, la familia suele vivir cerca. A veces vive en el mismo edificio, a veces a una o pocas cuadras de distancia. Aun en las familias de escasos recursos, cuando alguien se casa, los padres buscan la manera de hacerles lugar a los recién casados. En las familias con más recursos, les brindan un hogar en su propiedad o en algún lugar cercano. Se trata de conservar la unidad del clan para que todos se mantengan en contacto y se apoyen los unos a los otros. No importa si hay un miembro más en la familia: "Donde come uno, comen dos", dice el viejo refrán. Esta generosidad de espíritu es común en los latinos.

Por otra parte, el sentido de privacidad que preocupaba tanto al esposo de mi televidente es algo que los estadounidenses protegen con mucho esmero. Para ellos, la privacidad no es un lujo; es una necesidad. La necesitan las parejas casadas, los solteros jóvenes, y hasta los adolescentes. Las parejas, en especial los recién casados, necesitan su "espacio"; e invadirlo no es considerado ni adecuado ni cortés entre la mayoría de los estadounidenses. No está bien visto en los Estados Unidos pedirle albergue indefinido a una pareja de recién casados.

Aquí, el término "single-family home" se usa para explicar quién vive en la casa. La familia está formada sólo por el esposo, la esposa y los hijos. Los hermanos no viven juntos cuando se casan y los hijos adultos no viven con sus padres.

Los latinos que se han adaptado a la forma de vida estadounidense suelen tener problemas para aceptar que sus padres o sus abuelos concedan un rol tan importante a los parientes. Tal vez disfruten las reuniones con docenas de primos, tías y tíos, pero cuando se acaba la fiesta, lo que desean es regresar a su casa, a su propio "apartamento de soltero" o a su "single-family home". Quieren sentirse libres de vivir sus vidas como desean, sin interferencia de aquella tía abuela o aquel primo querido. Puede que hayan formado amistad con ciertos familiares, pero no quieren que su vida social esté dominada por los miembros de su familia. Tampoco desean consejos gratuitos de parientes bien intencionados que no comparten ni sus aspiraciones ni sus valores.

Los conflictos culturales en nuestros hogares pueden originarse por temas como los mencionados. Héctor, un puertorriqueño de treinta años que vive en Manhattan, decidió dejar su trabajo como electricista, pedir un préstamo bancario, e ir a la universidad tiempo completo para estudiar radiodifusión. Su esposa, Yolanda, con la que llevaba casado menos de un año, apoyó su plan y aceptó posponer el tener hijos para poder continuar trabajando y mantener a ambos mientras él estudiaba. Lamentablemente, a la familia de Yolanda no le gustó nada la idea de Héctor, y expresó su desacuerdo. Estas son las vivencias de Yolanda:

Cuando llamé a mis padres para decirles que Héctor había sido aceptado en la universidad, mi papá me exigió que le pasara el teléfono a Héctor. Después lo regañó durante media hora sin parar. Le dijo que era una locura poner en peligro nuestra seguridad de esa manera, forzándome a mí a mantenernos a los dos y posponiendo el tener hijos sólo para que él pudiera realizar un sueño descabellado. Héctor trató de ser amable y de justificarse ante mi padre, pero, cuando colgó, estaba realmente enojado y tuvimos una discusión tremenda.

Traté de explicarle que mis padres trabajaron mucho para llegar a tener la posición que tienen ahora. Cuando se mudaron para acá de Puerto Rico, en los años cincuenta, se esforzaron en los trabajos que encontraron para que mis hermanas y yo pudiéramos disfrutar de un nivel de vida de clase media. Que Héctor quisiera dejar el trabajo y sacrificar un ingreso seguro para intentar algo arriesgado, como aprender a ser "disc jockey", sin garantía de encontrar trabajo no tenía sentido para ellos.

Aunque Yolanda apoyaba totalmente a su esposo, también defendía la reacción de su padre pues la interpretó como preocupación, no como interferencia. Ella sabía que las palabras de su padre provenían de un sentimiento de amor, que sus padres sólo querían lo mejor para sus hijas, y estaban preocupados de que este cambio en los planes de Héctor pusiera a Yolanda en una posición de inestabilidad económica.

En realidad, los padres de Héctor tienen pautas culturales semejantes a las de los padres de Yolanda, pero aceptan la autonomía de su hijo y confían en que él es lo suficientemente adulto como para tomar sus propias decisiones. Por esta razón, Héctor percibió el regaño de su suegro como excesivamente crítico, entrometido e inapropiado.

Lo que Yolanda y Héctor debían aceptar era que sus familias eran bastante diferentes a pesar de que provenían de culturas semejantes. Los padres de Yolanda son mucho más latinos en su forma de pensar; los de Héctor consideran que su manera de pensar es más similar a la de la mayoría de los estadounidenses.

El papel de la familia extensa en los Estados Unidos es muy diferente al de los países latinos. Los padres de Yolanda se aferran al clásico concepto latino de que la familia debe mantenerse unida por encima de todo. Eso significa que los miembros de la familia extensa, no sólo comparten las alegrías, sino que ayudan como pueden cuando aparecen los problemas. Aunque los hijos sean adultos, vivan por su cuenta y estén casados, y a pesar de que sus cónyuges sean tan sólo parientes políticos, los padres continúan involucrados en la vida de sus hijos.

Los lazos son especialmente fuertes cuando se trata de los padres de una latina joven que se ha casado hace poco. Se suele decir que un hombre puede dejar a una mujer, pero ésta siempre tendrá a sus padres, a sus hermanos y a sus hermanas. Por eso, la familia de una mujer joven trata de apoyarla bastante en los primeros años de su matrimonio. Al mismo tiempo, el yerno pasa por un período de prueba y no es aceptado totalmente hasta que no demuestre lo que vale. Es como si la familia de la esposa tuviera que asegurarse de que él va a comportarse bien con ella antes de darle su sello de aprobación.

Por lo general, un recién casado toma esto en cuenta y no hace nada que pueda preocupar a sus suegros, pero Héctor sintió que sus proyectos profesionales no requerían la aprobación de sus suegros. Obviamente, el padre de Yolanda no opinaba lo mismo. Su conexión con su hija es tan fuerte ahora como lo era antes, y considera que su deber es continuar velando por los intereses de la misma.

Las hermanas de Yolanda también se sienten tan unidas a ella como cuando eran niñas. Antes del conflicto de Yolanda y Héctor, se veían por lo menos una o dos veces por semana y hablaban por teléfono a diario. Esto también solía preocupar a Héctor.

Quiero a mis cuñadas. Se parecen a mi esposa, así que ¿cómo no voy a quererlas? Pero no tengo por qué desear que nos visiten todos los fines de semana. Durante un tiempo, venían los sábados a tomar café o los domingos para almorzar y luego se quedaban durante horas y horas. Yo nunca tenía oportunidad de estar a solas con mi esposa los fines de semana. Finalmente, tuve que discutir el tema con Yolanda. Al principio se sintió herida y me dijo que yo no quería a sus hermanas. Y sí las quiero, pero quiero más a mi esposa. Por eso me casé con ella y no con sus hermanas.

Yolanda ve la situación desde una perspectiva muy diferente. Como se crió en un hogar al cual siempre llegaban parientes que no avisaban de antemano y se quedaban durante horas, no ve nada de malo en el hecho de que sus hermanas la visiten durante el fin de semana. Como sucede con muchas otras familias latinas, los parientes de Yolanda se sienten como en su casa cuando están en casa de otros parientes, no solamente cuando son invitados para una ocasión especial, sino en cualquier momento. Para ellos, "mi casa es su casa" no es tan sólo un cliché sin sentido. Es algo real. "Pasar por tu casa" no requiere una invitación ni una llamada telefónica. Tías, tíos, hermanas y hermanos aparecen en la puerta sin avisar. Puede que se queden a tomar algo o a comer, o tal vez sólo pasen para ponerse al día con los últimos chismes familiares. Cualquiera sea el caso, no son considerados invitados comunes, sino parte de la familia. Sus visitas son algo normal.

Yolanda se siente muy ligada a sus hermanas y las considera sus mejores amigas. Por esta razón, le parece incorrecto tener que quitarles la libertad de pasar por su casa cada vez que lo deseen, al igual que le parecen incorrectos los aparentes celos de Héctor.

Nunca se me hubiera ocurrido pensar que las visitas de mis hermanas interferirían en mi relación con Héctor. Creo que mis hermanas no compiten con él. Ellas son mi familia, y mis mejores amigas. Nunca me opondría a que un hermano de Héctor o sus amigos cercanos pasaran por aquí y se quedaran un rato. En lo que a mí respecta, nuestro hogar no es sólo para nosotros dos, es también para la familia y los amigos.

Existen diferencias de opinión sobre el papel adecuado de los miembros de la familia en los hogares latinos. Procedemos de culturas en las que la familia está más involucrada en la vida de cada uno de sus miembros que en los Estados Unidos. Por lo general, esta es una virtud de la familia. Pero surgen problemas cuando nuestros valores más americanizados chocan con los estrechos lazos familiares. El rol de los miembros de la familia puede crear conflictos en las parejas latinas de las siguientes maneras:

❧ rivalidad/celos entre el cónyuge y los suegros

❧ quejas de que el cónyuge pasa más tiempo con su familia de origen que con la pareja

❧ sensación de que la privacidad ha sido invadida por los miembros de la familia

❧ falta de libertad para materializar las metas personales debido a la presión de los miembros de la familia

❧ opiniones discrepantes sobre las obligaciones familiares

Conservar lazos estrechos con la familia en la que crecimos es tan importante para la mayoría de nosotros que necesitamos hacer lo que podamos para evitar las desavenencias entre nuestra familia de origen y la nueva familia que hemos creado con nuestra pareja. Aunque esto no es siempre fácil, podemos establecer un tono emocional apropiado pensando cuán afortunados somos de provenir de una cultura que le da tanto valor a la familia. Sin los fuertes lazos familiares que nos hacen capaces de amar y de sentir amor, no habría tanta riqueza en nuestras vidas. Eso no significa que no podamos tomar decisiones independientes o proteger la privacidad que nos corresponde, pero sí significa que podemos ofrecer a la familia de nuestra pareja la misma clase de respeto y cariño que queremos que él o ella le ofrezca a la nuestra.

EL DOBLE ESTANDAR, AL ESTILO LATINO

En este capítulo hemos discutido las actitudes culturales de nuestras comunidades latinas que pueden causar diversos problemas familiares y de pareja. La siguiente preocupación, si bien es común en la población latina, es compartida por hombres y mujeres de todas las culturas. Me refiero a la infidelidad, que no sólo ocurre en nuestra cultura de origen pero que es muy evidente entre nosotros. Es que muchos latinos aún creen en el doble estándar: está bien que los hombres tengan aventuras amorosas extramatrimoniales, pero no que las mujeres hagan lo mismo. Muchos hombres no sólo sienten que tienen derecho a mantener relaciones sexuales con otras mujeres, sino que también creen que sus esposas deben aceptar este comportamiento pues es parte de lo que significa ser hombre. En otras palabras, es una cosa de "machos".

Linda, una méxicoamericana de segunda generación que tiene treinta años de edad, tuvo que enfrentarse durante su primer matrimonio al problema del machismo y la infidelidad. Ella fue educada con valores familiares tradicionales que señalaban papeles claramente distintos para el hombre y la mujer. Se esperaba que se casara y tuviera hijos, y nunca se la alentó, como a sus hermanos, a que tuviera una carrera o una educación superior. Después de la secundaria, como era la mayor, Linda comenzó a trabajar para ayudar con los ingresos familiares. Luego se casó con Eduardo, otro méxicoamericano nacido en los Estados Unidos. Eduardo era muy dominante; creía que tenía derecho a tomar todas las decisiones y se apropió literalmente del título de "cabeza de familia". Linda sentía que su relación debía ser más equitativa, pero confesó que habría sido capaz de aceptar los otros aspectos de la actitud machista de Eduardo si no hubiera sido por la infidelidad:

> Me sentí muy herida cuando me enteré de que Eduardo tenía aventuras sexuales, pero el hecho de que pensara que tenía derecho a tenerlas transformó mi dolor en rabia. El ocultó sus aventuras durante mucho tiempo, las negó. Pero cuando finalmente admitió que mantenía relaciones sexuales con otras mujeres, pretendía que yo las aceptara. Para él, la esposa debe estar en el hogar, con los hijos, y ser ama de casa. Me reclamó que yo no tenía por qué

quejarme ya que él siempre regresaba a casa y nos mantenía a mí y
a mi hija. Luego descubrí que este tipo de actitud la había
aprendido de su propia familia.

Efectivamente, el comportamiento de Eduardo había sido transmitido como una tradición o un valor familiar. Su madre había pasado por el mismo tipo de experiencia dolorosa que Linda, pero ella la soportó durante todo su matrimonio y nunca pensó en divorciarse. Las mujeres latinas de su generación fueron entrenadas para considerar las aventuras extramatrimoniales del hombre como algo normal y tolerable.

Por el contrario Linda, que es mucho más liberal que su suegra, no podía pasarlo por alto ni aceptar el doble estándar de Eduardo. Linda me confesó que nunca hubiera podido aceptar la infidelidad a la que Eduardo creía tener derecho.

Sin embargo, como tantísimas mujeres en su situación, la primera reacción de Linda, cuando descubrió que su esposo la engañaba, fue culparse a sí misma. Ella asumió que el interés de Eduardo en otras mujeres estaba relacionado con su propia incapacidad sexual. En realidad, la calidad de la vida sexual de ambos no estaba relacionada con la búsqueda de experiencias sexuales extramatrimoniales de Eduardo. En cierta forma, él seguía el patrón establecido anteriormente por su padre, su abuelo y su bisabuelo. Para Eduardo, su comportamiento demostraba su dominio sobre su esposa alimentando la imagen de que poseía el control de la situación. Su infidelidad era una forma culturalmente aceptable de establecer su masculinidad.

En cuanto a la vida sexual de ambos, Linda reconoció que, en la cama, Eduardo era tan tradicional como en otras áreas de su vida: "Siempre tenía que ser él quien ejercía el control, de manera que él era quien estaba al mando cuando hacíamos el amor. El decidía cuánto debía durar y qué clase de posiciones usábamos, hasta me decía cuándo quería que yo tuviera un orgasmo". Linda siempre sintió que tenía la responsabilidad de estar a disposición de

Eduardo para sus necesidades sexuales, y que lo debía satisfacer sin considerarse a sí misma. Se le había enseñado que las necesidades sexuales del hombre son más fuertes que las de la mujer, y que el deber de la esposa es satisfacer a su marido.

Otro aspecto del sistema tradicional de valores latinos indica que la mujer tiene que ser paciente con su hombre para ayudarle a cambiar y a superar sus malos hábitos. Por esta razón, debe permanecer junto a él en cualquier situación, sin importar el daño que le pueda ocasionar a ella. Por suerte, Linda tuvo la fortaleza necesaria para romper con esa tradición, tal como lo hacen muchas latinas hoy en día. Ella se negó a seguir los pasos de su suegra y aceptar la supuesta "necesidad" masculina de tener aventuras extramatrimoniales. "Si Eduardo hubiera dicho que estaba arrepentido de sus acciones, o me hubiera mostrado interés en cambiar, tal vez le hubiera dado otra oportunidad": explicó Linda. "Pero fue su arrogancia, su insistencia en que tenía derecho a actuar de esa manera, aún cuando sabía que era denigrante para mí y para el matrimonio, lo que mató mi amor por él".

Sólo cuando Linda le hizo frente a la infidelidad de Eduardo se dio cuenta de que no podía continuar en una relación en la que sentía que sus propias necesidades no se tomaban en cuenta. De ese modo, la infidelidad, la gota que colmó el vaso, resultó ser una bendición que impulsó a Linda a crear una vida más satisfactoria para sí misma. A pesar de su temor de ir contra los consejos de su familia y quedarse sola, se divorció de Eduardo y se hizo más independiente tanto económica como mentalmente. Sabiendo que debía mantener a su hija y mantenerse a sí misma, regresó a la escuela y comenzó una buena carrera.

Después de que Linda evaluó lo que quería y necesitaba de un hombre, descubrió que una buena relación es aquélla en la que ambos miembros de la pareja pueden ser sí mismos, comunicarse libremente y obtener placer y apoyo del otro. He aquí lo que expresa Linda sobre su actual esposo, los cambios que ha realizado y su actitud sobre el machismo:

Mi segundo esposo es también méxicoamericano, y también es tradicional, pero es mucho más abierto a hacer cambios. Lo más importante es que ahora soy una persona diferente. Estoy orgullosa de mi carrera y de mi progreso. Soy más capaz de defender mis puntos de vista. Pero debo admitir que todavía me siento atraída hacia los hombres fuertes, hacia ese machismo que Eduardo proyectaba y que mi actual esposo también posee, aunque él es más considerado y realista.

Me imagino que fue mi padre quien estableció el modelo para mí. Era fuerte, uno podía depender de él. Era capaz de tomar decisiones, con él te sentías segura. Mi actual esposo es fuerte en todos esos sentidos, pero ahora yo también lo soy. Confrontar la infidelidad de mi primer esposo, pasar por el divorcio y defenderme sola me enseñó cosas sobre mí misma. Recuerdo que, después del divorcio, mi padre me decía: "M'ija, no quiero morirme sabiendo que no tienes a un hombre a tu lado. Necesitas a alguien que te cuide". Sabía que su intención era buena, pero le dije: "No necesito que nadie me cuide, papá. Puedo cuidarme sola".

Por lo general, a medida que los hombres latinos se integran más a la cultura estadounidense, dejan a un lado la creencia de que tienen derecho a tener aventuras extramatrimoniales. Sin embargo, esta tradición machista continúa en algunos hogares latinos. Creo que es importante recordar que los hombres no son solamente el producto de sus padres, sino también de sus madres. A menudo ambos padres inculcan en sus hijos varones la idea de que tienen privilegios que las niñas no tienen. Las madres, al igual que los padres, pueden ayudar a prevenir el "doble estándar" con su propio ejemplo enseñando a sus hijos varones a respetar a las niñas y a las mujeres con un poderoso mensaje: las mujeres quieren esposos cariñosos y fieles.

La idea de que el hombre latino tiene derecho a tener relaciones sexuales extramatrimoniales ha sido aceptada durante varias generaciones, pero muchos hombres de nuestra cultura se están dando cuenta de que no necesitan repetir el patrón de comportamiento que vieron en sus padres o abuelos para probar su valor como hombres. Ahora tienen otras formas de mostrar su masculinidad sin herir a sus esposas e hijos ni causar la ruptura familiar. Hoy día, cada vez más hombres latinos se sienten orgullosos de ser fieles a sus esposas y disfrutan de una intimidad que no es posible cuando hay infidelidad.

Un aspecto del "doble estándar" es que, demasiado a menudo se juzga a la mujer latina según estereotipos extremistas como el de la virgen o la ramera, la niña buena o la niña mala. El "doble estándar" latino juzga a la mujer según se adapte al ideal de virginidad mientras que defiende el derecho masculino a ser sexualmente promiscuo.

Elizabeth, una mujer de veinticinco años que está educando sola a sus hijos, me dijo que no quiere salir con hombres porque la presionan a tener relaciones sexuales. Para ella, involucrarse sexualmente con un hombre significa perder su habilidad de decir lo que quiere y expresarse abiertamente en una relación. Me explicó que eso se debe al hecho de que muchos hombres latinos no respetan a las mujeres que tienen relaciones sexuales prematrimoniales, mientras que se sienten amenazados por las mujeres fuertes y francas. Para Elizabeth, que está separada de su esposo, la prioridad son sus hijos, no el tener un compañero.

El celibato es muy importante para la mujer. Mis hermanas no opinan lo mismo. Ellas son mucho más flexibles con respecto al sexo. Pero yo creo que, cuando una mujer se entrega sexualmente, deja de ser ella misma porque esconde sus deseos y necesidades por temor a que el hombre la abandone.

Mi esposo es el único hombre con quien he tenido relaciones sexuales, y él me enseñó todo lo que sé. Pero eso está bien. Creo que es mejor evitar tener relaciones sexuales que hacer lo que hacen muchas mujeres estadounidenses, o sea, dar mucho de sí mismas cuando tienen relaciones sexuales con un hombre. Ellas se entregan totalmente al hombre, pero los hombres no suelen hacer lo mismo. Haciendo eso, una mujer se expone totalmente a la desilusión y el abandono.

Lo que dice Elizabeth es que las mujeres pueden retener más poder en una relación cuando se abstienen de tener relaciones sexuales antes del matrimonio, porque éstas las hacen más vulnerables. Para Elizabeth, es importante ejercer el control en su propia vida y poder comportarse con naturalidad. Ella pertenece a una tercera generación de méxicoamericanos, y siempre ha creído que la mujer necesita confiar en sí misma y ser independiente del hombre. Muchos de los hombres de su familia son alcohólicos, y las mujeres tuvieron que luchar solas para mantener a la familia unida. Lo más importante para Elizabeth es sentirse satisfecha consigo misma. "Mi sentido del orgullo propio es lo que me hace ser persona": comenta ella.

Curiosamente, el hombre ideal de Elizabeth, según ella me lo describió, compartiría muchas de las cualidades que ella valora en sí misma. Las palabras claves de su descripción son fuerza y confianza en uno mismo, pero también menciona la inteligencia, la vulnerabilidad emocional y el buen corazón:

Quiero que el hombre sea fuerte. Imagino a mi hombre ideal con un rostro de rasgos firmes, pero dulzura en los ojos, porque estos reflejan el corazón. Sus manos son fuertes. Son las manos de alguien que no le teme al trabajo arduo, pero que puede usar su inteligencia más que su fuerza física. Quiero un hombre que sea romántico, que no tema ser afectuoso, que también tenga personalidad, que sea seguro de sí mismo e independiente. Debe entender a los otros hombres, lo que significa no ser jactancioso ni competidor. Es preferible que compita consigo mismo. Debe ser alguien que no necesite humillar a los demás para sentirse bien consigo mismo.

Linda también se refirió a la fuerza cuando mencionó a su padre como el modelo de lo que ella valora en un hombre. Pero, al igual que Elizabeth, expresó que para ella es importante la fuerza propia ya que considera que las mujeres deben encontrar en sí mismas la sensación de seguridad y bienestar en lugar de buscarla en los hombres. Las mujeres como Linda y Elizabeth combinan los valores latinos y estadounidenses para formar un nuevo sentido de identidad. Las dos son mujeres decididas a sentirse seguras de sí mismas, aunque siguen sintiéndose atraídas a la imagen del hombre tradicional latino. Sin embargo, su hombre ideal combina la fuerza con la inteligencia y la sensibilidad que han llegado a valorar en sí mismas.

Elizabeth reconoce que el "doble estándar" le exige más control sexual que a los hombres en general, o a las mujeres estadounidenses. Pero su fe en sí misma y en su habilidad para "buscar lo que quiero en la vida" ilustra cómo las latinas están cambiando un conjunto de reglas que siempre ha proclamado: "Sólo para hombres, prohibidas las mujeres".

LIBERTAD DE ELECCION

Tal vez el aspecto más apreciado de la vida en los Estados Unidos es su asombrosa gama de alternativas. Aquí tenemos gigantescos supermercados que ofrecen una incomparable variedad de alimentos de todas partes del mundo, gozamos de la posibilidad de establecernos en cualquier lugar de este vasto y diverso país, y hasta tenemos el privilegio de tomar cientos de decisiones personales sobre nuestro estilo de vida.

Por lo general, nuestros países de origen no ofrecen la misma cantidad de alternativas, pero a veces, nos sentimos más cómodos con las tradiciones conservadoras que limitan nuestra posibilidad de elegir. Por ejemplo, respetamos la tradición de vivir tan cerca como podamos de nuestras familias. O bien, el caso de Elizabeth que decidió limitar su actividad sexual al matrimonio. Otro ejemplo claro es la conexión que tienen los latinos con la Iglesia católica.

Carlos y Angela son una pareja joven con dificultades ocasionadas por el ejercicio de la libertad de religión. Ambos de Costa Rica, se casaron por la Iglesia católica en su país y prometieron bautizar a sus futuros hijos dentro de esa fe. Pero una vez que se establecieron en Los Angeles, el contacto con tantas culturas y creencias religiosas diferentes motivó a Carlos a explorar sus convicciones religiosas. Durante ese proceso, rompió sus lazos con la Iglesia católica, lo cual provocó una discordia seria en su pareja. Así es como Carlos explicó la situación:

> Ser católico no fue nunca mi decisión. Formaba parte de mi herencia, y era algo que jamás había sido cuestionado por nadie de mi familia. Pero cuando llegué a los Estados Unidos, comencé a plantearme muchas cuestiones, inclusive mis creencias religiosas. Ya no podía aceptar los mandatos de la Iglesia católica ni el sentido de culpa que ella inculca. Un amigo del trabajo me llevó a la Iglesia luterana, a la cual asistí durante un año. Pero me seguía faltando algo. Entonces descubrí que me sentía más identificado con el judaísmo, y eso es lo que he escogido para mí. Angela lo acepta pero, de todos modos, quiere bautizar a nuestros hijos dentro de la Iglesia católica. Yo no estoy de acuerdo con eso.

Angela no se considera muy religiosa, pero cree que ser católico es más que pertenecer a una religión. Por eso, está muy decidida a que sus hijos conserven las tradiciones del catolicismo. Angela opina lo siguiente:

> La Iglesia católica forma parte de mi familia, mis valores y mi cultura. Es algo que quiero respetar pues es parte de mi historia personal. Renunciar a ella sería renunciar a quién soy. Quiero transmitir mi cultura y mi fe católica a mis hijos porque, cuando me casé, prometí que así lo haría, y me sentiría muy decepcionada

si mis hijos no fueran bautizados o no recibieran la comunión.
Carlos tiene derecho a escoger para sí mismo la iglesia que desee,
pero no es justo que despoje a nuestros hijos de su herencia
cultural.

Las diferencias religiosas son tema de discordia entre los latinos. Como el catolicismo predomina en nuestra cultura y como la
mayoría de los latinos en los Estados Unidos siguen siendo leales
a la fe católica, estamos comenzando a encontrar más cuestio-
namientos como los de Carlos y Angela.

No existe una fórmula mágica para determinar lo que es justo
hacer con los hijos cuando los padres tienen religiones distintas.
Estas decisiones son muy personales y dependen de cuánto estén dispuestos los cónyuges a ceder o a negociar, cuán profun-
das sean sus convicciones religiosas, y cuán parecidas o
diferentes sean sus religiones. La mayoría de los líderes reli-
giosos sugieren que la pareja elija una fe para enseñarle a sus hijos. Ellos consideran que tratar de combinar dos religiones (o
inclusive dos ramas de la misma religión), no sólo afecta la
idiosincrasia de la tradición, sino que causa confusión en la
mente de los niños. Por otra parte, una estrategia más liberal
propone incluir aspectos de ambas religiones y enseñarle al niño
que las dos contienen una fe básica en Dios y una creencia en
principios humanitarios. Este acercamiento requiere informar al
niño de las filosofías básicas de ambas religiones, de manera que
él o ella pueda tomar una decisión inteligente cuando llegue a
la edad adulta.

El dilema de Carlos y Angela nos indica que tenemos alternativas nuevas para considerar. No todo el mundo se siente cómodo con esto. Naturalmente, es más sencillo no tener que
tomar tantas decisiones, pero por otro lado, esta gama de opciones nos permite elegir el curso de nuestra propia vida con
más exactitud.

CONFLICTOS EN LA RELACION DE PAREJA

Como dijimos anteriormente, hay muchos factores que afectan la relación de pareja: la historia familiar, las circunstancias económicas, los factores culturales y sociales y la psicología personal de cada individuo. En estos primeros dos capítulos hemos explorado de qué manera puede afectar nuestra vida personal el vivir entre dos culturas diferentes. Por ejemplo, analizamos cómo el rol de la familia extensa y el juego de poder entre hombres y mujeres pueden crear conflictos. A través del libro, veremos cómo su historia familiar también afecta la manera en que usted se relaciona con su pareja y sus hijos; y dedicaremos un capítulo posterior a aprender más sobre su propio pasado para entender mejor su relación o su matrimonio actual.

En los cuatro capítulos siguientes, abordaremos problemas cotidianos que experimentan las parejas latinas en la actualidad. Por ejemplo, hablaremos de la comunicación, el sexo, y la crianza de los hijos, así como también de situaciones más graves: la infidelidad, la violencia doméstica, la presión económica y el prejuicio racial.

Pero antes de continuar, le recomiendo que identifique la presencia de conflictos en su relación. Si los hay, sugiero que determine los cambios positivos que desea lograr. El siguiente cuestionario le ayudará a vislumbrar áreas problemáticas para analizarlas a lo largo del libro, y a encontrar soluciones posibles.

En el cuestionario uso las palabras *cónyuge, esposo* y *esposa,* pero muchas de las opciones que aparecen en él pueden ser aplicadas a novios y novias. El ejercicio le pide que identifique los problemas que está experimentando en su pareja, pero también debe señalar quién de los dos presenta la preocupación, ya que es muy común proyectar el conflicto en el otro. Por ejemplo ¿es usted quien está teniendo dificultad para abrirse y escuchar? ¿Son los dos demasiado críticos?

❦ Cuestionario: Areas de conflicto

Adjudique un número del 1 al 5 a cada una de las siguientes declaraciones de acuerdo al siguiente criterio:

1. Nunca tenemos este problema.
2. Muy de vez en cuando surge este problema.
3. Nos ocurre seguido.
4. Nos ocurre casi todo el tiempo.
5. Nos ocurre todo el tiempo.

Califique sus posibles conflictos según la escala anterior.

Conflictos culturales con la familia extensa

❦ Siento que la familia de mi cónyuge interfiere demasiado en nuestra vida.

❦ Siento que mi cónyuge no aprecia lo suficiente a los miembros de mi familia o no les demuestra el cariño y el respeto que se merecen.

❦ Discutimos acerca de cuánto tiempo debemos pasar con nuestras respectivas familias.

❦ Siento que mi cónyuge demuestra más amor hacia su familia de origen que hacia mí o nuestros hijos.

❦ Mi cónyuge espera que contribuyamos a los ingresos de su familia a pesar de que las necesidades de la nuestra son considerables.

Conflictos sobre el rol del hombre y la mujer

❦ Discutimos sobre los papeles del hombre y de la mujer.

❦ Mi esposo se siente amenazado porque yo trabajo fuera del hogar.

❦ Mi esposo tiene dificultad para aceptar que mi carrera es más exitosa que la suya.

❦ Mi esposa ha olvidado sus responsabilidades hacia nuestra familia desde que empezó a trabajar.

❦ Mi esposo no cree que ayudar con las tareas del hogar es labor masculina.

❦ Mi cónyuge no pasa suficiente tiempo con nuestros hijos.

❦ Mi esposo es demasiado machista.

❦ Mi esposa es demasiado dominante.

Otros conflictos culturales

❦ Mi cónyuge se ha "americanizado" demasiado y ha perdido el contacto con sus raíces.

❦ No estamos de acuerdo respecto al papel que debe tener la Iglesia en nuestra vida.

❦ Mi cónyuge a menudo no entiende a mi familia ni a mí porque él/ella no es latino/a.

❦ Yo he sido (o mi cónyuge ha sido) racialmente discriminado y esto ha tenido un efecto negativo sobre nuestra relación.

Dificultades de comunicación

❦ Mi cónyuge no me escucha cuando trato de hablarle de asuntos personales. El/ella siempre se muestra impaciente cuando menciono ciertos temas.

❦ A mi cónyuge le resulta difícil "abrirse" y expresar lo que siente.

❦ Mi cónyuge me critica cuando trato de expresar mis sentimientos.

❦ Mi cónyuge siempre tiene que tener la razón en cualquier discusión; nunca podemos llegar a un acuerdo.

Conflictos en nuestra sexualidad

❦ Mi esposo/a siempre quiere tener relaciones sexuales, aun cuando yo no tengo deseos.

❦ Mi esposa/o a menudo se muestra fría/o conmigo en la cama, y no entiendo por qué.

❦ Mi esposo/a no se da cuenta de mis necesidades sexuales.

❦ Mi esposo/a cree que el hombre debe ser el jefe en el dormitorio.

❦ Mi esposa/o no me dice lo que le da placer y espera que yo lo sepa por intuición.

❦ Nuestra vida sexual se ha vuelto aburrida y no sabemos cómo mejorarla.

Infidelidad, abuso, adicción y presiones económicas y sociales

❦ Mi cónyuge es abusivo conmigo y/o con nuestros hijos.

❦ Mi cónyuge es adicto/adicta a las drogas/el alcohol y se niega a recibir ayuda.

❦ Mi esposo cree que tiene derecho a tener aventuras sexuales y que yo debo aceptarlas.

❦ Yo estoy (o mi cónyuge está) bajo tanta presión por una situación laboral o un conflicto racial que me altero (o se altera) y me desquito (o se desquita) con mi/su familia.

Conflictos en la crianza de los hijos

❦ Discutimos mucho sobre cómo educar a nuestros hijos.

❦ Mi cónyuge no le dedica suficiente tiempo a nuestros hijos.

❦ Nuestros hijos andan mal acompañados y no sabemos cómo ponerle fin a esta situación.

❦ Nos preocupamos por la posibilidad del embarazo en la adolescencia, las drogas y las pandillas, pero no estamos de acuerdo en cómo prevenir estos problemas.

❦ Nuestros hijos no son suficientemente respetuosos con las personas mayores.

Si le ha asignado un 3 o un número mayor a uno de estos puntos, se trata probablemente de un problema al cual necesita ponerle atención.

Los tipos de conflictos presentados son bastante comunes en muchas de nuestras vidas. A lo largo del libro, se enterará de cómo han lidiado con estos problemas otras personas, y le ofreceré mis sugerencias, ideas y consejos para encontrar una vía más eficaz para solucionarlos.

COMUNICACION: MUCHO MAS QUE CONVERSACION

Alberto y yo somos parecidos en muchos sentidos. Ambos somos maestros, a los dos nos gusta el mismo tipo de música, los mismos libros y películas, nos reímos mucho, y hasta nuestros abuelos provienen del mismo pueblo de México. Pero cuando discutimos acerca de algo, tenemos estilos muy diferentes. El toma la conversación como si se tratara de un debate o una conferencia, y se desliga completamente de sus sentimientos. Yo quiero que nos digamos cómo nos sentimos y que él me entienda.

—Sylvia, 32 años

A las mujeres les encanta decirnos que no sabemos comunicar nuestros sentimientos. Esto no sólo se lo oigo decir a mi esposa, sino que solía escucharlo de mis novias, y también de mis hermanas. Yo quisiera que alguien me dijera ¿por qué siempre hay que hacer las cosas como ELLAS dicen? Un hombre no tiene problema alguno para comunicarse con otro hombre. Entonces ¿por qué las mujeres no son como nosotros?

—Alberto, 30 años

No es raro que los miembros de la pareja que provienen del mismo entorno cultural vean la vida desde perspectivas distintas. Cada uno de nosotros tiene una personalidad singular y un conjunto de creencias, necesidades y valores propios. Hemos sido moldeados por una dinámica familiar específica y las experiencias particulares de nuestra vida han influido en cómo pensamos y nos relacionamos con otras personas. Nuestras diferencias personales hacen la vida interesante, pero también pueden causar malentendidos y conflictos.

La resolución de conflictos en una relación depende de tres aspectos: saber más acerca de uno mismo para comprender mejor los propios sentimientos y valores; escuchar el punto de vista de su pareja; y estar abierto al cambio, tanto dentro de uno mismo como de la relación. La comunicación honesta y respetuosa permite trabajar estos tres aspectos.

En este capítulo responderemos a la pregunta de Alberto —y a la de muchos otros hombres y mujeres— ¿qué significa "comunicar tus sentimientos" y por qué es tan importante? Descubriremos por qué expresarse abiertamente, como lo hace Sylvia, no es lo único que se necesita para comunicarse eficazmente con su pareja. Saber escuchar es tan importante como poder expresarse.

A medida que cada uno de ustedes desarrolle el conocimiento de su persona, la comunicación y la habilidad de escuchar, entenderá mejor al otro y será más capaz de resolver las diferencias con su pareja. También veremos que los lazos de la relación se intensifican, puesto que la comunicación franca y respetuosa facilita la intimidad de una pareja.

¿ES VERDAD QUE LOS HOMBRES Y LAS MUJERES HABLAN UN LENGUAJE DIFERENTE?

La comunicación a menudo tiene significados distintos para los hombres y las mujeres, como se puede apreciar en los comentarios de Sylvia y Alberto. Hay quienes dicen que esta diferencia en estilos de comunicación es innata o determinada en forma biológica. Algunos expertos creen que los niños y las niñas están "programados" desde que nacen para relacionarse de manera diferente. Creo que además, las diferencias de comunicación entre los sexos son el resultado de expectativas culturales.

En nuestras culturas latinas tradicionales, se espera que los hombres compitan entre sí, de manera que puedan triunfar y ser el sustento de sus familias. La vida para el hombre es como una carrera en la que él tiene que "ganarle" a los demás. Para tener éxito en esta carrera, el hombre debe esconder sus sentimientos, y no mostrar su vulnerabilidad ni sus debilidades. En lo que a su familia respecta, se espera que use su experiencia en la vida para guiar a la esposa y a los hijos, y que tenga respuestas a cualquier problema o conflicto que surja.

Sin embargo, para las mujeres de nuestras culturas, el contacto con el prójimo es más importante que la competencia. La vida consiste en estar cerca de la gente que nos importa; consiste en vivir en comunidad y desarrollar relaciones íntimas. Se espera que las mujeres usen su intuición femenina para adivinar cuáles son las necesidades emocionales de los demás y para mantener la paz familiar.

Si tomamos en cuenta estas expectativas tradicionales, no es difícil entender por qué, para la mayoría de los hombres, la comunicación significa suministrar información y ofrecer soluciones; pero para la mayoría de las mujeres, la comunicación es expresar pensamientos y sentimientos. Este es el caso de Alberto y Sylvia. Ella dice que cada vez que le comenta un problema, él no sólo se impacienta con ella, interrumpiéndola antes de que haya terminado, sino que también siente que tiene que "resolverle el problema", en vez de escuchar lo que ella dice:

Ultimamente he sentido mucha presión en el trabajo. Tengo problemas con el director de la escuela y necesito que alguien sea mi paño de lágrimas. No es que quiera llorar, sólo necesito alguien que me apoye, que me escuche. Ojalá esa persona fuese mi esposo, pero Alberto no entiende lo que necesito. El cree que tiene que

darme una "solución inmediata" para resolver mi problema. Y se
enoja cuando no acepto su consejo. Pero eso no es lo que busco.
Sólo quiero hablarle de mis cosas, encontrar un poco de
comprensión y de apoyo. Quiero que me abrace y me diga que todo
va a salir bien. Eso me daría la fuerza para encontrar una solución
por mí misma.

Alberto está desconcertado por la crítica de Sylvia, ya que cree que la respuesta apropiada a las quejas laborales de su mujer es ayudarla a encontrar una solución para lidiar con el director. El problema entre Sylvia y Alberto es que ambos tienen ideas diametralmente opuestas sobre cómo comunicarse con los seres queridos. Entonces ¿cómo pueden superar este obstáculo?

El primer paso es reconocer las diferencias que existen y aceptar el hecho de que, con frecuencia, las mujeres y los hombres tienen formas diferentes de relacionarse. En lugar de molestarse porque Alberto reacciona de esa manera, Sylvia puede tratar de entender que es su amor por ella el que lo impulsa a responder así. La manera en que él muestra su apoyo es distinta a la de ella, pero eso no significa que él la quiera menos que ella a él. Cuando Sylvia entienda esto, podrá dirigirse a Alberto y pedirle lo que ella desea, aclarando lo que necesita.

A menudo oigo a los hombres quejarse de que las mujeres esperan que ellos sean adivinos. "Si ella me hubiera dicho lo que quería, se lo habría dado", dicen ellos. "Pero ella cree que si yo la quisiera de verdad, sabría automáticamente lo que necesita". Cuando le recordé esto a Sylvia, me dijo: "Pero si tengo que pedirle que me abrace en vez de darme un consejo, sentiría que su abrazo no es sincero". Entonces le expliqué que en una relación se trata de aprender el uno del otro, y la única forma en que Alberto puede aprender sobre Sylvia y lo que ella necesita de él, es que Sylvia se lo diga.

Si bien los diferentes estilos de comunicación de los hombres y las mujeres a menudo provocan el tipo de malentendidos que sufren Sylvia y Alberto, no hay razón para que las parejas se queden estancadas. Hay que darse cuenta de que todos tenemos características tanto "femeninas" como "masculinas". Tenemos características "femeninas" como la intuición y la sensibilidad, las cuales nos permiten ser creativos y conectarnos íntimamente con otras personas, y tenemos características "masculinas" como la capacidad de acción y la perseverancia que nos permiten concretar nuestros proyectos. Si permanecemos rígidamente en nuestro papel "masculino" o "femenino" tradicional, nos limitamos a nuestro rol y creamos así una dependencia mutua innecesaria.

Por el contrario, podemos optar por desarrollar cualidades que son más predominantes en nuestro cónyuge que en nosotros mismos, y así aprender el uno del otro. De esta forma creamos un equilibrio desarrollando nuestro potencial con nuestra pareja. Alberto, por ejemplo, puede desarrollar la habilidad de ser más comprensivo, de saber escuchar y de expresar lo que siente; mientras que Sylvia puede aprender a ser más explícita y directa al pedir lo que desea.

LA COMUNICACION ES MAS QUE LA CONVERSACION

"Yo no sé lo que ella quiere", se quejaba Ron en uno de mis programas con participación telefónica. "Siempre le hablo a mi esposa, Tina, de todo: de los niños, de mi trabajo. Le cuento lo que hago cuando estoy fuera de la casa o con mis amigos. Así que no sé por qué se queja de que no me comunico con ella. A veces creo que está loca". Tina le arrebató el teléfono y se defendió: "Quiero saber lo que está pasando en su interior, cómo se siente respecto a nosotros y a nuestra relación, cuáles son sus proyectos y sus deseos. ¡Pero él no entiende!"

Como hemos mencionado, muchos hombres latinos han sido moldeados por una cultura que les enseña a ser fuertes y autónomos desde pequeños, y a no dar señas de vulnerabilidad.

Cuando los hombres como Ron son acusados por sus esposas de "no abrirse", de no hablar de sus sentimientos, a menudo reaccionan con frustración y se ponen a la defensiva. Fueron entrenados para controlar sus emociones, así que, cuando se les pide que abandonen este comportamiento, se sienten perturbados y atemorizados. En vez de admitir que le temen a esa forma de relacionarse, se enojan.

Ron y Tina se estaban distanciando cada vez más el uno del otro, hasta que finalmente Ron comenzó a pensar en el divorcio. Cuanto más se quejaba Tina de que él no era franco con ella, más se distanciaba Ron. Al final, ya casi ni se hablaban.

Ron se alejaba de Tina por temor. Sus conversaciones con ella nunca parecían satisfacerla. A Ron le era completamente ajena la idea de acercarse emocionalmente a su pareja. A pesar de que él no podía reconocerlo, las alternativas que se le ocurrían también lo asustaban. Sus opciones eran negarle a Tina lo que ella quería o hacer algo que lo atemorizaba y lo intimidaba. Al no poder entender este dilema, su solución fue distanciarse de Tina por completo.

En cuanto a Tina y el problema de comunicación en su pareja, era evidente que si bien ella hablaba mucho, tampoco sabía comunicarse. Por la manera en que habló en mi programa, pude darme cuenta de que ella también tenía mucho que aprender sobre la comunicación. Decoraba lo que decía con muchos detalles, y además solía repetir lo que ya me había dicho. Pero cuando cuestioné su forma de expresarse, Tina admitió que "hablaba hasta por los codos". Aun más revelador fue su comentario: "Creo que hablo demasiado para esconder lo que realmente siento".

Las conversaciones interminables y unilaterales de Tina abrumaban a Ron. Hacían que él se "desconectase" de lo que ella estaba diciendo, e impedían cualquier diálogo significativo entre ambos. Ron se quejó: "Ella habla y habla, y yo me canso de escuchar".

Le dije a Tina que ella debía "editar" lo que decía y de antemano determinar con exactitud lo que deseaba comunicar. Le comenté que era posible lograrlo escribiendo el mensaje que quería comunicarle a Ron antes de hablarle. Advirtiéndole que tal vez se sentiría tentada a escribir numerosas páginas, le pedí a Tina que redujera a un párrafo corto lo que tenía que decir. Este proceso la obligaría a prestarle atención a la esencia de lo que necesitaba comunicarle a Ron.

Como Ron señaló que "le dije lo que había sucedido durante el día. Ya no sé que más decir. No sé dónde comenzar", noté que necesitaba ayuda y también le di un ejercicio. Le pedí que seleccionara un momento cada día para que él y Tina se sentaran juntos durante quince minutos. Debía usar ese momento para comunicarle a ella algo sencillo. Tenía que ser más que un informe de lo que había sucedido durante el día; podía ser lo que él sentía sobre lo que había sucedido. Si no se le ocurría nada que decir, le aconsejé que le contara a Tina lo que estaba sintiendo en ese momento. Primero, debía respirar profundo varias veces para relajarse y ponerse en contacto con su propio cuerpo, y luego decir lo que sentía mientras miraba a Tina, o cuando miraba a sus hijos, o lo que sentía al recordar algo que había hecho en el pasado. Estas frases debían ser muy sencillas, nada "profundo" ni muy importante. De este modo, él aprendería a expresar sus pensamientos, ideas y sentimientos de manera espontánea.

Al igual que Ron, muchos hombres suelen pensar: "¡Ay, no! Mi esposa (o novia) quiere que trate de llegar al interior de mi alma y le hable de algo profundo. ¡Esto va a ser realmente agotador!" Por esa razón, le dije a Tina que debía reducir sus expectativas sobre el tipo de conversaciones que deseaba tener con Ron. Las parejas no tienen por qué adentrarse siempre en temas profundos o exponer sus almas de forma dramática para acercarse el uno al otro. Pero a medida que comiencen a sentirse más cómodos entre sí, descubrirán que su comunicación se vuelve más fácil, más natural, más espontánea. En ese momento, hasta una mirada a los ojos puede comunicar un mensaje completo.

¿Es necesaria la comunicación en una relación íntima? ¿Se trata sólo de hablar? ¿Cuáles son los componentes de una comunicación saludable?

Comunicarse es más que informar lo que sucedió durante el día. Es más que conversar. Es el intercambio de pensamientos, sentimientos, dudas... alegrías. La comunicación les permite entenderse, encontrar soluciones para sus problemas y sentirse cerca. No significa estar de acuerdo en todo; pero sí implica respetarse mutuamente. La comunicación le da cohesión a las relaciones permitiendo el flujo libre de emociones e ideas.

Aprender a comunicarse de forma significativa requiere esfuerzo, pero no tiene por qué intimidarnos. El objetivo es expresarse honestamente, y escuchar con respeto y atención lo que nuestra pareja quiere decir. La comunicación no es un debate o una oportunidad para "ganar" una discusión. La buena comunicación nos permite aprender el uno del otro y lograr un mayor acercamiento.

PAUTAS PARA UNA COMUNICACION SALUDABLE

Me piden tan seguido que describa en qué consiste la buena comunicación, que he creado las siguientes pautas. A medida que las lea, trate de considerar sinceramente cómo se comunica por lo general con su pareja.

Cuando usted hable...

❦ Concéntrese en un tema específico, personal. No haga generalizaciones, como: "siempre siento...". Hable de casos específicos, tales como "cuando te vi, sentí que...". Además, no generalice sobre los demás haciendo comentarios como "los hombres siempre hacen...". Refiérase a sí mismo y no a todos los demás.

❦ No critique ni acuse a la otra persona, ni la haga sentirse culpable. A nadie le gusta que lo juzguen, y las críticas sólo consiguen que el otro se ponga a la defensiva. En cambio, diga, por ejemplo: "Cuando tú me dices..., yo siento...".

❦ Hable con honestidad. Inclusive las "mentiritas" o "mentiras inocentes" nos hacen perder la confianza de los demás. No es necesario proteger a nadie con mentiras. Podemos ser honestos sin ser crueles.

❦ Sea directo. Diga directamente lo que piensa, lo que siente. No ande con rodeos, tapando el asunto con cosas sin importancia.

❦ Concéntrese en los sentimientos que están detrás de lo que dice. ¿Qué siente? Expréselo.

❦ No le ponga etiquetas a su pareja ni la insulte con frases como "eres tan mentiroso..." o "estás loca...". En su lugar, describa el comportamiento que le molesta y cómo se siente ante el mismo. Por ejemplo: "Cuando no me dices adónde vas, me siento insegura, como si no tuviera importancia en tu vida".

❦ Exprese sus emociones, pero no las use con mala intención para herir a la otra persona. Anúnciele a su pareja que va a revelarle sus sentimientos y que su intención no es herirlo o herirla, sino hacerle saber lo que usted siente.

❦ Si nota que usted se va enojando cada vez más, detenga la conversación y diga: "Necesito detenerme aquí porque no puedo controlar mi enojo. Mejor continuemos esta conversación a tal hora". Pónganse de acuerdo en una hora específica para continuar la conversación y luego, a solas, escriba o grabe en una cinta qué lo está haciendo enojar. ¿Cuál es el problema? ¿Le molesta lo que discutieron o es que el tema por el cual discutieron le recuerda algo que le sucedió en el pasado? ¿Es tal vez que su enojo está relacionado con las reacciones de su pareja durante la conversación? El objetivo no es reprimir el enojo, sino saber con exactitud de dónde procede para poder tener más control del mismo. Luego, cuando vuelvan a conversar del tema, tendrá una idea más clara del tema específico que necesita discutir.

❦ No monopolice la conversación ni dé discursos. Diga lo que tiene que decir con la mayor claridad posible y luego déle a la otra persona la misma cantidad de tiempo para hablar.

❦ No diga algo tan sólo para ver cómo reacciona su pareja.

❦ No abrume a su pareja con detalles, olvidándose así de las cosas importantes que necesita decir. Concéntrese en la idea principal que está tratando de explicar.

❦ No cambie de tema. Siga hablando del mismo asunto que ambos han acordado discutir.

Cuando usted escuche...

❦ No juzgue de antemano lo que su pareja dice. Trate de mantener la mente abierta, por muy difícil que le resulte.

❦ Nunca interrumpa ni complete las frases de la otra persona.

❦ Trate de identificarse con su pareja y de entenderla. Póngase en su lugar, por muy difícil que le resulte.

❦ Mire a su pareja a los ojos y no hacia otro lado cuando le esté hablando.

❦ Ponga atención no sólo a las palabras de su pareja, sino también a su tono de voz, su estado emocional y su lenguaje corporal. Use esta información para tratar de entender mejor lo que él o ella está sintiendo.

❦ Indique, asintiendo con la cabeza, por ejemplo, que usted está escuchando al otro.

❦ Preste mucha atención a lo que dice su pareja, sin apresurarse a sacar conclusiones. Antes de responder, dése tiempo suficiente para asimilar lo que el otro acaba de decir y para entender cómo se siente usted al respecto.

❦ Si ve que ya no puede seguir escuchando, dígaselo a su pareja y explíquele por qué. Utilice frases con "yo", tales como: "Yo siento que esta conversación me abruma..." o "Yo siento que escuchar es muy difícil para mí en este momento". Luego, comprométase a continuar la conversación en otro momento con frases como: "Reunámonos esta tarde (o mañana a tal hora) y sigamos la conversación".

Cuando responda a lo que su pareja diga...

❧ Antes de decir lo que piensa o siente, confirme que ha escuchado lo que él o ella acaba de decir, repitiendo la esencia de lo que su pareja le ha comunicado. Diga frases como: "Me has dicho que te sientes..." o "Si te entiendo bien, me estás diciendo que...".

❧ No saque conclusiones sobre lo que le pasa a la otra persona. Hable sobre sí mismo, pensando en cómo se siente al escuchar lo que el otro acaba de decir.

❧ No le diga nunca a su pareja que está equivocada en su forma de sentir. Tal vez usted no entienda por qué él o ella se siente así, pero los sentimientos "equivocados" no existen.

❧ No acuse a su pareja de no decir la verdad.

❧ No ridiculice a la otra persona, ni use sarcasmos, ni chistes para responder a algo serio que él o ella acaba de decir.

Después que el diálogo haya terminado...

❧ No use lo que su pareja acaba de decir sobre lo que siente o piensa para luego acusarla o castigarla, ya que su pareja puede inhibirse y en el futuro no querer compartir con usted sus sentimientos.

La comunicación tiene como objetivo el lograr cierta intimidad con el otro. Si los dos pueden entender esto, evitarán que sus diálogos se conviertan en una serie de recriminaciones que sólo lograrán distanciarlos más. A menudo, la mejor manera de sentir intimidad hacia la persona que se ama es decir muy poco, abrir el corazón y, sencillamente, escuchar.

La próxima sección de este capítulo enfatizará tres cuestiones básicas que afectan una relación y que pueden mejorarse aumentando la comunicación entre los miembros de la pareja:

❦ sentirse distanciado de su pareja
❦ sentirse atascado en la misma discusión
❦ tener ideas culturales diferentes acerca del matrimonio

Si usted ha notado que alguna de estas cuestiones afectan a su relación, puede probar algunas de las sugerencias y ejercicios que le ofrezco.

SENTIRSE DISTANCIADO DE SU PAREJA

A esta altura, usted ya sabe que la buena comunicación requiere dos habilidades básicas: (1) expresar en forma honesta y respetuosa lo que siente y (2) escuchar en forma atenta sin criticar lo que dice su pareja. Pero ¿cómo es posible comenzar si usted y su pareja nunca han hablado íntimamente entre sí, o si ustedes solían sentirse más cerca el uno del otro, pero por alguna razón se han ido distanciando?

Tal vez puede comenzar diciendo algo como: "Quiero hablarte de algo que me está molestando. Quisiera que me escuches y no voy a culparte ni a criticarte. Sólo necesito contarte lo que siento". Este tipo de frases invita a la otra persona a ser receptiva, porque usted está diciendo cómo se siente, y no lo que él o ella hizo mal. Como su frase no tiene tono acusatorio, su pareja no se verá forzada a ponerse a la defensiva.

También es muy importante identificar lo que siente, ya sea dolor, enojo, tristeza o irritabilidad. Así, su pareja podrá entender por qué usted saca a colación un tema específico. A veces, reconocer y expresar con precisión cómo nos sentimos es el aspecto más difícil de una buena comunicación. A las mujeres a menudo nos cuesta trabajo admitir el enojo, por ejemplo, porque ése es un sentimiento inaceptable para nosotras dentro de nuestras culturas. De igual manera, los hombres no pueden admitir que están tristes o heridos, porque esos sentimientos implican debilidad en las culturas latinas.

Al principio puede llegar a ser bastante difícil dirigirse a su pareja para hablar íntimamente, identificar con precisión lo que siente y abandonar su antiguo estilo de comunicación. Pero como cualquier otro cambio que usted desee hacer, éste se hará más fácil a medida que se vaya acostumbrando. Las primeras veces que establezca el diálogo con su pareja de esta nueva forma, tal vez sienta que sus palabras suenen raras o poco naturales, pero esa sensación desaparecerá a medida que se vayan sintiendo cómodos con esta nueva modalidad.

Para que las parejas comiencen a poner en práctica este modo de comunicarse, sugiero que hagan el ejercicio de "Expresar, escuchar y repetir", el cual he adaptado de una técnica llamada "La técnica del espejo", creada por el Dr. Harville Hendrix. Este ejercicio tiene como objetivo: (1) ayudar a los miembros de la pareja a expresar con más claridad sus sentimientos y problemas y (2) ayudar a escuchar mejor y ser más receptivo a lo que dice su pareja.

Este ejercicio es muy bueno para las parejas latinas, ya que muchos venimos de familias en las que solemos hablar al mismo tiempo. Cuando dos o más personas hablan a la vez, es difícil para cualquiera de ellas escuchar bien y reflexionar sobre lo que la otra dice. Tal vez usted oiga lo que se está diciendo, pero, en realidad, no está escuchando. El ejercicio de "Expresar, escuchar y repetir" le permite escuchar con cuidado y reflexionar sobre lo que su pareja le dice.

Si decide probar este ejercicio con su pareja, lea primero los ejemplos para tener una idea más precisa de qué se trata.

❦ Ejercicio para cuando se sienta distanciado de su pareja

EXPRESAR, ESCUCHAR Y REPETIR

Este ejercicio les da a ambos la oportunidad de:

❦ expresar lo que piensan y sienten
❦ ser oído con precisión por la otra persona
❦ escuchar atentamente a la otra persona
❦ entender con precisión lo que dice la otra persona

El ejercicio puede parecer aburrido al principio, pero si no lo abandona, se sorprenderá de cuánto puede aprender de sí mismo, de su pareja y de su proceso de comunicación. Es importante tener paciencia con el ejercicio, sobre todo cuando se habla de sentimientos que tienden a ser mal interpretados. Muy a menudo, al escuchar a alguien durante una discusión, hacemos suposiciones incorrectas o sacamos conclusiones equivocadas. El ejercicio de "Expresar, escuchar y repetir" le permite corregir inmediatamente esas suposiciones incorrectas y evitar malentendidos. Sólo después de que se hayan expresado y hayan sido escuchados apropiadamente, podrán comenzar a pensar en cómo resolver sus problemas.

He aquí cómo funciona el ejercicio: Una persona es "el comunicador" y la otra "el oyente".

Paso 1: *El comunicador expresa una idea breve,* que comienza con la palabra "yo", en la que brevemente le dice al oyente lo que piensa o siente.

Paso 2: *El oyente repite* lo que le acaba de decir el comunicador.

Paso 3: *El comunicador verifica* que ése fue el mensaje que transmitió.

Paso 4: De no ser así, el *comunicador corrige la versión que dio el oyente* del mensaje (esto es muy importante, ya que uno de los propósitos básicos de la técnica es asegurarse que el mensaje del comunicador no ha sido mal interpretado por el oyente).

Paso 5: *El oyente vuelve a repetir* el mensaje, hasta que el comunicador se sienta conforme de que ha sido escuchado correctamente.

Paso 6: El comunicador tiene ahora la opción de añadir algo a lo que ya ha dicho para que el oyente pueda entender con más claridad cómo se siente su pareja.

Paso 7: Cuando el comunicador esté satisfecho de haber dicho lo que deseaba y de que el oyente lo ha oído correctamente, se invierten los roles: el comunicador pasa a ser el oyente y viceversa.

He aquí un ejemplo de cómo el ejercicio de "Expresar, escuchar y repetir" podría ser usado para encarar un problema sencillo. En este caso, una mujer está molesta porque el esposo siempre se olvida de su cumpleaños. Ella asume primero el papel del "comunicador":

COMUNICADOR: "Cuando te olvidas de mi cumpleaños me siento triste". (Paso 1)

OYENTE: "Me estás diciendo que yo tengo la culpa de que estés triste porque no me acuerdo de tu cumpleaños ¿verdad?" (Paso 2)

COMUNICADOR: "No, yo no dije eso. (Paso 3) Dije que cuando te olvidas de mi cumpleaños, me siento triste". (Paso 4)

OYENTE: "Bien. Te oigo decir que cuando me olvido de tu cumpleaños, te sientes triste". (Paso 5)

COMUNICADOR: "Sí, eso fue lo que dije". (Paso 5) "Una de las maneras en que te demuestro mi amor es acordándome de tu cumpleaños. Por eso, cuando te olvidas de mi cumpleaños, siento que no me amas". (Paso 6)

OYENTE: "¿Me estás diciendo que yo no te amo tanto como tú me amas a mí?" (Paso 2)

COMUNICADOR: "No, yo no dije eso. (Paso 3) Dije que cuando te olvidas de mi cumpleaños, siento que no me amas". (Paso 4)

OYENTE: "Entonces no dices que yo no te amo. Dices que SIENTES que no te amo cuando me olvido de tu cumpleaños ¿no es así?" (Paso 5)

COMUNICADOR: "Sí, eso es lo que dije". (Paso 5)

Escuchemos ahora a la misma pareja al invertir los roles. (Paso 7) Fíjese que el comunicador comienza por expresar lo que siente y luego explica brevemente por qué se siente así. Es importante que el mensaje sea lo más corto posible, para que el oyente pueda entender con facilidad el mensaje sin olvidarlo.

COMUNICADOR: "Cuando me dices que te entristeces si me olvido de tu cumpleaños, me enojo porque sí te amo. Sólo que lo demuestro de otras maneras, por ejemplo, trabajo sólo para nosotros dos". (Paso 1)

OYENTE: "Te oigo decir que mi mensaje te hizo enojar. Y también te oigo decir que me amas, pero que tienes una manera diferente de demostrar tu amor. Ahora puedo entender por qué lo que dije te molestó tanto. ¿Es así?" (Paso 2)

COMUNICADOR: "Eso es. Eso fue lo que dije y así es como me siento. Aprecio que entiendas cómo me siento". (Paso 3)

Lo importante de esta técnica, como se ejemplifica en la última frase de la oyente, es que ésta *se ponga en el lugar* del comunicador, usando frases como: "Yo puedo entender cómo debes estar sintiéndote". Esto ayuda a que los miembros de la pareja se identifiquen y se sientan apoyados por el otro. Cuando usted logre hacer esto, aun en una discusión grave, creará un sentimiento positivo entre ambos y estarán así más dispuestos a tratar de encontrar una solución juntos.

¿Y cuál podría ser la solución para la pareja con el problema del "olvido del cumpleaños"? Como fue la mujer quien inició el diálogo, ella necesita hacerse cargo de sus sentimientos heridos y sugerir una solución. Podría escoger una de las siguientes frases que ofrecen soluciones al problema:

❦ "Me gustaría que anotaras la fecha de mi cumpleaños en tu agenda, para que no te la olvides. Es muy importante para mí celebrar mi cumpleaños contigo".

❦ "Me gusta disfrutar de una cena especial o recibir flores u otros regalos románticos para mi cumpleaños. Esto significaría mucho para mí".

❦ "Voy a asegurarme de recordarte mi cumpleaños para que no te lo olvides. Me siento muy feliz cuando celebramos juntos días especiales como ése".

En la conversación anterior, la esposa no culpa al marido por su comportamiento en el pasado ni por cómo la afectó el mismo. Ella le ha dicho por qué se siente así y ofrece una solución para que sus sentimientos no sean lastimados de esa manera otra vez.

SENTIRSE ATASCADO:
DISCUTIR POR LO MISMO UNA Y OTRA VEZ

¿Discuten con frecuencia usted y su pareja sobre las mismas cosas sin llegar a ninguna solución? Muchas parejas me han dicho que la mayoría de sus peleas giran alrededor del mismo problema. Cada vez que la disputa comienza, se quedan atascados en sus repetidos intentos de probar que cada uno tiene la razón y que el otro está equivocado. Tal vez hagan las paces por un tiempo para poder convivir en paz, pero el problema de base sigue sin resolverse y, por lo tanto, sale a relucir otra vez en la próxima pelea.

Para resolver los problemas que se repiten en su relación, hay una técnica muy sencilla que puede intentar. Consiste en pedir lo que quiere y dar lo que puede. Comiencen diciéndose cuatro cosas: lo que aprecian el uno del otro, lo que les gustaría pedirle el uno al otro, qué pedidos les gustaría satisfacer y cuáles no.

Comenzar este proceso diciéndole a su pareja lo que aprecia de él o ella, les ayuda a crear una atmósfera más positiva para lidiar luego con las áreas donde hay un constante desacuerdo y para elaborar cómo satisfacer los pedidos del otro.

Oímos hablar mucho de "llegar a un arreglo" en una relación o en un matrimonio, pero para algunos eso sólo significa que nunca obtienen lo que desean. Creo que dos personas que son esencialmente compatibles pueden obtener la mayor parte de lo que desean en una relación si ambos son flexibles y están dispuestos a darse el uno al otro. Si usted y su pareja pueden discutir con franqueza y hablar sobre los pedidos del otro que sí pueden satisfacer (y puede que hasta se sientan bien haciéndolo), creo que descubrirán que son capaces de complacerse el uno al otro.

Si quiere practicar el proceso de "Pedir y dar", pruebe el siguiente ejercicio.

❦ Ejercicio para cuando se sientan atascados en la relación
PEDIR LO QUE SE DESEA, DAR LO QUE SE PUEDE

Este ejercicio le ayudará a brindarle a su pareja lo que pueda. También le ayudará a aceptar lo que no es posible, aumentando la capacidad de dar y recibir de cada uno.

He aquí los pasos del ejercicio:

Paso 1: Escriba cada uno diez cualidades que aprecia de su pareja y titule la lista "Lo que aprecio de ti". Cuando hayan hecho las listas, intercámbienlas. A medida que lea lo que su pareja ha escrito de usted, preste atención a lo que siente. Acepte el aprecio de su pareja y siéntalo con intensidad.

Paso 2: Luego, hagan una lista de diez cosas que quieren pedirle a su pareja y titulen la lista "Mis pedidos". Cuando las hayan hecho, intercámbienlas. Después de recibir la lista de su pareja, léala con mucho cuidado y luego túrnense para pedirle al otro que le explique lo que no esté claro.

Paso 3: A continuación, cada uno de ustedes hará una lista titulada "Mis compromisos". Debe estar basada en la lista "Mis pedidos" de su pareja que usted está dispuesto a cumplir. Sus compromisos deben incluir cuestiones de su propio comportamiento o actitud que sabe que puede cambiar con facilidad.

Paso 4: La próxima lista se titulará "Mis buenas intenciones". Estas también forman parte de la lista "Mis pedidos" de su pareja que usted está dispuesto a hacer, pero que le van a exigir un esfuerzo. Haga una segunda columna al lado de estos pedidos y escriba cuánto tiempo usted cree que le llevará cumplirlos.

Paso 5: La próxima lista se titulará "Mis limitaciones". Enumerará aquellas cuestiones de la lista "Mis pedidos" de su pareja que usted, definitivamente, no puede hacer, ya sea porque no están dentro de sus capacidades o porque van contra sus propios principios o deseos.

Paso 6: Ahora, compartan las listas de "Compromisos", "Intenciones" y "Limitaciones" y discútanlas. Hable con su pareja de las dificultades que pueden surgir al tratar de cumplir sus pedidos, pero a la vez trate de enfocarse en mejorar la comunicación entre los dos. Concéntrense en la voluntad de ambos de llegar a un acuerdo basado en buenas intenciones, y no en la frustración al ver las limitaciones del otro.

Este método de compartir su aprecio, su compromiso al cambio y su reconocimiento de lo que no puede cambiar, los ayuda a crecer como individuos y como pareja. A medida que vayan explorando juntos cómo mejorar la relación, descubrirán que se van haciendo aliados en vez de adversarios.

IDEAS CULTURALES DISTINTAS SOBRE EL MATRIMONIO PERFECTO

El aprender a respetar nuestras diferencias y a comunicarnos con más honestidad también significa reflexionar sobre los valores culturales de cada uno. Reconocer que su concepto del "matrimonio perfecto" se ve influenciado por la forma de ser de los latinos y por la cultura de la mayoría de los estadounidenses en la que vivimos, puede ayudarle a entender los problemas de comunicación que tiene con su pareja.

A medida que piense lo que significa ser una esposa o un esposo que ama a su pareja, y sea más consciente de las creencias culturales que influyen en la imagen que tiene cada uno de una buena relación, comenzará a vislumbrar por qué piensa de la manera en que lo hace. Este nuevo entendimiento sentará las bases para soluciones creativas que complazcan a ambos.

Piense qué es lo que realmente quiere de su matrimonio. ¿Cuáles son sus prioridades? ¿Refleja su relación en estos momentos algunas o la mayoría de estas características? ¿De dónde cree que surgieron sus ideas del matrimonio perfecto? ¿Caracterizaría estas ideas como más "latinas" o más "americanas"? ¿Provienen estos valores de sus padres y abuelos, de sus amigos de la comunidad, de la cultura de la mayoría de los estadounidenses o de sus creencias religiosas? ¿Han cambiado estas ideas con el paso de los años? ¿A qué se debe? ¿De qué forma quisiera que su matrimonio se acercara más a esos ideales?

Converse con su pareja sobre estos temas y descubra lo que piensa sobre la relación ideal. ¿De dónde provienen sus ideas? ¿Cuán realista es la imagen que él o ella tiene del matrimonio ideal y cuán realista es la suya? ¿Qué puede hacer cada uno para lograr que el matrimonio refleje sus valores? ¿Qué ideales no resultan prácticos ni adecuados para ustedes dos?

Es importante hablar francamente con su pareja sobre los aspectos "latinos" y "americanos" que constituyen su imagen del "matrimonio perfecto". También es importante aclarar cómo quisiera cada uno que cambiara la relación y discutir propuestas realistas. Esto es mucho más productivo que guardar rencores o reclamar con exigencias.

Si usted y su pareja quieren explorar sus actitudes culturales sobre el matrimonio, pueden probar juntos el ejercicio titulado "Nuestra imagen intercultural del matrimonio perfecto". Este ejercicio no sólo les ayudará a entenderse mejor a sí mismos y al otro, sino también a encontrar soluciones aceptables para ambos.

❦ Ejercicio para parejas que tienen ideas culturales diferentes sobre el matrimonio perfecto

NUESTRA IMAGEN INTERCULTURAL DEL MATRIMONIO PERFECTO

Paso 1: Escriba tres cualidades del "matrimonio perfecto" desde el punto de vista latino, y tres desde el punto de vista "americano".

Paso 2: Al lado de cada cualidad, explique dónde obtuvo ese modelo (por ejemplo, de un tío, un maestro, los medios de difusión, la iglesia), por qué es tan importante para usted y cómo le hace sentir esa cualidad.

Paso 3: Intercámbiense las descripciones de las seis cualidades y dense tiempo para leer lo que el otro ha escrito y reflexionar sobre el tema.

Paso 4: Usc la información y haga una "Lista de deseos", que señale qué comportamientos de la pareja condicionados por su cultura desea usted que cambie. Incluya cómo le haría sentir a usted ese cambio.

Paso 5: Intercámbiense las listas de deseos y dense tiempo para leerlas y reflexionar.

Paso 6: Discutan sus listas de deseos y decidan cuáles quieren convertir en metas. Las metas son las actitudes y los comportamientos específicos que quieren incorporar o descartar en su relación.

Paso 7: Si ustedes no están de acuerdo en qué deseos convertir en metas, aclaren bien por qué no aceptarán esa cualidad en particular. No es suficiente decir "No, porque no quiero". Ofrézcale a su pareja razones honestas por las cuales usted tiene dificultad con algunos de sus deseos. Si su pareja realmente quiere incorporar una cualidad en particular en la relación, esté dispuesto a escuchar lo que dice, a ponerse en el lugar de la otra persona y a entender por qué esto es tan importante para el otro. Sugiera modos de llegar a un acuerdo, de manera que cada uno de ustedes obtenga algo de lo que desea.

Paso 8: Discuta con su pareja una estrategia para alcanzar las metas que han escogido juntos. Algunas ideas pueden ser: dejarse a sí mismo notas por toda la casa para acordarse de sus metas; o visualizar los comportamientos deseados que han sido aceptados por ambos (vea el "Ejercicio de visualización de la lista de deseos" al final de este capítulo).

El siguiente es un ejemplo de cómo funciona el ejercicio de "Nuestra imagen intercultural del matrimonio perfecto". La imagen latina de un matrimonio perfecto para el esposo podría incluir la siguiente cualidad:

Cualidad:
Tener una esposa que disfruta al preparar comidas especiales para la familia.

Dónde lo aprendí:
De mi familia puertorriqueña: madre, tías y abuela.

Por qué esta cualidad es tan importante para mí:
Recuerdo estar en casa de mi tía Blanca y tío Ray, y sentirme ansioso por sentarme a la mesa. La preparación de la comida era un acto de amor al cual la tía Blanca se entregaba totalmente. No era tan sólo cocinar, sino dar un poco de sí misma. Se tomaba el tiempo para preparar comidas deliciosas y sanas, y siempre las presentaba con gracia en una mesa muy bien puesta. Compartir una comida como esa era un regalo que ella les hacía a diario a mi tío y a toda la familia. Yo quiero experimentar eso en mi relación.

Cómo me hace sentir esta cualidad:
Me hace sentir especial y querido.

La imagen "americana" de un matrimonio perfecto de ese mismo esposo podría comenzar así:

Cualidad:
Tener una esposa que contribuye al ingreso familiar.

Dónde lo aprendí:
De mi tía Clara y de la cultura estadounidense en general.

Por qué esta cualidad es tan importante para mí:
Aunque me siento orgulloso de mantener a mi familia, quiero sentir que soy más que tan sólo un sueldo. La tía Clara comenzó a trabajar después que los niños empezaron a ir a la es-

cuela y eso ayudó mucho a la familia. Pero la tía Blanca nunca trabajó y por eso el tío Ray tuvo que tener dos trabajos. Siempre estaba cansado y no pudo disfrutar mucho la infancia de sus hijos. No quiero que eso me suceda a mí. Quiero que nuestra familia tenga buenos ingresos, pero también quiero estar con mi esposa y mis hijos. Si mi esposa también trabajara como la mayoría de las estadounidenses, podríamos compartir la responsabilidad y no tendríamos que preocuparnos por el dinero.

Cómo me hace sentir esta cualidad:

Esta cualidad me haría sentir que mi esposa me quiere, pero no sólo por mantener a la familia. También me sentiría seguro al saber que mi esposa podría mantenerse sola si me pasara algo.

El siguiente paso es cómo el esposo podría trasladar sus cualidades ideales del matrimonio perfecto tanto latinas como "americanas" a una lista de deseos:

"Desearía que estuvieras dispuesta a trabajar para no tener que ser el único que mantiene a la familia. Eso me haría sentir menos tenso y más querido".

"Desearía que me cocinaras una comida especial de vez en cuando, aunque sé que estás ocupada con los niños y con muchas tareas del hogar. Sentiría que eso es una ofrenda de amor".

Después que este esposo combine su lista de deseos con la de su esposa, y después de discutir qué cualidades son las más importantes para ambos, podrán decidir qué deseos quieren convertir en metas.

EL VALOR DEL DESACUERDO

Cuando yo era más joven, antes de casarme y de ser psicóloga, solía creer que una buena relación era estar junto a alguien muy parecido a mí y así no tener discusiones y desacuerdos. En mi relación perfecta, ambas personas compartían los mismos valores, ideas y deseos. "¿Por qué...", solía preguntarme a mí misma cuando era jovencita, "...las parejas siguen juntas si continúan peleándose?" Decidí en aquel entonces, que cuando me casara, sólo aceptaría armonía y unión.

Cuando somos adolescentes, tendemos a pensar que todo tiene que ser perfecto, pero la vida nos enseña algo distinto. Ahora, cuando pienso en mi temprana imagen de una "relación perfecta", me sonrío. De hecho, creo que sería bastante aburrido estar en un matrimonio donde las dos personas ven el mundo exactamente igual. No habría incentivos para aprender el uno del otro, para considerar otras ideas y puntos de vista, para cuestionar nuestros propios valores, para ampliar nuestra apreciación de la vida. Nada de eso es posible si nuestra pareja es siempre nuestro espejo.

Las diferencias y los desacuerdos entre dos personas que tienen una relación íntima ayudan a explorar aspectos de nosotros mismos que, de otro modo, no examinaríamos. Ayudan a expandir nuestra conciencia y a apreciar el amor y la vida en más de una dimensión. En la interacción con otra persona con características diferentes, podemos reflexionar sobre nuestras propias cualidades y descubrir nuevos caminos que nos gustaría recorrer.

Eso no quiere decir que sea agradable tener conflictos con la persona que amamos, casi nunca lo es. No es fácil tratar de resolver nuestros desacuerdos, y los conflictos graves a menudo provocan mucho dolor. Pero como estos exigen que observemos con más profundidad nuestras emociones y nuestro comportamiento, que reconsideremos nuestros conceptos y prejuicios, que encontremos nuevas formas de adaptación dentro de nuestra pareja, e inclusive que le demos fin a una relación no saludable, muchas veces pueden ser considerados beneficiosos.

Es asombroso cómo el cambio de nuestra actitud o perspectiva puede a menudo producir una enorme transformación en nuestra vida. Cuando tratamos de resolver los desacuerdos con una nueva actitud de aprender sobre nosotros mismos y sobre nuestra pareja, no sólo nos resulta más fácil solucionar las diferencias, sino que también vemos cómo crecemos y nos convertimos en personas con una visión más amplia de la vida.

COMO LA COMUNICACION ENRIQUECE SU VIDA

Las relaciones humanas nos ofrecen la oportunidad incomparable de enriquecer nuestras vidas. Cuando nacemos, nuestras madres y padres nos dan amor, enseñándonos a través de sus expresiones y palabras cariñosas a recibir y también a dar emocionalmente. Ya entonces aprendemos que la comunicación es la fuente de toda relación.

De niños, cuando nuestra familia se preocupa por nosotros y nos presta atención, desarrollamos aun más nuestra capacidad para relacionarnos con las personas. Aprendemos de ellos y desarrollamos nuestra identidad en función de los demás. Cuando vamos a la escuela, nuestros compañeros y maestros nos abren los ojos a nuevos mundos, brindándonos información, ideas y formas de pensar inusitadas. Una vez más, nuestra conciencia, nuestras habilidades y nuestras aptitudes se incrementan para dar cabida a lo que otras personas nos han enseñado y a lo que hemos aprendido sobre ellas.

De igual manera que viajar a otro país es una experiencia muy enriquecedora, los que somos inmigrantes, los que nos asentamos de por vida en un país "extranjero", no podemos evitar ampliar nuestra visión de la vida. Estamos en proceso constante de incorporar puntos de vista diferentes a nuestra forma de pensar y de actuar. Estamos expuestos a nuevas normas, ideas, reglas y alternativas, sobre todo en los Estados Unidos que ofrece tantas maneras de vivir y de ser. Aprendemos a comunicarnos y convivir con gente cuyas tradiciones son muy diferentes a las nuestras. A medida que nos adaptamos de esa manera, vamos ampliando nuestra visión de la vida y enriquecemos nuestro ser.

Las relaciones íntimas adultas nos ofrecen quizás la mayor oportunidad para un crecimiento personal. En el proceso de comunicarle a nuestra pareja cómo nos sentimos, lo que queremos y lo que tememos; de escuchar sus miedos, sus necesidades, sus esperanzas; y de aprender a aceptar y responder a nuestras diferencias, desarrollamos aspectos personales que tal vez nunca hubiéramos descubierto por nuestra cuenta. Así es como la comunicación en la pareja enriquece nuestra vida. Al aprender sobre nuestra pareja y al compartir nuestra vida, avanzamos hacia una nueva dimensión: somos más conscientes de nosotros mismos, empáticos, comprensivos, tolerantes, perspicaces y más sabios.

La comunicación significa mucho más que hablar. A veces ni siquiera se necesitan palabras. En última instancia, es el intercambio entre dos almas que salvan la distancia que las separa con flexibilidad, compasión y comprensión.

En el próximo capítulo exploraremos la forma de comunicación íntima sin igual que nos brinda la sexualidad humana. Descubriremos que las mismas cualidades que son tan necesarias para una comunicación saludable —la empatía, la comprensión, la conciencia de sí mismo, la flexibilidad— son también básicas para una vida sexual saludable y satisfactoria.

Apéndice: Capítulo tres
EJERCICIO DE VISUALIZACION DE LA LISTA DE DESEOS

1. Para los comportamientos que son obviamente "latinos", elija música de su país de origen; para los comportamientos

"americanos", escoja la música apropiada y póngala a un volumen bajo mientras hace el siguiente ejercicio de visualización.

2. Cierre los ojos y respire profundamente durante varios minutos.

3. Concéntrese en la primera cualidad de su "Lista de deseos". Siéntala en el cuerpo, a través de todos los sentidos. Piense en ella. Permítase disfrutar por completo de las sensaciones y los pensamientos asociados a esta cualidad, y experimente lo bien que se siente al visualizar cómo usted incorporará esta cualidad en la relación. Tómese cinco minutos para disfrutarlo totalmente, e imagine a usted y a su pareja incorporando esta nueva actitud. En su imaginación, preste atención al ambiente que lo rodea. Permítase vivenciar esta nueva y agradable forma de ser (no piense en cómo esos comportamientos podrían interferir con su vida actual, ni en cómo los demás lo percibirán a usted. Sencillamente, disfrute la experiencia de cómo se sentiría si incluyera estas nuevas características en su vida).

4. Escriba lo que sintió en el ejercicio de visualización y luego compártalo con su pareja.

5. En otro momento, escoja otra cualidad de su "Lista de deseos" y practique de nuevo el ejercicio de visualización.

Si no se ponen de acuerdo en alguno de los desos de la lista...

❦ Aclare bien POR QUE usted no acepta una cualidad en particular. No es suficiente decir "no" porque usted no quiere. Déle a su pareja razones honestas por las que a usted le resulta difícil aceptar uno de esos deseos.

❦ Use el ejercicio de "Expresar, escuchar y repetir" para tratar de entender la postura de su pareja. Si su pareja insiste en incluir una cualidad específica en la relación, trate de escuchar, de ponerse en el lugar del otro, y de entender por qué eso es tan importante para él o ella.

❦ Sugiera formas en las que podrían llegar a un acuerdo para que cada uno logre algo de lo que desea. Si existe un desacuerdo total, ambos tendrán que ceder un poco.

AMANTES LATINOS BAJO LAS SABANAS

Expresar su amor sexualmente puede ser una de las maneras más íntimas de comunicarse con su pareja. La sexualidad es un lenguaje en sí mismo, que puede brindarle a su relación pasión, placer, bienestar y una intimidad muy profunda. Le permite compartir con su pareja emociones que no pueden ser transmitidas de otra manera.

Pero las relaciones sexuales son también una forma de comunicación a menudo mal interpretada, que puede crear conflictos hasta en las parejas con las mejores intenciones. En mi práctica profesional, he escuchado a mujeres que aseguran ser incapaces de disfrutar de las relaciones sexuales. Otras vienen a mí quejándose de que sus esposos les exigen tener relaciones sexuales constantemente, sin tomar en cuenta los deseos de la mujer. Hay esposos que me dicen que no entienden por qué su esposa no quiere tener relaciones sexuales con la misma frecuencia que ellos. Por otra parte, también están los hombres que se confunden y se asustan cuando la mujer comienza a tomar la iniciativa sexual, apropiándose así del papel "masculino".

Aunque vivimos en una época en la que hablar con franqueza sobre la sexualidad se hace cada vez más normal, en la vida privada, a muchos nos da vergüenza discutir temas sexuales con nuestra pareja. Muchas personas tienen dificultades semejantes, pero hablar sobre éstas constituye el primer paso hacia una vida sexual más placentera.

Como latinos, aportamos a nuestras relaciones sexuales un conjunto especial de valores culturales, y a menudo éstos son la causa de ciertos conflictos en el dormitorio. Los papeles sexuales y los tabúes promulgados por la cultura latina tradicional y por la Iglesia católica afectan nuestras actitudes y nuestro comportamiento en lo que al sexo se refiere; discutiremos esto en otra parte del capítulo.

Las dificultades sexuales pueden también ser un reflejo de problemas en su relación que han sido ignorados o confrontados de manera errónea. Generalmente, los problemas de la pareja que no se resuelven acaban por discutirse "debajo de las sábanas", a veces de forma inconsciente. El enojo o el resentimiento no reconocido, por ejemplo, puede tener efectos muy dañinos en su vida sexual. Uno de los objetivos de este capítulo es ayudarle a reconocer la raíz de sus problemas sexuales. Cuando usted dirija su atención a la resolución de problemas de pareja que no están relacionados con el sexo, habrá sentado las bases para que su vida sexual mejore también.

En este capítulo, seremos muy honestos el uno con el otro. Discutiremos temas sexuales íntimos, así como estrategias para superar las diferencias que pueden existir entre usted y su pareja. Tengo la esperanza de que, al escuchar las historias de mujeres y hombres como usted, podrá entender mejor su propia sexualidad, de manera que ésta se convierta en un aspecto gratificante de su vida.

MARIANA Y RAMON: VOLVIENDO A DESCUBRIR EL PLACER SEXUAL

Soy *aún una mujer joven, pero creo que mi cuerpo está muerto. No siento ninguna excitación sexual cuando mi esposo y yo hacemos el amor, y nunca he experimentado un orgasmo. Pensé que las relaciones sexuales con mi esposo serían maravillosas, pero estoy muy desilusionada y no sé qué me pasa. Me siento una mujer incompleta.*

—*Mariana, 28 años*

Mariana *y yo sentíamos una mutua pasión antes de casarnos. Era difícil no tocarnos. En esa época ella me deseaba mucho. No sé qué fue lo que sucedió. Quiero que ella disfrute de las relaciones sexuales, pero parece que a ella no le gustan. Nunca pensé que nuestra vida de casados sería así.*

—*Ramón, 30 años*

Estas breves citas de Mariana y Ramón nos dejan con un misterio. ¿Qué pasó con la pasión de Mariana? Ella y su esposo son jóvenes enamorados, que en el pasado sentían un deseo mutuo. ¿Por qué tienen problemas ahora para expresar su amor de forma sexual?

Mariana era virgen cuando se casó. Su educación católica le ordenó guardar su virginidad para el esposo ya que ésta es la manera correcta y moral de lidiar con la sexualidad según la Iglesia. Curiosamente, lo que esto significó fue que en los dos años previos al matrimonio, Mariana y Ramón se excitaran muchísimo sexualmente con caricias y besos, sin llegar a realizar el coito. Durante esa época, Mariana llegaba a sentirse muy excitada sexualmente. En ocasiones, hasta estuvo a punto de experimentar el orgasmo. Se imaginaba que su vida sexual, después de casarse, habría de ser sumamente pasional. Ambos esperaban que durante el coito ella sintiera un nivel de excitación igual o mayor al que había sentido durante sus dos años de acercamiento sexual prematrimonial.

La clave del "misterio" sexual de Ramón y Mariana residía en la exploración sexual que llevaron a cabo antes del matrimonio. Lo que había excitado a Mariana de manera tan intensa en esa época fueron las caricias, los roces, los besos, que son distintos de la penetración sexual en sí. Sin embargo, una vez que ella y Ramón comenzaron a tener relaciones sexuales, esta clase de "jugueteo" sexual desapareció. Ramón asumió que el acto sexual en sí sería más que suficiente para excitar a Mariana, pero se equivocó.

Las mujeres y los hombres tienen estilos sexuales muy diferentes. Casi siempre las mujeres necesitan más tiempo, más palabras y caricias, más toques, para poder excitarse. La inserción de un pene dentro de la vagina no es, por lo general, suficiente para despertar el deseo sexual de una mujer o para que experimente un orgasmo. El cuerpo de la mayoría de las mujeres está calibrado para un ritmo sexual más lento que el del hombre. Además, a ellas generalmente les gusta gozar de una atmósfera seductora y romántica, acompañada de sentimientos de ternura.

Por desgracia, Ramón y Mariana no estaban al tanto de eso. Ninguno de los dos había recibido esa clase de información sexual, ni de sus padres o amigos cuando eran jóvenes, ni de un profesional una vez que fueron adultos. Mariana se sentía tan avergonzada por ser una "mujer incompleta", que a medida que creció su insatisfacción sexual, eliminó inconscientemente cualquier tipo de deseo que pudiese haber tenido.

Asimismo, en su interior comenzó a sentirse resentida con Ramón, porque ella había confiado en que él "le enseñaría" sobre las relaciones sexuales. Supuso que Ramón, siendo el hombre, sabría qué hacer para excitarla y para crear una maravillosa vida sexual entre ambos.

Uno de los temas sexuales que los latinos debemos enfrentar en nuestra cultura es creer que el hombre sabe "lo que hay que hacer" y tiene todo el conocimiento y la experiencia sexual necesarios. Muchas mujeres no se dan cuenta de que la experiencia erótica de un hombre no siempre es amplia y, aun si lo es, no le permite entender las necesidades sexuales de la mujer con la que está en la actualidad. Inclusive si un hombre ha tenido muchas ex-

periencias sexuales, cada relación es diferente. Lo que sucede entre dos personas es una experiencia única. Así que tener "una amplia experiencia", en realidad no cuenta. Lo que se aprende sobre
la parte técnica del coito no constituye el arte de hacer el amor.
Hacer el amor es una conexión creativa que dos personas desa-
rrollan entre sí.

Una vez que entendemos lo que realmente significa hacer el
amor con alguien, sabemos que lo que le gusta a un hombre o a
una mujer no tiene por qué gustarle a otro u otra. No existe eso de
tener "experiencia con las mujeres" o, para las mujeres, tener "experiencia con los hombres". Tal vez la experiencia sexual le ayude
a entender mejor cómo responde su propio cuerpo, qué es lo que
a usted le gusta y qué es lo que aprecia de otra persona, pero todavía tiene que aprender, paso a paso, sobre su pareja actual y sobre cómo ustedes se comunican sexualmente.

No es realista pensar que una posición o técnica determinada
es infalible. Las mujeres compartimos una fisiología general, pero
nuestro cuerpo y nuestra mente responden de manera diferente.
Lo mismo sucede con los hombres.

En el caso de Mariana y Ramón, los encuentros sexuales previos de él no equivalen a tener un "doctorado en hacer el amor",
que de alguna manera le garantice un éxito inmediato en satisfacer sexualmente a Mariana. Ambos necesitan aprender sobre su
propio cuerpo, sus emociones, su propia sexualidad y qué les
causa placer. Luego pueden compartir ese conocimiento con el
otro y así crear una conexión sexual íntima. Esta será para ambos
una experiencia enriquecedora que requiere tiempo, paciencia y
comprensión, y que sólo se puede lograr cuando los miembros de
la pareja se tienen confianza y se comprometen a explorar su vida
sexual.

Desarrollar una vida sexual satisfactoria juntos no sucede de la
noche a la mañana; es un proceso que se va manifestando dentro
del contexto diario de la relación amorosa. Cuando Mariana y
Ramón sean capaces de entender eso, se darán cuenta de que

Ramón no puede usar su experiencia previa para transformar mágicamente a Mariana en una compañera capaz de responder sexualmente. Los dos deben explorar juntos para que la vida sexual única que comparten evolucione de forma natural.

Otro factor que afecta la relación sexual de Mariana y Ramón es uno que concierne a numerosas parejas latinas conservadoras. Las experiencias sexuales de Ramón con otras mujeres eran sólo "encuentros de una noche". Pero tener relaciones sexuales con una mujer una sola vez o de vez en cuando es muy diferente a complacer a una mujer con quien se convive. Un hombre como Ramón, que nunca ha mantenido relaciones sexuales con alguien por mucho tiempo, aunque haya estado con docenas de mujeres, probablemente tiene un conocimiento sexual limitado. Además, estar con una mujer a la que no se respeta o no se quiere es muy diferente a hacer el amor con alguien a quien se ama y con quien existe un compromiso de por vida.

Veamos entonces cómo Ramón y Mariana llegaron a resolver sus dificultades sexuales. Yo ayudé a Mariana a entender que su cuerpo no estaba "muerto", como ella aseguraba; estaba solamente dormido y era ella misma quien lo había puesto a dormir. Todos tenemos la capacidad de sentir placer sexual y cuando no lo experimentamos, suele ser porque nos hemos anestesiado. Mariana había desconectado su sexualidad porque la vergüenza de no ser una "mujer de verdad" y la desilusión de que Ramón no se hubiera hecho cargo de la situación le resultaban abrumadoras. A su vez, la falta de interés de Mariana provocó que Ramón se sintiera inepto y desilusionado consigo mismo; su sensación de vergüenza por no haber podido excitar a Mariana y hacerla disfrutar de las relaciones sexuales sólo logró empeorar las cosas.

Ciertamente, el cuerpo de Mariana había estado muy "despierto" cuando ella y Ramón eran novios, y lo que ambos tenían que hacer ahora era volver a descubrir esos sentimientos. Ya que Mariana había respondido a la excitación sexual antes del matrimonio, era necesario que ellos volvieran a gozar de esa clase de contacto sexual. Había entonces que incorporar a la relación íntima los besos y las caricias apasionadas, la seducción y el deseo.

A menudo sugiero que las mujeres exploren su propio cuerpo para descubrir sus zonas erógenas. En el caso de Mariana, la insté a que experimentara sola, con un poco de loción humectante o aceite para el cuerpo, tocándose por todas partes, para sentir cuáles eran más sensibles que otras y así descubrir su propio cuerpo. Podría comenzar con todas las zonas alejadas de los genitales, y luego acercarse lentamente hacia el área genital.

También sugiero a las mujeres que se miren los órganos genitales con la ayuda de un espejo, porque ésta es una parte del cuerpo que generalmente no se ve y se desconoce. Por otra parte, es interesante mirarse todo el cuerpo, no para ver si una tiene más grasa de la que quisiera, ni para compararse con otras mujeres, sino para reconocer cómo la naturaleza creó un cuerpo tan único. Cuando esté sola, le recomiendo mirarse para sentirse segura y bien consigo misma. Es muy importante para la mujer admirar y apreciar su individualidad, aprender a amar su propio cuerpo, sea como sea.

Antes de acariciar a Ramón o de que Ramón la acariciara, Mariana necesitaba admirar y sentirse cómoda con su propio cuerpo y darse cuenta que era "suyo". Es importante establecer ese sentido de pertenencia ya que algunas mujeres tienden a creer que su cuerpo está hecho para entregárselo a la pareja. La mujer necesita ser "dueña" de su cuerpo antes de poder compartirlo con el compañero.

En cuanto a Ramón, él necesitaba saber que, sin duda, era capaz de darle placer a Mariana. Sabiendo que se sentía frustrado por no poder excitarla, le recordé que él le había proporcionado a ella un placer inmenso antes del matrimonio y que podía hacerlo de nuevo. Por lo general, los hombres tienden a evaluarse por sus acciones y sus resultados inmediatos, por eso hubo que convencer a Ramón de que sería capaz de volver a excitar a Mariana, como lo había hecho en el pasado.

Le sugerí a Ramón que volviera a evaluar las reacciones de Mariana, y que recordara qué la había excitado tanto antes del matrimonio. También debía entender que la motivación sexual en las mujeres no es sólo física. Además de las caricias, hay otros elementos que preceden al coito: los gestos de amor que se dan el uno al otro, incluso antes de empezar a acariciarse.

La mayoría de las mujeres necesita sentirse romántica para desconectarse del mundo cotidiano y acercarse a su compañero. Preocupadas con muchos asuntos —el trabajo, los hijos, los quehaceres domésticos, las comidas—, necesitan tiempo para desconectarse de la vida diaria y poder transferir toda su energía a ese momento íntimo. Transformarse en un ser sexual exige un cierto estado de ánimo y una atmósfera apropiada. La mayoría de las mujeres aprecia que un hombre le muestre consideración, comprensión y afecto. Esto las inspira a conectarse apasionadamente con esa otra alma que desea relacionarse sexualmente con ellas. Si a una mujer no se le demuestra ese tipo de atención, le puede resultar difícil gozar plenamente de sus relaciones sexuales.

Ramón creía que lo único que faltaba en su relación con Mariana era el coito. El ya había terminado el "cortejo" al casarse, y suponía que Mariana sabía cuánto la quería y qué sentía por ella. "¿Por qué tengo que hacer ese papel del 'Latin lover' una y otra vez, cuando ella sabe lo mucho que me excita?", me preguntó él con toda honestidad.

Mi respuesta fue que, para Mariana y para muchas mujeres, el cortejo es una necesidad de por vida. Aun después del matrimonio, la mayoría de las latinas (y también las que no lo son) necesitan que estén presentes los aspectos románticos del "Latin lover", para que se despierte su deseo sexual. El estereotipo del amante jactancioso que cuenta sus innumerables conquistas o juzga sus triunfos sexuales de acuerdo a cuánto tiempo puede hacer que dure la penetración sexual, por lo general, no provoca interés en las mujeres. Pero el compañero romántico que dirige toda su atención hacia la mujer que ama, que la aprecia y se toma el tiempo de descubrir lo que la "vuelve loca", es el amante latino que será recompensado con el amor recíproco y apasionado de su compañera.

Cuando la mayoría de las mujeres fantasea con la manera ideal de ser amada, imagina ser seducida con palabras o gestos de amor: "Mi reina... no hay otra mujer como tú en el mundo". En el día a día, una mujer quiere sentir que él la adora. Cuando un hombre hace que su compañera se sienta especial, ella lo hará sentirse adorado, reforzando la comunicación en la cama. Ambos miembros de la pareja disfrutan de que el otro se sienta apreciado, como "mi rey" o "mi reina".

Además de las expresiones emotivas de amor, hay varias técnicas que son muy indicadas para aumentar el deseo sexual. Masajearse el uno al otro, acariciar todo el cuerpo de la pareja excepto los genitales, y usar palabras eróticas (si es agradable para ambos), son todas formas eficaces de dar placer y excitar al otro.

Ramón debía entender que una mujer requiere más tiempo para excitarse que un hombre y que las caricias sexuales tiernas previas eran muy importantes para Mariana. Por su parte, Mariana necesitaba ser mucho más específica sobre qué le causaba placer y mostrarle a Ramón lo que le gustaba, en lugar de ser vaga sobre sus preferencias sexuales y esperar que él le adivinara el pensamiento.

A medida que Mariana y Ramón comenzaron a darse cuenta de los factores que alimentaban la pasión entre ellos, el cuerpo de Mariana comenzó a despertar de su letargo sexual. Como resultado, ambos están volviendo a descubrir emociones y a profundizar la conexión que los atrajo en un principio.

JUAN Y LUPE: ¿POR QUE EL QUIERE HACER EL AMOR CONSTANTEMENTE?

Tal vez el problema sexual que observo con más frecuencia en mi práctica profesional es que el hombre quiera tener relaciones sexuales con más frecuencia que su esposa y la presiona por esa razón, sin tener en cuenta sus sentimientos o deseos. A veces eso provoca peleas que ni siquiera tienen que ver con las relaciones sexuales. En casos extremos, la "presión" crece y las relaciones sexuales pueden llegar a ser sólo un esfuerzo para la mujer.

Por suerte, la situación de Juan y Lupe no llegó a esos extremos. Casados hace siete años, con tres hijos, comentan que pocas veces tienen discusiones o conflictos graves. Pero la discrepancia de sus necesidades sexuales era un problema que constantemente los ponía tensos. Esto es lo que Lupe comentó sobre las diferencias de sus apetitos sexuales:

> *Juan quiere tener relaciones sexuales por lo menos una vez al día. A mí, por lo general, sólo me gusta los fines de semana, cuando no estoy tan cansada. Pero si le digo que estoy demasiado cansada, se enoja y piensa que no lo amo. Es que cuando llego a casa del trabajo, tengo que atender a los niños y limpiar la casa. Por la noche estoy exhausta. ¿Quién puede tener energía para hacer el amor?*

A menudo, los hombres desean tener relaciones sexuales con más frecuencia que las mujeres y se ofenden cuando su pareja no los satisface. Pero la historia de Lupe es más compleja de lo que ella describió. Lo que no menciona es que Juan tiene una serie de creencias latinas muy conservadoras. A él le enseñaron que tener relaciones sexuales con frecuencia afianza la masculinidad de un hombre. A la mayoría de los hombres latinos se les enseña, sin palabras, que tener relaciones sexuales frecuentes los ayuda a definirse como tales. Para un hombre casado, eso se convierte en un requisito. La cantidad de encuentros sexuales es mucho más importante que la calidad de los mismos. Cuando le mencioné a Juan que, según investigaciones recientes, la mayoría de las parejas sólo tienen relaciones sexuales una o dos veces por semana, se quedó azorado.

Juan también se aferra a la idea de que la esposa debe satisfacer las necesidades sexuales de su marido, sin tener en cuenta las de ella. Fue criado con la idea de que la esposa muestra cuánto ama a su pareja haciendo el amor con él cada vez que él lo desee. Muchos hombres latinos comunican amor a través del sexo y suponen que si la esposa no quiere recibir este amor, entonces no los ama. Para Juan, la falta de deseo sexual de Lupe no tenía importancia, pero esperaba que lo complaciera de todos modos. Sin embargo, el hecho de que él ignorara las necesidades sexuales de su mujer constituía un punto básico del problema.

Esto se relaciona con el tema de la sexualidad femenina, un asunto que se ignoraba en las familias latinas como la de Juan. Aun en los hogares estadounidenses típicos ocurría lo mismo, hasta que las costumbres sexuales de los Estados Unidos cambiaron radicalmente durante los años 60 y principios de los 70. El movimiento feminista promulgó la idea de que las mujeres deberían poder disfrutar de las relaciones sexuales tanto como los hombres y afianzar su propia sexualidad en vez de ser simples receptoras de los deseos masculinos.

Sin embargo, muchos hombres como Juan creen que las mujeres no tienen el mismo apetito sexual que los hombres. Está bien "si una mujer disfruta de sus relaciones sexuales, pero si no, su deber es complacer al hombre".

Aun aquellos hombres que están conscientes de las necesidades sexuales de la mujer sienten que ella debería ser más flexible cuando "no tiene ganas de hacerlo" y entender que ellos necesitan las relaciones sexuales con más frecuencia que ellas. Hay muchos maridos que aseguran que su pareja debe tener relaciones sexuales con ellos aunque no tengan deseos, pues es una forma de demostrar su amor.

Otro factor que afecta el deseo constante de Juan poco tiene que ver con su apetito sexual. La actividad sexual frecuente es una manera que tiene Juan de apaciguar la inseguridad que le provoca la reciente independencia laboral de Lupe. Durante los últimos años, Lupe ha pasado de ser madre y ama de casa, a ser una secretaria con un buen trabajo y un ingreso estable. Aunque a él le resulta difícil discutir ese cambio radical en la dinámica familiar, la compulsión sexual de Juan es un reflejo de la necesidad de sentirse que él es el integrante dominante de la relación. El sexo es una forma inconsciente de confirmarse a sí mismo que, aunque su esposa se está independizando fuera del hogar y gana tanto como él, es él quien sigue siendo el hombre de la casa. Como siente que compite con la identidad más fortalecida de Lupe, su respuesta es afirmar sexualmente su poder.

¿Y cuál es la historia de Lupe? Aunque dice sentirse demasiado cansada para desear relaciones sexuales, lo que no aclara es que Juan siente que no es obligación de él ayudarla con las tareas domésticas a las que ella se dedica después del trabajo. Al igual que Juan, Lupe se crió en una familia mexicana tradicional en la cual se esperaba que las mujeres se ocuparan de todo el trabajo de la casa y del cuidado de los hijos. Una de las maneras en que una mujer demuestra su amor por el esposo es en el cuidado del hogar y de los hijos. Llevar a cabo esas responsabilidades, a la vez que tenía un trabajo de jornada completa nunca había sido un problema para Lupe, como tampoco lo era complacer sexualmente a Juan. Pero la insistencia de él de que tuvieran relaciones sexuales todos los días, cuando él quisiera, aunque ella estuviera cansada, finalmente la hizo reaccionar.

Desde que había comenzado a trabajar como secretaria, Lupe había empezado a sentir una mayor confianza en sí misma. Además, al estar en el mundo laboral, tuvo la oportunidad de ponerse más en contacto con los valores de la mayoría de los estadounidenses, y la forma en que los hombres y las mujeres se tratan los unos a los otros. Comenzó a ver que la mujer tiene derecho a ser tratada de cierta forma por el esposo, inclusive a decir si quiere o no tener relaciones sexuales. Poco a poco, Lupe empezó a reconocer que estaba resentida con Juan por no ayudarla en la casa, por ignorar sus necesidades y por exigirle tener relaciones sexuales constantemente.

Finalmente, se sintió lista para confrontar a Juan con su insatisfacción. Hacer el esfuerzo para hablarle sobre esos temas era un comportamiento totalmente nuevo para Lupe. Siempre había creído que una esposa debía satisfacer al esposo emocional y sexualmente para demostrar su amor por él, y que no debía quejarse si ella "no tenía ganas". Defender su propio derecho fue, sin duda, un cambio importante.

Pero las relaciones sexuales de Juan y Lupe no iban a mejorar hasta que no cambiaran ciertos aspectos básicos de su relación en general. Era muy importante que fueran más francos con el otro y más capaces de entender la perspectiva de cada uno. Lo que necesitaba hacer Juan era aprender a escuchar a Lupe y a entender sus sentimientos. Cuando fuera capaz de hacer eso, tal vez superaría las pautas culturales que obligaban a que Lupe ocupara un rol más complaciente y menos equitativo. Juan tendría que aprender que cuando una mujer se siente respetada y atendida es más proclive a una apertura íntima y sexual.

Lupe no sólo se sentía abrumada por las tareas domésticas que le quitaban las ganas de tener relaciones sexuales, sino que, como muchas otras mujeres cuyos esposos quieren tener relaciones sexuales con más frecuencia que ellas, sentía que hacer el amor todos los días era muy aburrido. Quería que las relaciones sexuales fueran algo más que otra tarea que tuviera que cumplir todos los días. Deseaba que su esposo le prestara atención y que se tomara el tiempo de seducirla. Juan tenía que descubrir cómo hacer para que Lupe sintiera que las relaciones sexuales eran más que un deber conyugal de la esposa. El tendría que hacerla sentir amada todos los días para invitarla a hacer el amor.

Lupe sentía que Juan sólo era romántico en la cama. Esa era la única ocasión en la que él se le acercaba con ternura. Pero los besos y los abrazos que él le daba no significaban nada para ella, porque resultaban un "mecanismo" para que ella tuviera relaciones sexuales con él. Por el contrario, Lupe deseaba que el comportamiento amoroso de Juan fuera espontáneo y natural, que estuviera incluido en otros momentos del día. De esta forma, el acto sexual sería una continuación del sentimiento de amor diario, y no sólo un acto que no tenía conexión con las emociones de los dos.

Sugerí que Lupe y Juan encontraran una manera más equitativa de compartir el trabajo doméstico para que Lupe no cargara con todo ese peso sola. Ya que ambos volvían del trabajo agotados, era justo que compartieran las tareas y el cuidado de los hijos. Le expliqué a Juan que ese cambio en su rutina le sería muy beneficioso. Si compartía el trabajo doméstico y la crianza de los niños, Lupe dejaría de sentir el resentimiento que estaba dañando la vida sexual de la pareja. En su lugar, ella se sentiría más amada y apreciada. Al mismo tiempo, al participar por igual en la vida doméstica de la familia, Juan se conectaría emocionalmente con sus hijos y se sentiría más presente en las actividades de la familia.

Le expliqué a Juan que, por lo general, cuando una mujer siente que el hombre participa en situaciones no relacionadas al sexo, se siente más dispuesta a compartir otros momentos, incluidos los sexuales. Participando en las tareas domésticas y en la educación de los hijos, o escuchando activamente los comentarios de Lupe, Juan se estará acercando emocionalmente a ella, lo cual es un requisito para una intimidad genuina. Sin duda, Lupe se sentirá más amada y más dispuesta a tener relaciones sexuales.

Por su parte, Lupe necesitaba entender lo incómodo que se sentía Juan con el nuevo papel que ella desempeñaba fuera del hogar. Tenía que hacerle entender a él que su éxito en el trabajo no significaba que ella lo amara menos o que él corría peligro de perderla. Aun cuando ella no sintiera deseos de tener relaciones sexuales, podía mostrarse afectuosa con su esposo y hacerle saber que él era especial para ella.

Asimismo, Lupe podía intentar abrirse al placer sexual... no a la experiencia de complacer a Juan, sino a la de complacerse a sí misma. Si estuviera dispuesta a reconocer que el acto sexual es a veces una oportunidad para relajarse, para sentirse bien, para liberarse de las presiones de la vida diaria, podría tal vez disfrutarlo más. Inclusive cuando no tuviera "muchas ganas" de hacerlo, era posible que estuviera más dispuesta a tener relaciones sexuales si se daba permiso para gozar de las mismas.

Juan y Lupe tenían que empezar el difícil proceso de la reconciliación sexual. Necesitaban exponer sus deseos sexuales para luego poder brindarle más intimidad a sus relaciones sexuales. Juan debía decirle a Lupe qué quería en la relación sexual y Lupe debía hacer lo mismo. Acordaron hacer esto sin modificar ni criticar la "lista de deseos" del otro. La meta era que ambos escucharan lo que quería la otra persona y que sintieran que el otro los escuchaba.

Lupe había mencionado que cuando realizaban el acto sexual "siempre hacemos lo mismo", así que también les sugerí que intentaran algo distinto. Si ambos le prestaban atención a los pequeños detalles sensuales que preceden al clímax y se tomaban el tiempo necesario, los dos podrían disfrutar los encuentros sexuales más plenamente y descubrir lo placenteros que eran. Mejorar la calidad de su experiencia sexual significaría no sólo que Juan se concentraría menos en cuán a menudo hacían el amor, sino también, que Lupe llegaría a sentir que el acto sexual es una experiencia gratificante y no una obligación matrimonial diaria.

❦ Ejercicio
COMO EXTENDER E INTENSIFICAR EL ENCUENTRO SEXUAL

Muchas parejas quisieran que sus encuentros sexuales fueran más apasionados y variados. He aquí la "receta" que les di a Lupe y Juan y que recomiendo a cualquier pareja, sobre todo a aquéllos de ustedes que sienten que su vida sexual se ha vuelto demasiado mecánica, aburrida o rutinaria.

Para empezar, designen una hora en particular para disfrutar de esta experiencia al máximo. Este será el momento "especial" de la semana. Elijan un espacio de tiempo cuando ninguno de ustedes esté apurado o cansado o vayan a ser interrumpidos. La siguiente será una sesión amorosa con el intento de que dure lo máximo posible, sin concentrarse en alcanzar el clímax.

No se acaricien las áreas genitales al principio para evitar excitarse demasiado rápido. En cambio, traten de disfrutar de cada momento sin anticipar el orgasmo, acrecentando el placer muy, muy lentamente. Si el hombre siente que se está excitando demasiado y está a punto de tener un orgasmo, puede tratar de cambiar de actividad para no llegar al clímax. Por ejemplo, bailen, báñense mutuamente, díganse cuán maravilloso huele cada uno, acaricien y jueguen con las zonas no tan erógenas del cuerpo de la pareja. Exploren el cuello, la espalda, los brazos, los dedos, las piernas, los tobillos y el rostro de la otra persona. Descubran la sensualidad que comparten usando los cinco sentidos:

Oído: Háblense usando palabras que los exciten; o escuchen música estimulante o erótica.

Vista: Mírense sin hablarse ni tocarse para volver a descubrir la singularidad del rostro y el cuerpo de su pareja. Disfruten de ser observados por el otro.

Tacto: Usen la yema de los dedos, el dorso y la palma de las manos para sentir la piel de su pareja y su pelo. Acaricien al otro con toques suaves y circulares. Experimenten con plumas u otras texturas agradables al tacto.

Olfato: Enciendan velas aromáticas o incienso para intensificar la sensualidad del ambiente; o usen aceites de esencias y masajeen lentamente a su pareja. Huelan el aroma natural de cada uno. Báñense el uno al otro usando jabones y champúes aromáticos.

Gusto: Besen, laman y siéntanle el gusto a las partes del cuerpo de su pareja, sobre todo a aquellas partes que hayan pasado por alto antes.

A medida que se deja llevar y disfruta con todos los sentidos, encontrará que se abre ante usted una nueva dimensión
sexual. Ya el orgasmo no es la meta, porque usted se concen-
tra en el placer sensual que, paso a paso, da y recibe. Permita
que su orgasmo llegue solamente cuando está listo para concluir ese espacio de tiempo placentero y fascinante que han
compartido. Cuando hayan probado cuán variado y satisfactorio puede ser este tipo de relaciones sexuales, hacer el amor
sin haber pasado por esta exploración relajada y creativa les
parecerá insuficiente.

Por otra parte, no hay que esperar que el acto sexual sea
siempre una experiencia intensa, profunda o íntima. De la
misma manera que no todos los días comemos una cena ex-
quisita, cada vez que hagamos el amor no será un acontecimiento extraordinario o profundo. Comemos cenas
informales, almuerzos rápidos, meriendas... y de la misma
forma, nuestro apetito sexual varía de acuerdo a nuestro estado de ánimo y necesidades. Podemos aceptar distintos niveles de la relación sexual, inclusive las "meriendas" y hasta los
"bocadillos". Sobre todo para los hombres, los bocadillos son
a veces muy importantes. Así que si a una mujer le gustan las
cenas prolongadas al estilo gourmet y a su esposo le gustan los
bocadillos rápidos, pueden disfrutar de bocadillos algunos días
y de suntuosas cenas otros.

Lo que quiero remarcar es que cuando ustedes dos hayan
experimentado una sexualidad más plena, esto traerá consigo
un nuevo nivel de intimidad que ayudará a mejorar los próxi-
mos encuentros sexuales. Verá también que no necesita tener
relaciones sexuales todos los días o más de una vez al día,
como Juan quería. En vez de eso, usted llegará a comprender
íntimamente la asombrosa diferencia entre la calidad y la cantidad.

RAQUEL Y TONY: DARSE PERMISO PARA ACARICIAR AL OTRO

Muchos de nosotros sabemos muy poco sobre el tema sexual. Aprendemos algo en las clases de educación sexual de la escuela, si las hay, y con nuestros padres, amigos y hermanos mayores, si es que nos atrevemos a hablar de ello, pero lo que sacamos en limpio no es siempre acertado o útil. Además, nos educan con muchas creencias culturales que causan confusión, malentendidos y desilusiones en lo que respecta al placer sexual.

Ya hemos mencionado el efecto de la cultura en la educación de las mujeres al punto de creer que su esposo les enseñará todo lo que necesitan saber sobre el sexo, y que ellas sólo tienen que acostarse boca arriba y dejar que su marido haga todo. La cultura latina tradicional también propone la idea de que una mujer debe depender del hombre para su propia satisfacción sexual. El está a cargo de excitarla, de satisfacerla, de hacerla llegar al clímax. Rara vez se alude a la posibilidad de que la mujer se brinde placer a sí misma.

En el caso de Raquel y Tony, fue el descubrimiento del placer que Raquel se podía dar a sí misma la clave para liberar y enriquecer la vida sexual de la pareja. Raquel cuenta el problema que condujo a ese descubrimiento:

Habíamos estado casados durante seis o siete años y, por lo general, yo gozaba cuando hacíamos el amor, pero mi satisfacción sexual siempre dependía de que Tony me acariciara el clítoris. Sólo podía tener un orgasmo si él me tocaba allí. A veces él lo hacía, pero otras veces no, y yo me enojaba interiormente cuando él no lo hacía porque ya le había dicho que eso era lo que me provocaba un orgasmo con facilidad. Pero él no siempre me complacía. Yo no quería tener que estar pidiéndole algo que ya le había mencionado. Me sentía incómoda y humillada de tener que decirle una y otra

vez, como quien dice: "oye, ¿por qué no me haces el favor?"
Prefería no repetirlo, pero así fue como aumentó mi resentimiento
contra él.

El problema de Raquel se complicó cuando un día estaban haciendo el amor. Ella le pidió a Tony que le tocara el clítoris y él le respondió que se lo tocara ella misma. Raquel se sintió entonces aun más humillada y rechazada, porque estaba convencida que era Tony quien debía hacer eso y no ella. Nunca había aceptado la masturbación y, de hecho, nunca se había tocado los genitales ni de jovencita ni de adulta. Cuando era niña, no sólo nunca se había tocado, sino que ni siquiera se había mirado la zona genital. Así que ahora sentía no solamente que la sugerencia de Tony era un terrible rechazo, sino que también creía que lo que él le estaba sugiriendo era, en cierto modo, algo inmoral.

No hay duda de que parte del rechazo de Raquel a la masturbación proviene de su educación católica. La Iglesia católica siempre ha condenado la masturbación y ha creado sentimientos de culpa hacia ella en el corazón de muchos adolescentes. La advertencia contra la misma y la reprimenda posterior al hecho eran tradicionalmente sólo para los varones, ya que a la Iglesia ni siquiera se le había ocurrido que las chicas también pudieran hacer algo semejante.

En realidad, hasta hace relativamente poco, muchas personas, inclusive quienes se consideraban más liberales respecto a la sexualidad, creían que la masturbación sólo era apropiada para varones adolescentes y adultos. Generalmente, la masturbación femenina era considerada una contradicción. La inferencia era que los varones se masturban porque su necesidad sexual es mucho más fuerte que la de las mujeres. Por lo tanto, una mujer no tenía necesidad de tocarse a sí misma y, si lo hacía, era porque algo raro le pasaba. Tal vez era "demasiado sexual". Hoy día, algunos estudios científicos confirman que la mujer tiene también fuertes impulsos sexuales; no de la misma calidad que los del hombre, pero que sin duda aparecen, en grados diversos, en las adolescentes y las mujeres de todas las edades.

Las percepciones erróneas sobre la masturbación y sus prohibiciones morales provocaron que Raquel sintiera miedo y aversión a la idea de tocarse y darse placer. La sugerencia de Tony le resultó de mal gusto y ella de ninguna manera pensaba hacerlo.

Luego sucedió algo interesante. Raquel tenía un empleo de media jornada como ayudante de maestra, pero encontró un puesto mejor en el gobierno local. Comenzó a ganar un sueldo mejor y su nuevo empleo la hizo sentirse mucho más segura de sí misma. Empezó a socializar más e hizo nuevas amistades con las que se sentía a gusto hablando y compartiendo sus sentimientos.

Poco a poco, la nueva energía y apertura de Raquel la llevaron a tener ganas de experimentar cosas nuevas a nivel sexual. Se dio permiso para tocarse y excitarse durante la relación sexual. Descubrió pronto que no era la única que estaba disfrutando mucho más de las relaciones sexuales. A Tony también le excitaba ver cómo Raquel se estimulaba y gozaba más de ellas. La estimulación que Raquel se daba a sí misma se convirtió en algo que los excitaba más a ambos. Tony y Raquel disfrutan hoy día de una vida sexual más variada y satisfactoria debido a que Raquel fue lo suficientemente flexible para superar el prejuicio de lo que "debe" y "no debe" suceder debajo de las sábanas.

JORGE Y VILMA: ¿QUIEN DIRIGE LA ORQUESTA? ¿QUIEN CREA LA MUSICA?

En mi programa de radio, he recibido muchas llamadas de oyentes que se sienten muy avergonzados de hacer preguntas. Pero el hecho de hacer la llamada significa que existe un problema que se debe discutir sin lugar a duda. En el caso de Jorge, a él le costó trabajo contarme qué lo molestaba:

JORGE: Mi esposa y yo no hablamos de estas cosas, pero por experiencias anteriores sé que... Bueno, he oído a mis amigos discutirlo y he visto bastantes películas como para saber que... En realidad, a lo mejor no es algo tan grave, pero creo que nuestra vida sexual podría ser mucho mejor si...

YO: No tiene nada de malo que me pregunte, Jorge. Estamos aquí para hablar con franqueza. Soy una profesional y escucho cosas como ésas constantemente. Es parte de mi trabajo.

JORGE: Es que... a ella sólo le gusta hacer el amor en una posición... es decir...

YO: ¿Y qué posición es ésa?

JORGE: Usted sabe, la más común.

YO: ¿Con usted arriba de ella?

JORGE: Sí. Y sé que ése no es el único modo de hacerlo, que se puede de muchas otras maneras. Pero creo que ella tiene temor. He tratado de proponer nuevas opciones, pero parece que no quiere. No es algo tan importante, ¿verdad?

YO: Debe serlo, porque si no, usted no hubiera llamado.

Muchas mujeres comparten el rechazo de Vilma, la esposa de Jorge, a hacer el amor de otra manera que no sea con el hombre arriba. Ese temor o incomodidad proviene de la inexperiencia sexual y la inseguridad. Hace tanto tiempo que se les viene enseñado a las mujeres a ser pasivas sexualmente, que todavía perdura este condicionamiento. Vilma probablemente se siente incómoda arriba de Jorge, o sentada encima de él, porque teme sentirse ridícula, o porque no sabe qué hacer, o porque se siente incapaz de darle placer a él si es ella la que está "a cargo".

A medida que Jorge y yo seguimos hablando, salió a relucir que, efectivamente, Vilma admitía sentirse mucho más cómoda en la posición que conocía, porque de esa manera sabía que Jorge tomaría la iniciativa. También le había dicho a su esposo que las relaciones sexuales no eran tan importantes para ella como para él. "Por eso ¿cómo voy a hacerme cargo yo?", había cuestionado ella. Mi experiencia e intuición profesional me decían que no era cierto que las relaciones sexuales fueran menos importantes para Vilma; más bien, era que ella no tenía la confianza necesaria para cambiar el patrón sexual que se había establecido entre ambos. He aquí cómo continuó la llamada:

YO: Quiero que antes que nada se concentren en comunicarse, en hablar y compartir con el otro. Y luego...

JORGE: (interrumpe)... Pero yo no veo cuál es el objetivo de hablar. No se trata de hablar.

YO: Usted quiere tener mayor intimidad ¿no es así? Y que Vilma se sienta más relajada y creativa en la cama ¿verdad?

JORGE: Sí.

YO: Entonces quiero que hagan el siguiente ejercicio, que los ayudará a entenderse el uno al otro. Quiero que le cuente a Vilma qué siente cuando está arriba de ella. Lo placentero que es y qué siente exactamente. Luego, quiero que Vilma le describa a usted lo que significa para ella estar abajo y qué siente. Usted puede decirle: "Estar arriba significa que me puedo mover de la forma que quiera. Puedo dirigir nuestra experiencia sexual como si dirigiera una orquesta. Puedo establecer el ritmo, y crear el tipo de música que deseo escuchar". Y Vilma tal vez responda: "Estar abajo me hace sentir amada, apreciada y adorada. Me siento estimulada al saber que soy la inspiración de tu creatividad sexual, de la creación de esa música vibrante". Una vez que ambos hagan eso, cuando compartan cómo se sienten con su posición sexual, invitarán a la otra persona a cambiar de posición. Así pueden comenzar a probar que uno sea el director y el otro la inspiración, o tal vez que los dos tengan ambos papeles al mismo tiempo. Luego, pueden inventar nuevas situaciones, nuevos sonidos, nuevos movimientos, liberándose de cualquier papel en particular. Porque una vez que comiencen, su creatividad sexual no tendrá límites. Jorge ¿está dispuesto a probar este experimento?

JORGE: Va a ser difícil hablarlo.

YO: Bueno, inténtelo... y llámeme para contarme cómo va la relación. ¿De acuerdo?

En efecto, Jorge me llamó varios meses después. Y ¿sabe qué? Tuvo muy buen resultado "hablar sobre el tema". A medida que comenzaron a contarse cómo se sentían en la cama, él y Vilma se sintieron más íntimos, y más flexibles para probar diferentes posiciones y papeles. Vilma se sintió aliviada cuando se enteró que Jorge también a veces se sentía inseguro, que él también tenía dudas acerca de su aptitud sexual. Ella no era la única. Irónicamente, aunque Jorge siempre había tratado de demostrarle que tenía el control y que se sentía sexualmente seguro de sí mismo, su honestidad y franqueza lograron que Vilma estuviera más dispuesta a experimentar a nivel sexual.

Después que Jorge me llamó ese día, les recordé a mis oyentes algo que la historia de él y Vilma traía a colación: cualquier cosa que usted haga dentro de las cuatro paredes de su dormitorio es totalmente aceptable. Puede hacer lo que quiera, siempre que ambos estén dispuestos y se sientan bien haciéndolo. Sabiendo que no hay tabúes, que no hay papeles fijos para interpretar en la cama, ambos pueden estar abiertos a cualquier cosa que deseen incluir en su "orquesta" sexual.

Una de las claves para gozar de una vida sexual satisfactoria es estar abierto a ideas diferentes. No existe una posición específica ni una serie de posiciones que garanticen una increíble experiencia erótica. Lo importante es que, a medida que ambos se permiten ser más espontáneos el uno con el otro, se sentirán cada vez más libres en la cama para probar posiciones y estilos diferentes. Descubrir sus límites sexuales e invitar al otro a ser todo lo desinhibido y creativo que desee, no sólo intensificará su intimidad sexual, sino que también mejorará su vida y su relación fuera del dormitorio.

❧ Unas palabras sobre la literatura y las películas eróticas

Algunas parejas que no logran concretar ideas nuevas para hacer en la cama recurren a las películas eróticas para explorar otras posibilidades. Recuerde que la pornografía está dirigida generalmente a los hombres y que las imágenes en estas películas no necesariamente representan el "modo correcto" de tener relaciones sexuales. La pornografía no es un ejemplo de cómo deben ser las relaciones sexuales, ya que no es posible que una película pueda captar el nivel de intimidad que ustedes sienten. Pero esas películas pueden excitarlos a usted y a su pareja, y estimular su imaginación. Tal vez los ayude a intensificar sus fantasías, los lleve a inventar posiciones nuevas, fuera de lo común, o a buscar lugares creativos en los cuales tener relaciones sexuales.

Es muy importante recordar que las películas pornográficas o eróticas no son apropiadas para todo el mundo. Si a alguno de los dos le resultan inaceptables, no deben ser incluidas en la vida de la pareja. Nunca es apropiado forzar al otro a hacer algo que él o ella considera desagradable o amoral. Para algunos, su creencia religiosa les prohíbe ver semejantes películas, y para otros es repulsivo ya que consideran que este tipo de material degrada a las mujeres. Sin embargo, quisiera mencionar que hay algunas películas que no explotan a la mujer, que son eróticas de una forma más sutil ("soft porn") y que, por lo general, excitan más a las mujeres que la pornografía más explícita. Curiosamente, hoy día hay más mujeres que producen y dirigen películas pornográficas, y que incorporan elementos eróticos que son más atractivos para las mujeres. *The Wise Women's Guide to Erotic Videos* (*La guía de videos eróticos para la mujer sabia*), de Angela Cohen y Sarah Gardner Fox, es una excelente guía de títulos pornográficos y de erotismo sutil no sexista para ambos sexos.

Leerle literatura erótica a la pareja puede ser también una manera interesante de comenzar una sesión amorosa. Los libros fomentan más la imaginación que las películas, un aspecto que muchos encuentran más erótico. Algunos de los más prestigiosos escritores del mundo han escrito poesía erótica, narraciones cortas y novelas. *Veinte poemas de amor y una canción desesperada*, de Pablo Neruda, es una de mis colecciones favoritas de poemas de amor, y muchos de estos son eróticos y de una elegante sensualidad. *Erotic Pleasures* (*Placeres eróticos*) y *Erotic Interludes* (*Interludios eróticos*), de Lonnie Barbach, son dos colecciones literarias muy fascinantes dirigidas a la mujer.

LAS FANTASIAS DE TERESA: A MEDIDA QUE CAMBIA NUESTRA VIDA, TAMBIEN CAMBIAN NUESTRAS FANTASIAS SEXUALES

A menos que las reprimamos, todos tenemos fantasías sexuales. Aquellos que reprimen sus fantasías lo hacen porque, por alguna razón, no pueden aceptar los pensamientos o imágenes sexuales que aparecen en su mente, y los censuran. Algunos creen que tener fantasías con otro hombre u otra mujer es lo mismo que ser infiel a su pareja, por lo que sienten que deben rechazar esas fantasías para poder mantener su sentido moral.

Pero es natural tener fantasías sexuales. Las mismas pueden surgir en momentos diferentes para distintas personas: durante la inactividad sexual, durante la masturbación o durante las relaciones sexuales. Es importante entender que nuestras fantasías pueden o no parecerse a nuestros verdaderos deseos sexuales. Tal vez fantaseemos que estamos haciendo el amor en un lugar poco común o con una persona extraña, pero eso no significa que queramos llevar a cabo esas fantasías.

Fantasear acerca del sexo le ofrece un estímulo mental a nuestros deseos sexuales, pero el "significado" de nuestras fantasías es a menudo difícil de discernir. A veces puede ser que el contenido de nuestras fantasías nos perturbe. Ese fue el caso de Teresa.

Ella me confesó que para poder llegar al orgasmo, siempre tenía que fantasear que la violaban o que la tocaban contra su voluntad. Las circunstancias variaban ligeramente, pero el tema que se repetía era que un desconocido la estaba forzando a excitarse sin su consentimiento. Teresa describió así sus fantasías:

> Una de las fantasías siempre comienza con alguien que me está forzando a tener relaciones sexuales contra mi voluntad. Este tipo de violación no es una violación agresiva, no es una violación en la que sienta dolor, sino que un desconocido me agarra y, de alguna manera, me controla, y yo dejo que me viole. Por lo general, siento que este hombre no puede controlarse, que yo lo he excitado tanto que casi se ha vuelto loco. Y eso me excita. Entonces comienzo a gozar, aunque sea una fantasía con un desconocido y sin mi consentimiento.
>
> Otra fantasía es que me tocan en diferentes situaciones sin mi consentimiento. Por ejemplo, me estoy poniendo la ropa en el probador de una tienda y un vendedor entra y me acaricia, y empiezo a gozar.

¿Qué significan las fantasías de Teresa? ¿Desea ella en su interior que la violen? En realidad, las situaciones que ella crea en su mente no están relacionadas a un deseo masoquista de violación o abuso. No es raro que las mujeres tengan fantasías sexuales de esta categoría, pero no tienen nada que ver con los recuerdos angustiantes (que no son fantasías) de mujeres que han sido víctimas reales del abuso sexual. Para Teresa, como para las que no han sido víctimas, las fantasías de sumisión permiten que las mujeres con sentimientos reprimidos o ambivalentes relativos al sexo, gocen sin sentirse culpables.

En el caso de Teresa, ella fue criada con la idea de que lo único que los hombres quieren de una es tener relaciones sexuales. Aprendió de la madre y de la abuela que las mujeres no disfrutan de las relaciones sexuales; ésa es una obligación que deben cumplir como esposas. Ellas no le dijeron esto con palabras, pero de niña percibió que la sexualidad era degradante para las mujeres.

A pesar de que Teresa disfrutaba de las relaciones sexuales con su esposo, y no opinaba como su madre y su abuela, seguía sintiendo que el sexo era todavía algo "sucio". Debido a que durante su desarrollo aprendió que los hombres están más interesados que las mujeres en las relaciones sexuales, de adulta, Teresa tenía que imaginar situaciones en las que ella tenía relaciones contra su voluntad, para darse permiso a sentir placer. Al hacer el amor con su esposo, recurría a esas fantasías para excitarse.

Teresa quería saber si había alguna manera en la que ella podía continuar disfrutando del sexo sin tener que imaginarse situaciones en las que la abusaban sexualmente o la sometían, porque recurrir a esas fantasías la hacía sentirse incómoda. En primer lugar, le dije que no debía sentirse culpable por sus fantasías. Muchas mujeres le dan rienda suelta a la imaginación y fantasean con tener relaciones sexuales con alguien que no es su esposo, o en lugares poco comunes, con detalles que las excitan. No había por qué sentirse avergonzada, ya que sabía que no iba a llevar a cabo esas fantasías. Eran sólo un instrumento para excitarse a sí misma.

Si quería eliminar las fantasías, podía trabajar esencialmente sobre dos aspectos diferentes del asunto. Primero, le pedí que, durante el acto sexual, en vez de imaginarse las situaciones que le permitían excitarse, tratara de concentrarse en cómo su cuerpo respondía y dónde sentía placer. Debía respirar profundamente y concentrarse ahora en su propio cuerpo cada vez que esas otras imágenes le vinieran a la mente. Al hacer eso, Teresa se daría permiso para sentir placer, y las fantasías se harían cada vez menos necesarias.

Mi otro consejo fue que Teresa comenzara a reconocerse como una mujer que se merecía mucho, que era muy capaz y que estaba llena de vida. Había terminado la escuela secundaria antes de venir a los Estados Unidos, y al llegar, tuvo que aceptar un trabajo servil en una fábrica. Luego decidió seguir estudiando y se matriculó en clases por la noche y durante los fines de semana. Su duro esfuerzo tuvo buenos resultados y consiguió un trabajo mejor, una casa más agradable y una vida más satisfactoria. Insté a Teresa a que pensara sobre estos logros y a que se admirara por el espíritu y la confianza en sí misma que había demostrado. Así como ella podía disfrutar de sus logros laborales, podía también aprender a disfrutar de la sexualidad sin sentirse culpable.

A la vez, debía tratar de conocer más a su esposo. A diferencia de lo que le habían transmitido su madre y su abuela, Teresa estaba casada con alguien que compartía su vida con ella no sólo por razones sexuales sino por muchos otros motivos. Le pedí que hiciera una lista de otras formas en que su esposo la apoyaba en la vida diaria. Tenía que reflexionar cómo estas consideraciones demostraban el amor que su esposo le tenía.

Teresa tuvo que trabajar bastante sobre el tema de combatir sus inhibiciones y de sentirse digna del placer sexual. A medida que comenzó a quererse más a sí misma, a tenerse más confianza y a sentirse más completa como persona, descubrió que no necesitaba fantasear que un desconocido la obligaba a tener relaciones. No sólo aprendió que su cuerpo podía responder a su propia estimulación física o a la de su esposo, sino que no había nada de malo en ser una persona sexual. Aceptó dejar de lado la imagen degradante del sexo que se le había inculcado de niña. En su lugar, podría disfrutar su propia sexualidad.

LA DIMENSION SEXUAL

A través de este capítulo hemos visto que nuestra experiencia sexual es como un espejo que refleja muchos otros aspectos de nuestra relación de pareja y de nuestra vida. Nos muestra cómo nos llevamos con nuestra pareja, si hay dificultades y si lidiamos con ellas o las reprimimos. La sexualidad puede comunicarle a nuestra pareja el deseo de sentirnos conectados o el anhelo de ser apreciado, inclusive cuando no podamos expresar esto con palabras. La manera en que nos expresamos sexualmente es también un reflejo de cómo nos educaron: nuestros valores culturales, nuestros temores, nuestras creencias sobre lo que está bien y lo que está mal. El espejo de la sexualidad puede inclusive reflejar aspectos de nuestra lucha diaria en el trabajo o el progreso hacia nuestras metas personales. Al hacer el amor, le transmitimos físicamente a nuestra pareja no sólo la libertad, la alegría o el deleite que experimentamos en nuestra vida diaria, sino también la ansiedad y la desilusión que sentimos.

Si comunicamos sexualmente quiénes somos y qué sentimos cuando hacemos el amor, nos sentiremos más íntimos con la persona que hemos escogido amar. El sexo también le da a nuestra vida un equilibrio al brindar energía y relajación. Pero las relaciones sexuales son aun más que una liberación física de sentimientos o una manera de comunicarse.

La sexualidad añade a nuestras vidas una dimensión sensual que nunca podemos terminar de definir o explicar por completo. Ocurre algo misterioso y espiritual cuando dos personas se conectan de esa forma. Honrar nuestra sexualidad significa apreciar la delicada conexión entre el cuerpo y el espíritu, y tratarnos a nosotros mismos y a nuestra pareja con amor y cuidado. Confrontar aquellos problemas que obstaculizan una vida sexual plena con nuestra pareja es el primer paso para disfrutar de este importante y maravilloso componente de nuestra vida.

DESQUITE MUTUO

Cuando José comenzó a tener problemas en el trabajo temió perder su empleo y empezó a actuar de manera muy extraña en casa. No me hablaba, comenzó a beber muchísimo y buscaba cualquier excusa para discutir conmigo. Yo sentí lástima por él porque sabía que en el trabajo le estaban haciendo la vida imposible. Pero no sabía cuánto tiempo más podría soportar al lado suyo. El estaba lleno de ira.

—Bárbara, 27 años

Me resultaba muy difícil defenderme en el trabajo. Dejé pasar muchas cosas porque no quería meterme en problemas. Necesitaba el empleo, y me tomó mucho tiempo llegar al puesto que he llegado. Pero, por desgracia, hubo un largo período en el cual Bárbara pagó las consecuencias.

—José, 32 años

Idealmente, el matrimonio nos brinda sosiego cuando pasamos por épocas difíciles. La mayoría de nosotros confía en que nuestro cónyuge nos ayudará a hacer más llevaderas las cargas y los problemas del mundo exterior. Cuando el mundo se nos viene encima, ansiamos llegar al hogar para recibir de nuestro cónyuge la compasión y el amor que amortiguan nuestro dolor emocional.

Sin embargo, cuando llegan los problemas, quienes necesitan semejante ayuda no siempre expresan de manera clara lo que les está pasando y complican las cosas para sí mismos y para quienes los rodean. En tales casos, las parejas pueden reaccionar a las presiones externas desquitándose de forma abusiva o violenta con las otras personas que viven en su hogar.

Si bien todo el mundo se enfrenta al desafío de los obstáculos inevitables de la vida, las parejas latinas experimentan presiones adicionales como el prejuicio, las limitaciones del lenguaje, las vicisitudes económicas y las costumbres estadounidenses que chocan con sus propios valores culturales. Con frecuencia, estas presiones ocasionan graves problemas familiares como la infidelidad, el alcoholismo, el consumo de drogas, la violencia doméstica y el descuido de los hijos. Esto no significa que todos los latinos sufren semejantes problemas, o que nuestra cultura es la única que los genera. Cada grupo étnico es vulnerable a este tipo de reacciones disfuncionales. En este capítulo examinaremos lo que sucede cuando los miembros de la familia desquitan su ira, sus desilusiones y su frustración con aquéllos que aman, en lugar de enfrentar las situaciones difíciles. Es posible que usted no tenga estos problemas en su familia; pero si los tiene, o si conoce a alguien que los tiene, puede referirse al apéndice que aparece al final de este capítulo. Allí encontrará importantes estadísticas e información para encontrar ayuda.

JOSE Y BARBARA: RACISMO EN EL TRABAJO, ALCOHOLISMO EN EL HOGAR.

El incidente que precipitó la crisis de José y Bárbara fue un robo en el depósito donde trabajaba José. Por desgracia, las actitudes racistas del personal administrativo y los compañeros de José hicieron que, por ser el único latino de la compañía, él fuera acusado del robo. El, que había sido un empleado leal durante más de diez años, fue sometido a una investigación humillante cuando sospecharon que le había robado a la compañía. Los compañeros de trabajo, que conocían a José desde hace años, comenzaron a atacarlo con insultos raciales como "thieving wetback" y "dirty Mexican". José se mantuvo sereno y reservado, pues su trabajo era más importante que tomar represalias contra quienes querían destruirlo.

Por desgracia, debido a que los latinos solemos ser objeto de actitudes racistas, sentimos que debemos demostrar a los demás que los estereotipos que nos imputan son incorrectos. Por eso, sentimos que debemos mostrar constantemente que somos mejores estudiantes, trabajadores o profesionales que los demás. Esta sensación de tener que probar el valor de uno mismo fue, en parte, lo que motivó el comportamiento reservado de José. El sentía que, al defenderse de los falsos alegatos, perdería la imagen de dignidad que siempre había tratado de mantener. Así que dejó pasar el tiempo, confiando en que, al final, capturarían al verdadero culpable.

Sin embargo, cada día era una prueba de fuego. José tenía que soportar las burlas, completar su trabajo como siempre y hallar la forma de llegar al final del día sabiendo que se cuestionaba su honor y que su trabajo y la seguridad de su familia se encontraban gravemente amenazados. Era capaz de controlarse hasta que llegaba a su casa. Pero una vez allí, la ira comenzaba a destruir su relación con Bárbara. Así describe Bárbara el estado de ánimo de José cuando él llegaba del trabajo:

> *Yo sabía que algo andaba mal, pero no sabía qué era. José entraba y agarraba una cerveza sin siquiera hablarme. Cuando yo intentaba preguntarle qué le pasaba, me respondía con rudeza que no era nada, que por qué no lo dejaba tranquilo, que yo siempre lo estaba molestando con algo distinto. Si le preguntaba si quería levantar al bebé o jugar con nuestra hijita de tres años, empezaba a discutir sin ningún motivo, diciendo que yo pretendía que él*

trabajara todo el día y luego se convirtiera en "babysitter" al llegar
a la casa por la noche. El nunca me había tratado de esa manera,
y realmente temí que se estuviera convirtiendo en un desconocido.
Traté de ser comprensiva, pero él se cerraba por completo.

Finalmente, Bárbara se enteró de lo que estaba pasando en el
trabajo por medio de una mujer cuyo esposo había trabajado con
José. Cuando trató de hablar sobre el asunto con José, éste la ata-
có verbalmente, acusándola de "chismosa", diciendo que no
quería hablar del tema y que le molestaba que ella hubiera
hablado de él a sus espaldas con su amiga. En la mente de José, la
conversación entre las dos mujeres ponía en duda su capacidad de
tomar decisiones apropiadas y la consideraba una invasión a su
privacidad.

Mientras tanto, comenzó a beber más y más, y sus explosiones de
ira se hicieron cada vez mayores. A medida que la crisis laboral lo de-
voraba por dentro, liberaba su rabia criticando salvajemente a Bárbara por casi todo lo que ella hacía. Bárbara recuerda que las palabras
de José la lastimaban tanto como si se tratara de un abuso físico:

Nada de lo que yo hacía estaba bien. Me pasaba el día con los
niños, tratando de cuidarlos lo mejor posible, intentando limpiar
todo y cocinar. Pero José siempre encontraba algún defecto. Me
acusaba de malcriar al bebé porque lo levantaba cuando lloraba,
aunque él se ponía muy molesto cuando lo escuchaba llorar... ¿qué
quería que hiciera yo? Se quejaba de mi comida, diciéndome que
estaba muy lejos de ser la clase cocinera que había sido su madre.
Casi dejamos de hacer el amor, y si yo trataba de acercármele
para besarlo, me insultaba o me decía que no lucía atractiva desde
que había dado a luz y que tampoco me tomaba el trabajo de
arreglarme para verme mejor. La personalidad de José se había
vuelto tan impredecible que yo no sabía qué hacer. Era muy difícil
para mí porque sabía que, cuando trataba de defenderme, él se
sentía aun más molesto. Estaba nerviosa constantemente, desde el

*momento en que él llegaba a casa hasta que se iba a la mañana
siguiente.*

Así es como José recuerda ese período difícil en la vida de
ambos:

> *Sé que yo bebía más de la cuenta, pero es que quería venir a
> casa y olvidarme de todo lo que me estaba pasando en el trabajo.
> Quería borrarlo de mi mente. El alcohol parecía ser la forma más
> fácil de lograrlo. No me daba cuenta de que me hacía sentir aun
> más furioso. Lo que yo quería era que Bárbara me dejara
> tranquilo y esperara hasta que pasara todo.*

Al igual que José, muchas personas latinas quedan atrapadas en
un aprieto parecido cuando se enfrentan a la discriminación
racial, el maltrato o las limitadas oportunidades laborales. Como
han alcanzado un cierto grado de éxito, se cuidan de "no hacer
lío". Pero no son capaces de superar sus sentimientos de indig-
nación. Al final, esos sentimientos salen a la superficie y terminan
afectando a personas que no tienen que ver con la cuestión.

¿Por qué se obstinaba José en no discutir con su mujer su crisis
laboral? ¿Por qué no podía contarle que estaba furioso porque
había sido injustamente acusado? ¿No habría ella podido entender
lo humillante que era que lo acusaran tan sólo por ser méxicoamericano? Las respuestas a estas preguntas no están sólo en la
personalidad reservada de José, sino también en las creencias culturales que hay detrás de su comportamiento.

Por varias razones, a los hombres latinos les resulta particular-
mente difícil discutir cualquier cosa negativa relacionada a su
situación laboral. En primer lugar está la cuestión del orgullo. Independientemente del trabajo que realicen, estos hombres se sienten orgullosos de su labor y quieren tener fama de hacer un buen
trabajo. Esto le otorga honor a sus familias. Un hombre no puede
sentirse hombre si su honor es puesto en duda. Además, muchas

personas consideran que el hombre debe mantener a la familia, y por esta razón, la identidad del mismo depende de su desempeño laboral.

Otra razón por la cual José no podía confiar en Bárbara es que se espera que los hombres latinos resuelvan sus problemas solos. Llevar los problemas al hogar y buscar en la esposa comprensión o respuestas indica un cierto grado de debilidad. Depender de una mujer, aunque sea para obtener apoyo moral, no es considerado un comportamiento masculino.

Por lo tanto, José creía que si hablaba con Bárbara sobre las acusaciones racistas haría que ésta se preocupara por la seguridad económica de ambos, la posición moral de él y la relación del uno con el otro. Debido a que la imagen de sí mismo estaba tan íntimamente ligada a su papel de proveedor de la familia, divulgar la verdad hubiera sido un terrible golpe al orgullo de José.

Por otra parte, los hombres latinos tienden a pensar que la compañía donde trabajan es una especie de segunda familia a la cual le deben su lealtad. Para José, el incidente laboral significaba más que la simple posibilidad de perder su empleo, también significaba que su integridad era cuestionada por quienes ocupaban un lugar importante en su vida. En opinión de José, admitirle a Bárbara que este lazo corría peligro habría sido empeorar el problema, no ayudar a resolverlo.

Desde la perspectiva de José, era demasiado arriesgado hablar de todos estos temas con Bárbara. Estaba en juego su identidad masculina, no sólo su reputación y sus ingresos económicos. El pensaba que era preferible ahogar sus sentimientos en la bebida y esconder su problema hasta que pudiera resolverse. Lamentablemente, el alcohol no funciona de esa forma; no reduce los problemas, sino que los aumenta.

Más adelante, José fue exonerado de las acusaciones en el trabajo cuando se descubrió al verdadero ladrón. Los compañeros de trabajo que habían hecho los comentarios racistas se disculparon y, aunque lógicamente José sigue resentido con aquellos que lo acusaron injustamente, la situación en el trabajo volvió a la normalidad. Sin embargo, no fue tan fácil salvar su matrimonio.

José no es el tipo de hombre que sabe cómo hablarle a una mujer sobre sus emociones ni cómo pedirle perdón por herir sus sentimientos. Y para peor, seguía bebiendo mucho cuando llegaba a su casa por la noche. Se había acostumbrado a beber cuando estaba tensionado y cada vez se le hacía más difícil dejar el alcohol.

Cuando Bárbara vino a pedir mi consejo profesional, le dije que antes de arreglar la relación con José, él tenía que aceptar ir a las reuniones de la organización Alcohólicos Anónimos (AA) y encarar su problema de alcoholismo, y ella debía ir a las reuniones de "AlAnon", para las parejas de alcohólicos. Mientras José no dejara de beber, no habría posibilidad de comunicarse con él. El alcohol cambia la personalidad, obstruye los pensamientos y sentimientos, y hace imposible el diálogo honesto con otra persona.

Al principio, José se enojó cuando Bárbara le sugirió que fuera a AA. Inclusive negó tener un problema de alcoholismo. Pero cuando se resolvió la crisis en el trabajo, José comenzó a sentirse mejor consigo mismo y pudo reconocer que había tratado mal a Bárbara. Por fin, aceptó asistir a las reuniones, ya que continuaba dañándose la relación con su esposa.

Una de las ventajas de los grupos de AA para latinos es que brindan la oportunidad de formar parte de un grupo parecido a una familia. Los miembros no sólo se dan el apoyo moral que necesitan para lidiar con el difícil problema del alcoholismo, sino que también forman una comunidad donde obtienen el sentimiento de pertenencia que a menudo les hace falta a los latinos que están alejados de su cultura. Debido a que muchos latinos, sobre todo los hombres, se muestran reacios a compartir sus problemas con quienes no conocen, es saludable tener acceso a esta clase de organizaciones que les hace sentir aceptados y combaten el estigma asociado a la noción de solicitar ayuda. Esta organización ha logrado gran aceptación entre las personas de nuestra comunidad y hoy en día se celebran muchas reuniones de AA en español en las comunidades latinas de toda la nación.

A José y a Bárbara, asistir a las reuniones de AA y AlAnon les dio la oportunidad de estar cerca de personas que entendían lo que ellos estaban pasando por tener problemas similares. Los otros miembros del grupo de José, todos latinos, entendieron la ira que sintió éste cuando fue víctima de las acusaciones racistas. Pero, al mismo tiempo, le hicieron comprender que recurrir al alcohol y desquitarse con Bárbara no solucionaría nada. Los miembros del grupo al cual asistía Bárbara le proporcionaron el apoyo que necesitaba para soportar la difícil experiencia de vivir con un alcohólico, pero también lograron que reconociera que su recriminaciones hacia José no le hacían bien a ninguno de los dos.

Una de las cosas más importantes que aprendieron Bárbara y José en AA fue que la comunicación es esencial para llevarse bien. Esto parece algo obvio, pero los dos admitieron que nunca les había sido fácil comunicarse honestamente sin ponerse a la defensiva ni culpar al otro. Escuchar a los demás en las reuniones de grupo hablando con honestidad sobre sus vidas les enseñó que la comunicación es una actividad recíproca: uno debe escuchar respetuosamente mientras el otro habla, y quien habla debe ser sincero y respetuoso.

El matrimonio de Bárbara y José comenzó a mejorar cuando él se ocupó de mantener su sobriedad y ambos practicaron técnicas de comunicación apropiadas. José llegó a entender que, aunque era muy importante proyectar una imagen positiva en el trabajo, su sentido de dignidad interior era más relevante que la laboral. A medida que mejoró su comunicación con Bárbara acerca de lo que sucedía en la casa y en el trabajo, aprendió a hablar con franqueza con sus compañeros y supervisores, y pudo defenderse cada vez que se cuestionó su dignidad.

DORA Y RAFAEL: LAS PRESIONES DE LA VIDA Y EL AUMENTO DE LA VIOLENCIA

N*unca quise lastimar a mis hijos, pero no podía controlarlos. No sé qué me sucedió. Pasé de ser una mujer felizmente casada que tenía un buen trabajo, a perder mi esposo y mi empleo... y tener problemas con mis hijos. Pensé que, por fin, había alcanzado el éxito pero, de pronto, todo se vino abajo.*

—Dora, 28 años

A*ntes de que Dora y yo nos separáramos, ella siempre me presionaba para que lograra llegar a más. No se daba cuenta de que yo me sentía atascado, pero estaba tratando de mejorar mi situación. Entonces conocí a Maureen y supe que ella realmente creía en mí, mientras que Dora no.*

—Rafael, 40 años

La historia de Dora y Rafael es un ejemplo triste de cómo las presiones económicas y personales pueden conducir a una serie de problemas graves, en este caso la infidelidad, la violencia doméstica y, por último, el abuso infantil.

Dora era una exitosa profesional madre de cinco hijos. Ella y Rafael habían estado casados durante quince años cuando comenzaron sus dificultades matrimoniales. Rafael había llegado a un punto en el que sentía que era hora de avanzar en su profesión, pero no pudo obtener un mejor empleo y se quedó atascado en el antiguo. Aunque poseía las cualidades que exigía el empleo que tenía desde que él y Dora se casaron, lo había obtenido gracias a un programa de acción afirmativa, y por eso, algunos compañeros del trabajo consideraban que no merecía el puesto. Rafael siempre se sintió humillado por esto, porque en cierta forma creía en la opinión negativa de sí mismo que le proyectaban sus compañeros de trabajo. También se sentía disminuido por el éxito de Dora y por los sarcásticos comentarios que hacía ésta sobre su estancamiento laboral.

Entonces Rafael conoció a Maureen, quien lo veía de manera totalmente diferente. Ella pensaba que él era maravilloso, inteligente, apuesto y exitoso. Aunque Rafael había tenido otras aventuras extramatrimoniales, nunca habían sido más que encuentros sexuales breves y superficiales. Con Maureen, sin embargo, alimentó su autoestima maltratada en el trabajo y en la relación con Dora. La nueva relación con Maureen le hizo desear escapar de su esposa porque ella era demasiado consciente de las inseguridades de él y criticaba su incapacidad de mejorar su vida. La impaciencia generada en Rafael por las exigencias de Dora desembocó en la violencia. Explica Dora:

> *Rafael ya me había insultado verbalmente, había golpeado la pared y pateado las puertas, pero nunca me había golpeado. Sin embargo, cuando me pegó, no me sorprendí porque él tiene un temperamento terrible. Le dije que no pensaba aguantar eso, pero él continuaba atacándome hasta que la situación se tornaba insostenible y entonces me empujaba contra una pared. Hasta me llegó a cachetear. Finalmente, me lastimó seriamente y tuve que llamar a la policía.*

Rafael fue arrestado por violencia doméstica y se le prohibió ver a sus hijos durante un determinado período de tiempo. Pero los problemas de Dora no acabaron ahí. A causa de las dificultades emocionales que había tenido con Rafael, no estaba trabajando eficientemente. Su empleo exigía que se concentrara mentalmente, pero ella no podía hacerlo porque estaba con demasiadas presiones.

Finalmente, tuvo que pedir un permiso de ausencia en el trabajo. En ese momento, se quedó sola con la responsabilidad de los hijos. Sus ingresos se redujeron considerablemente y se convirtió en una persona muy ansiosa e insegura de sí misma, de su trabajo y de su futuro. Fue entonces cuando ella misma comenzó a pegarle a sus hijos, lo cual nunca había hecho antes.

Había llegado al punto más bajo de mi vida. Los niños estaban fuera de control. Sabía que habían sido afectados por nuestros problemas, pero había días en los que no sabía qué hacer para tranquilizarlos. Gritaban y se peleaban entre sí. En esa época no me daba cuenta de que yo también estaba perdiendo el control. Les pegaba cuando su mal comportamiento se extralimitaba porque pensaba que esto ayudaría a disciplinarlos. Y cuando no los calmaba con una manotada, les pegaba más. Rafael siempre había sido quien les hablaba con firmeza, y eso parecía mantenerlos tranquilos. Pero cuando él se fue, yo no sabía cómo hacer para que se portaran bien.

Desafortunadamente, el ciclo de violencia que comenzó con el abuso de Rafael hacia Dora, continuó con el de ella hacia sus hijos. Como lo muestran las estadísticas y los estudios sobre violencia doméstica, quienes abusan casi siempre han sido víctimas de abuso. Rafael y Dora no representaban la excepción. Rafael había vivido la violencia doméstica cuando era niño pues su padre le pegaba a su madre. Si bien se juró que nunca se portaría de esa manera con su propia esposa, fue incapaz de controlar su mal carácter y, finalmente, siguió los pasos de su padre.

Dora no había sido víctima de violencia doméstica cuando era niña, pero el comportamiento violento de Rafael y el empeoramiento de sus problemas hicieron que perdiera los estribos. No había sido su intención hacerles daño a sus hijos; sólo quería disciplinarlos. Pero cuando usaba castigos físicos inapropiados, no sólo hería a sus hijos en el momento del castigo, sino que también dañaba su futuro pues les enseñaba que la violencia física es un método aceptable para resolver conflictos.

Aunque algunas personas opinan que una buena paliza es indispensable para controlar el comportamiento de los niños, estoy absolutamente convencida de que esta forma de castigo sólo provoca más violencia. Pegarle a un niño es un acto de violencia. Lamentablemente, las presiones de la vida hacen que muchos padres sientan la necesidad de ejercer control inmediato sobre sus hijos y utilicen el castigo corporal para lograrlo. Sin embargo, vale la pena invertir unos minutos para sentarse con sus hijos, preguntarles qué les está molestando y explicarles los principios y valores de la familia. No se debe golpear al niño para hacerle entender lo que está bien y lo que está mal.

Por suerte, en el caso de Dora, los trabajadores sociales intervinieron a tiempo y ella y sus hijos pudieron obtener la ayuda que necesitaban para resolver sus problemas y volver a ser la familia que habían sido. Dora quedó agradecida con la agencia social que le dio la oportunidad de hablar con personas que le enseñaron maneras mejores para educar a sus hijos durante el período de crisis.

El juez también le exigió a Rafael que asistiera a clases de violencia doméstica donde le enseñaron a controlar su temperamento para poder expresar sus emociones, incluida la ira, sin hacerle daño a los demás.

EL SEÑOR X —UN CASO EXTREMO

La violencia doméstica puede ocurrir en varios niveles. En el caso de Rafael, comenzó como abuso emocional y llegó a la violencia física. Hay personas que pierden el control y destruyen objetos dentro del hogar, sin llegar a pegarle a otra persona. Sin embargo, cuando el nivel de ira no expresada, verbalmente o por otros medios apropiados, es alto, existe la posibilidad de llegar a la violencia física.

El peor caso que encontré en mi práctica profesional me llegó a través de un hombre que llamó en forma anónima a mi programa de radio. Tenía poco más de veinte años y comenzó diciéndome: "Tengo algo para confesar. Algo que nunca le he dicho a nadie". Luego relató su aterradora infancia y los eventos que le siguieron:

Mi padre solía golpear a mi madre, y eso me ponía muy, muy furioso. Por eso yo salía a la calle a buscar gatos y perros y los mataba pensando que eran mi padre. Sabía que la única manera de evitar que mi padre siguiera golpeando a mi madre era matarlo. Por eso, durante mucho tiempo imaginé que lo mataba, aunque en realidad mataba gatos, perros y otros animales en las calles de mi pueblo en México.

Un día, mi padre comenzó a pegarle a mi madre como de costumbre. Ella no hacía más que gritar, pero esta vez estaba sangrando. En ese momento, decidí que ésta sería la última vez que mi padre haría eso y lo maté. Lo maté y lo enterré, y nunca se enteró nadie.

Aunque atormentado por lo que había hecho, este hombre guardó su secreto hasta el día en que me llamó a la radio. Ningún conocido del padre sabía que el hombre había muerto. Todo el mundo suponía que se había ido con otra mujer porque era mujeriego además de violento.

El caso del Señor X es un ejemplo extremo de las consecuencias de la violencia doméstica, pero, como profesional, he conocido a muchos niños que tienen la fantasía de matar a su padre cuando lo ven abusando física o emocionalmente a su madre. "¡Cuando sea grande lo mataré!" dicen estos niños, en su mayoría varones.

Todos sentimos una fuerte lealtad hacia nuestra madre pues ella nos dio la vida. Y como latinos, colocamos a la madre en una posición central, la adoramos, daríamos nuestra vida por ella. Por eso, es imposible soportar ver que se cometa violencia contra ella.

¿Cuál es el mensaje que se transmite a los niños que presencian este tipo de violencia? Se les enseña que el más fuerte puede aprovecharse del más débil. Tal como en el caso del Señor X, algunos hijos varones alimentan la fantasía de que: "cuando crezca voy a ser fuerte y lo voy a matar". Claro, muy pocos llegan a realizar esa fantasía, pero muchos abusan de las mujeres con las que se relacionan porque no tienen más que el modelo que aprendieron de sus padres para relacionarse con ellas. Otros juran ser todo lo contrario a lo que fueron sus padres y hacen lo imposible para controlar su ira y sus tendencias violentas. En ambos casos, sus emociones guardan cicatrices de la violencia doméstica que presenciaron.

Las hijas de padres abusivos crecen sintiéndose inferiores y resignándose a aceptar el abuso o el abandono. A menudo se relacionan con hombres abusivos, en un intento inconsciente de reformar al abusador y corregir los abusos que se cometieron contra sus madres.

Las mujeres suelen tratar de hacer las paces, inclusive en las circunstancias más terribles. Algunas sienten que tolerando o ignorando la violencia, ésta se reducirá o desaparecerá. Otras piensan que es preferible soportar el abuso físico o emocional a perder al padre de sus hijos. Sin embargo, es necesario considerar qué clase de hombre queremos en nuestra vida, y qué clase de padre queremos para nuestros hijos. Es muy importante tener a un esposo y a un padre en la familia, pero quien abusa de una esposa o de un hijo no es ni esposo ni padre, es alguien que se aprovecha de la situación usando su fuerza física.

No se debe tolerar la violencia ni la humillación de ningún tipo. Si la víctima se mantiene en silencio cuando es humillada, degradada o maltratada, el abusador interpreta ese silencio como aceptación, y se siente invitado a continuar con la violencia. La humillación y el abuso son los opuestos del respeto. El respeto mutuo es el primer requisito de cualquier tipo de vínculo entre dos personas, y por esa razón, el abuso no tiene cabida en ningún matrimonio, familia, o relación.

LA HISTORIA DE LUCY —CUANDO EL ABUSO LABORAL CAUSA EL DESCUIDO DE LOS HIJOS

Existe una clase de abuso que mucha gente tolera con tal de sobrevivir: el abuso laboral. Como veremos en el caso siguiente, este tipo de maltrato suele causar que los hijos paguen el precio de las dificultades laborales de sus padres.

Me enteré de la historia de Lucy a través de un colega de San Diego, en California. Lucy está criando sola a sus tres hijos pequeños mientras es empleada estable en una compañía. Está agradecida por su empleo y trabaja arduamente para mantener a su familia. Cuando la compañía que la emplea comenzó a exigirle más trabajo a sus empleados sin aumentarles el salario, Lucy, que es una empleada responsable, aceptó hacerse cargo de las tareas adicionales.

Al principio, Lucy no se dio cuenta de que las nuevas exigencias laborales eran excesivas. Los funcionarios de su compañía estaban aprovechándose de ella porque sabían que no iba a reclamarles nada. Es tan difícil encontrar empleos como el de Lucy que sus superiores sabían que ella y los otros empleados en su situación no iban a protestar.

Este tipo de trato puede ser calificado de abuso, pero Lucy tardó varias semanas en reconocer lo que esto le costaba a su familia. Ella llegaba a la casa demasiado tarde para preparar la cena de sus hijos, y no le alcanzaba el dinero para que la "babysitter" se quedara después de las cuatro de la tarde. Por eso, Briana, la hija de once años de Lucy, era quien se hacía cargo de los dos hijos más pequeños. La niña les hacía algo de comer, los bañaba y le cambiaba los pañales al bebé. Aunque Lucy le avisó a una vecina que Briana estaba sola, y le dijo a su hija que llamara a esa vecina si se presentaba algún problema, la hija cargaba con una responsabilidad inapropiada para una niña de once años.

Como Lucy no quería reclamar nada en su trabajo para evitar conflictos, trató de racionalizar su situación. Se dijo que el exceso de trabajo era algo temporal mientras la compañía buscaba los recursos para contratar a otra persona, que no le importaba trabajar horas adicionales, y que Briana estaba haciendo bien su nuevo trabajo de "ayudante de mami".

Lucy proviene de una cultura latinoamericana en la cual se les enseña a las mujeres que deben respetar la autoridad, ya sea de sus padres, sus esposos o sus supervisores en el trabajo. Como en el caso de tantas latinas, se le había enseñado a complacer a los demás desde su más tierna edad.

Mi colega le explicó a Lucy que era injusto esperar que Briana ocupara su lugar. Los niños no son capaces de criarse los unos a los otros adecuadamente, a pesar de que esto ocurre en algunos de nuestros países nativos y se ha vuelto más común en los Estados Unidos. Para los niños es beneficiosa la atención y el consejo de los hermanos mayores, pero necesitan la vigilancia y el cuidado de los adultos.

No era correcto que los niños de Lucy pagaran el precio por las políticas laborales injustas del empleador de Lucy. Ella debía hablarle a su supervisor sobre el exceso de trabajo y la falta de compensación monetaria adicional por las horas extras. Se le sugirió que conversara con la gerencia acerca del impacto que tenían los cambios laborales sobre el bienestar de su familia. Tal vez podían darle un bono adicional para pagarle a alguien que cuidara a los niños cuando ella no estaba en la casa, o encontrar la forma de que su horario de trabajo fuera más flexible para que no tuviera que dejar solos a sus hijos. Si eso no funcionaba, podía consultar a un abogado especializado en leyes laborales y, de ser legalmente aconsejable, podía presentar una queja ante la comisión laboral pertinente. De una u otra forma, la situación debía resolverse para que los hijos de Lucy recibieran la atención que les hacía falta.

Lucy temía defenderse a sí misma de este modo tanto como los otros empleados. Por eso, se llevaron a cabo una serie de reuniones con los compañeros de trabajo de Lucy, para consolidar ideas y esfuerzos. Finalmente se logró el propósito. Ella y sus compañeros de trabajo fueron capaces de convencer a la Comisión Nacional de Relaciones Laborales para que resolviera su situación. Lucy también aprendió que es crucial proteger a sus hijos, valorarse como persona y hacer respetar sus derechos laborales.

¿TENEMOS PREJUICIOS CONTRA NUESTRA PROPIA GENTE?

La familia Ramírez —discriminación en nuestras propias familias

Existe una forma específica de "desquitarnos el uno con el otro" que resulta muy difícil de admitir. Esta tiene que ver con un prejuicio que hemos aprendido de la cultura dominante que, desgraciadamente, solemos emplear con nuestra propia gente, inclusive con miembros de nuestra propia familia. El prejuicio tiene que ver con el color de la piel. Alberto Ramírez explica cómo afecta este delicado asunto a su familia:

Tenemos tres hijos hermosos. Luisa es la mayor, Alejandro es el del medio y Juan Carlos es el más pequeño. Luisa y Juan Carlos son de piel morena como mi esposa, y Alejandro es de piel clara como yo. Yo quiero por igual a todos mis hijos y nunca se me ocurriría favorecer a uno más que a los otros, sobre todo por algo tan frívolo como la apariencia física. Pero honestamente, creo que mi esposa siempre ha preferido a Alejandro porque tiene la piel clara.

Tal vez soy más sensible a esto porque, como méxicoamericano de piel clara, recuerdo que de niño me avergonzaba de ser tratado mejor que los otros niños mexicanos. Los maestros solían pensar que yo era blanco hasta que se enteraban de mi apellido pero, aun

cuando sabían que era mexicano, suponían que era más inteligente
por mi piel clara. Me duele pensar que mi esposa, Mary, tiene el
mismo tipo de preferencia con uno de nuestros hijos, pero he
notado que ella cree que Alejandro es especial y lo coloca en un
pedestal.

Seamos honestos: ¿no tenemos la mayoría de nosotros historias
parecidas de prejuicios en nuestra propia familia? Tendemos a esconder estas historias bajo la alfombra porque ponen de manifiesto
nuestro desprecio hacia nosotros mismos y nuestra falta de orgullo
racial. No nos gusta admitir que, cuando usamos esta clase de favoritismo cruel e insensible, dañamos a nuestros hijos y a nuestros
hermanos con la misma arma psicológica que han usado a lo largo
de la historia quienes oprimen a los latinos y a todas las personas
que no son blancas.

Esta actitud de desprecio hacia la piel morena puede nacer de
la necesidad de identificarse con la cultura de la mayoría de los
estadounidenses, con quienes tienen ancestros europeos, o con
la gente exitosa que está en la cumbre de la escala social y laboral. Pero sobrevalorar la piel clara y el concepto europeo de
belleza no es algo que comenzó con la revista *People* o con el programa de televisión *Baywatch*. Es algo que ha existido durante
siglos.

En nuestra historia latina, la noción de que las personas de piel
clara merecen más respeto y adulación comenzó con la conquista
española de los indios. Los aborígenes de América tuvieron que
aceptar a sus conquistadores de piel clara esencialmente por una
razón: los europeos lograron vencerlos. Los indios sintieron un
temor reverente por los hombres blancos que fueron capaces de
arrebatarles el poder. Generación tras generación, estos antepasados aprendieron la lección equivocada de admirar a quienes
tenían poder sobre ellos, quienes les imponían su cultura y su religión. Aprendieron a emular la forma en que se comportaban y

lucían sus conquistadores. También aprendieron a menospreciar su legado indígena, su color moreno, su mestizaje.

Durante generaciones, ha sido común entre las familias mestizas otorgarle más valor a los hijos que tienen la piel más clara. Esto se debe a que los padres y los abuelos saben que es más fácil insertarse y triunfar en una cultura predominantemente blanca si uno tiene la piel clara. Ellos aprendieron en carne propia que es más posible progresar si uno es blanco. Por otro lado, se menosprecia y reprime al mestizo o al afroamericano. Por esa razón, como el hijo que triunfa enaltece a su familia, es considerado una bendición tener a un hijo de piel clara.

Lo más trágico de este prejuicio es que la familia y el mundo exterior le hacen el mismo daño a los hijos, los unos a nivel personal y los otros a nivel institucional: repartimos ventajas injustas basadas exclusivamente en la apariencia física. Y como los niños que se sienten más aceptados por sus padres son los que tienen más posibilidades de triunfar en la vida, los padres que favorecen a los hijos de piel clara perpetúan una profecía que se cumple necesariamente: los hijos de piel clara tienen más posibilidades de triunfar porque sus padres les inculcan la fe en sí mismos, y los hijos de piel oscura, carentes de ese apoyo positivo, tendrán que luchar contra viento y marea.

En el caso de la familia Ramírez, Mary Ramírez había sido tratada de manera diferente cuando era niña porque tenía la piel morena. Entonces ¿por qué razón mostraba ella preferencia por el hijo que tenía la piel más clara? ¿No debería haber sido más sensible a esta situación dado que ella misma había sido víctima de tal prejuicio?

Mary se quedó en silencio la primera vez que se lo pregunté, y luego explicó tranquilamente:

Cuando era pequeña, mis hermanos y hermanas solían llamarme "negra", "india" o "galletita de chocolate". Ahora sé que no tenían intención de lastimarme, pero aquello hería terriblemente mis sentimientos. Yo les respondía con insultos, pero un día no pude soportarlo más y corrí a la casa de mi abuela para llorar en su regazo. Ella trató de consolarme diciendo que yo valía tanto como los demás. Pero yo siempre sentí que no valía tanto, o que no era tan linda como ella decía.

Cuando Alberto sacó a colación lo de Alejandro, me sentí angustiada. Puede que yo sienta algo especial por él, pero no es por el color de su piel. Es que Alejandro tiene ciertas cualidades con las que me identifico. No quisiera que mis otros hijos sintieran el tipo de inferioridad que yo sentí.

El racismo y el prejuicio han dejado huellas en todos nosotros. Aunque hemos avanzado de manera increíble en las últimas décadas, seguimos luchando contra actitudes racistas en las escuelas, en el trabajo, en nuestros barrios, en nuestro gobierno, e inclusive en nuestros propios hogares. Por suerte para la familia Ramírez, Alberto tuvo el valor de explicarle a Mary lo que sentía, y Mary pudo responder con franqueza.

Aunque ella aseguraba que su "sentimiento especial" por Alejandro se basaba en los intereses artísticos que ambos compartían, al final confesó que tal vez sentía que Alejandro era especial y más valioso por su apariencia "más anglo". Esta fue una actitud que aprendió de su propia familia, pero que ahora está comprometida a erradicar. Curiosamente, sus hijos la están ayudando en el proceso.

Mis hijos tienen la suerte de asistir a una escuela pública donde los maestros están comprometidos a enseñar la diversidad cultural y hacer que los niños se enorgullezcan de su cultura. Así que mis hijos han estado enseñándome sobre las culturas maya, azteca e inca, así como de otras. Me explican cuán avanzadas estaban antes de que llegaran los españoles. Me siento tan orgullosa de que estén aprendiendo a valorar su identidad y su origen. Ojalá yo hubiera recibido este tipo de instrucción cuando era niña.

Rudy: La lucha de un afrolatino contra el racismo

Muchos pacientes, amigos e invitados a mi programa que son latinos de ascendencia africana (afrolatinos) me han hablado del efecto que tiene el racismo en sus vidas. Muchas veces, me cuentan que no son aceptados ni por los afroamericanos, por ser latinos, ni por los latinos, por ser de piel más oscura. Por esa razón, quedan en una especie de limbo de identidad y se sienten inseguros acerca de su lugar.

Es trágico que mostremos entre nosotros la misma clase de racismo que criticamos en aquéllos que intentan oprimirnos. ¿Cuándo acogeremos a toda nuestra familia cultural, sin importar nuestras diferencias?

Rudy es un puertorriqueño-americano que vive en Chicago y ha debido luchar toda su vida con el tema del color de la piel. El recuerda una experiencia en particular, en el séptimo grado de la escuela, que no sólo lo lastimó a nivel personal, sino que también fue un anticipo del prejuicio con el que se habría de encontrar en años venideros:

Me gustaba una chica llamada Carmen, una puertorriqueña de piel muy clara. En esa época, yo me ganaba la vida lustrando zapatos y limpiando ventanas, así que le compré una caja de pañuelitos y se los regalé. Sé que yo también le gustaba, pero ella no pudo aceptar mi regalo. Y eso fue porque no quería relacionarse con un "negro". Yo me sentí tan rechazado, que me avergoncé de mi propio color.

Después de eso, durante un tiempo me alejé de las chicas. Pero el problema del color de la piel seguía sin resolverse. Me acuerdo de una ocasión en la que yo iba a ser el chambelán en la fiesta de una chica que cumplía sus quince años, pero me dijeron que mi primo ocuparía mi lugar. Claro, él era de piel más clara que yo. Mi familia no usó esas palabras, pero me imagino que no querían que un chico de piel oscura fuera el acompañante de la quinceañera.

Cuando crecí, decidí salir solamente con muchachas afroamericanas. Necesitaba ser aceptado y dejar de sentirme avergonzado de quién era. No fue hasta que cumplí los veintiún años que comencé a salir de nuevo con muchachas puertorriqueñas. Sin embargo, luchar con este tipo de prejuicios me ha hecho más fuerte, pues me hizo decirme a mí mismo: "Tal vez yo no les guste, pero yo debo aceptarme tal cual soy". Ahora tengo un trabajo que me permite abrirles las puertas a otras personas de color que, de no ser así, no tendrían las oportunidades que merece todo el mundo.

EL RESPETO HACIA NOSOTROS MISMOS Y HACIA NUESTRAS FAMILIAS

Nos hacemos un bien a nosotros mismos y les hacemos un bien a nuestros hijos cuando nos esforzamos por cambiar un patrón negativo ya sea reconociendo y combatiendo los prejuicios en nuestra familia o buscando ayuda para evitar la violencia doméstica o el alcoholismo. Puede ser fácil justificar un comportamiento destructivo achacándoselo a las muchas indignidades y ultrajes que soportamos en esta cultura como latinos. Pero esto no mejora nuestra situación y no ayuda a que nuestros hijos construyan una vida mejor para sí mismos.

Cuando tenemos el valor de enfrentar nuestras dificultades y hacer algo al respecto, le damos a nuestros hijos una razón legítima para respetarnos. Además, alimentamos el respeto propio que todos merecemos sentir. No es fácil cambiar la manera en que encaramos las crisis de nuestras vidas. Es un proceso diario que incluye pequeños triunfos y fracasos ocasionales. Si usted está luchando con uno de los problemas que discutimos en este capítulo, sea paciente consigo mismo. Cada día que lucha para crear una vida más sana para usted y para su familia, demuestra su fortaleza y su amor. Eso es algo de lo que puede sentirse orgulloso.

Apéndice: Capítulo cinco
ALCOHOLISMO

Algunos datos sobre los latinos y el alcohol

❦ La adaptación cultural afecta los patrones de alcoholismo. Un estudio demostró que:

el 75 por ciento de las mujeres mexicanas inmigrantes se abstiene de beber alcohol y el 38 por ciento de las mujeres méxicoamericanas de tercera generación se abstiene de beber alcohol

(en comparación con el 36 por ciento de las mujeres de la población de los Estados Unidos que se abstiene)

❦ Otro estudio reveló que:

Los hombres hispanos de primera generación nacidos en los Estados Unidos beben más y con más frecuencia que los hombres hispanos nacidos en el extranjero.

❦ Un estudio realizado en California sobre la mortalidad y el alcohol demostró que mueren más afroamericanos e hispanos por cirrosis hepática que blancos o asiáticoamericanos.

❦ Los hispanos tienen menos probabilidad de tener seguro de salud y más probabilidad de vivir en la pobreza que los blancos. Estos factores pueden reducir las posibilidades de recibir tratamiento para el alcoholismo (Fuente: Alerta alcohólica, Instituto Nacional del Abuso del Alcohol y el Alcoholismo, enero de 1994).

❦ Alcohólicos Anónimos informa que tiene en todo el país más de 400 grupos que hablan español, 200 de los cuales están en Los Angeles.

Alcoholismo —donde encontrar ayuda

Alcohólicos Anónimos, AlAnon y Alateen suelen aparecer en la guía telefónica. Llámelos para averiguar sus horarios de reunión, obtener materiales de consulta y orientación, o para hablar con un miembro del grupo.

LA DROGADICCION

La drogadicción en la comunidad latina de los Estados Unidos

De acuerdo a la Encuesta Nacional de Hogares sobre la drogadicción realizada en 1993, el porcentaje de drogadicción entre los hispanos es mayor que entre los "blancos" que no son de origen hispano. Un 6.2 por ciento de la población de origen hispana consume drogas ilegales (sin incluir el alcohol ni los cigarrillos), comparado con un 5.5 por ciento de la población "blanca" y un 6.8 por ciento de la población "negra".

La drogadicción sigue el mismo patrón de adicción que el alcoholismo ya que es una enfermedad progresiva que no tiene posibilidades de "curación", pero el adicto puede buscar ayuda en un programa de recuperación. En mi práctica profesional, he observado que los adultos consumen drogas (más adelante hablaremos del consumo de drogas en los adolescentes) para encontrar un desahogo, evitar confrontarse con sus problemas y sentirse aceptado por su grupo. Quienes consumen drogas suelen sentirse desesperados, solos o desarraigados de la vida familiar a la cual pertenecían. Nunca he conocido drogadictos que tengan metas precisas y sepan hacia dónde se dirigen en su vida. Sin la estabilidad que brinda un buen trabajo ni una estructura social y familiar que sirva de apoyo, muchas personas se sienten tentadas a recurrir al mundo de la droga para encontrar alivio. Claro que no lo encuentran y sus problemas empeoran. Su hábito exige dinero para ser mantenido y a menudo se vuelven delincuentes, destruyen su matrimonio y lastiman a sus hijos.

Drogadicción —donde encontrar ayuda

Si usted o cualquiera de su familia o conocidos necesita ayuda para combatir un problema de drogadicción, póngase en contacto con la sede local de Narcóticos Anónimos (su número de teléfono está en las páginas amarillas de la guía telefónica) o la línea nacional de emergencia para el alcoholismo y la drogadicción: 1-800-252-6465 (en los Estados Unidos).

ABUSO INFANTIL

Donde encontrar ayuda

Como nos muestra la historia de Dora, el abuso infantil puede suceder en familias que eran felices y cariñosas. Si usted sabe, o inclusive sospecha, que un niño de su familia es víctima de abuso infantil, póngase en contacto con un grupo de ayuda. La siguiente información es importante para aquéllos que necesitan enfrentar este problema:

Número de la línea nacional de emergencia del abuso infantil:
1-800-422-4453 (en los Estados Unidos)
En Los Angeles, California: 1-800-540-4000
En la Florida: 1-800-96-ABUSE

Consejos para padres del Ccomité Nacional para la prevención del abuso infantil

❦ Cuando sienta que se acumulan las presiones cotidianas, tómese un breve descanso. Inclusive puede ayudarle una conversación telefónica con una amiga o un amigo.

❦ Cuando sienta la tentación de pegarle a su hijo, DETEN-GASE y cuente hasta diez. Contrólese antes de hacerle daño a su hijo.

❦ No use palabras hirientes. Recuerde, los niños creen todo lo que sus padres les dicen.

❦ Cada vez que pueda, déle apoyo emocional a sus hijos.

❦ Comparta los triunfos y las desilusiones de sus hijos.

❦ Cuando el niño se porte mal, critique el comportamiento, no al niño.

❦ Ponga interés en todas las actividades de su hijo, sobre todo en sus labores escolares.

❦ Enséñele a su hijo que usar violencia no es forma de resolver disputas.

Abuso infantil —algunos datos

❦ En los Estados Unidos se reportan anualmente cerca de tres millones de casos de abuso y abandono infantil (Fuente: Academia Estadounidense de Pediatría).

❦ Los investigadores estiman que entre un 40 y un 60 por ciento de los niños que son víctimas de abuso físico también han sido testigos del abuso de sus madres en una o más ocasiones (Fuente: *Revista de Trabajo Social Independiente*, 1990:4).

❦ El Fondo de Defensa Infantil informa que todos los días casi ochocientos bebés latinos son víctimas de abuso o de abandono en los Estados Unidos (Fuente: nota de prensa del Fondo de Defensa Infantil, mayo de 1996).

❦ El 75 por ciento de las llamadas a la policía por casos de violencia doméstica involucran a menores de edad de hogares desajustados, quienes a su vez son quince veces más propensos que los niños de hogares normales a convertirse en víctimas de maltrato infantil o exhibir conductas violentas (Emergency Response Intervention Network, auspiciado por el Instituto Infantil Internacional [1997]).

VIOLENCIA DOMESTICA

Los síntomas del abuso conyugal

Hay diferentes niveles de abuso conyugal, así como también diferentes formas. Existe el abuso físico y el abuso emocional; y ambos pueden ser devastadores. Si bien hay muchos más casos de abuso conyugal físico cometido por los hombres que por las mujeres, ninguno de los dos es justificable. Si su cónyuge o su pareja exhibe cualquiera de los siguientes comportamientos, le sugiero que busque la ayuda de un terapeuta o que llame a una línea de emergencia telefónica o a la policía para casos de abuso físico.

1. ¿Su cónyuge le pega o le da puñetazos? Aun si pide perdón o se siente culpable después, o promete que "esto nunca va a volver a pasar", nunca debe tolerarse este tipo de abuso.
2. ¿Le obliga su cónyuge a tener relaciones sexuales, inclusive cuando usted no quiere?
3. ¿Utiliza su cónyuge la ira para controlarla o controlarlo? ¿Le intimida gritándole o tirándole cosas o amenazándole con hacerle daño?
4. ¿Le exige su cónyuge que usted salga solamente con él o con ella, y justifica este comportamiento diciendo que se trata de "amor"?
5. ¿Es su cónyuge posesivo y celoso al extremo de no darle libertad para tener sus propios/as amigos/as ni su propia vida social? ¿Le acusa sin razón de serle infiel?
6. ¿Su cónyuge lo humilla constantemente, lo insulta, lo menosprecia o lo critica? ¿Ignora él o ella su opinión, diciendo que sus comentarios son "tontos, estúpidos o absurdos"?
7. ¿Su cónyuge se pone furioso cuando usted no lo obedece... o sin razón alguna?
8. ¿Su cónyuge lo amenaza, por ejemplo, con suicidarse si usted trata de irse del hogar?

Violencia doméstica —dónde encontrar ayuda

La violencia doméstica es una situación peligrosa que necesita ser tratada ni bien se dé cuenta de que usted, un miembro de la familia o un conocido se encuentra en este problema. Los voluntarios y el personal que trabaja en las líneas telefónicas de emergencia y en los refugios para mujeres maltratadas pueden ofrecer consejos saludables y prácticos a aquellas personas cuya seguridad está en peligro. También hay grupos terapéuticos para quienes cometen actos de violencia doméstica y desean cambiar ese comportamiento. Por favor, aproveche la ayuda que le ofrecen esos grupos. Su vida o la de alguien que usted quiere depende de ello.

En los Estados Unidos, la página de servicios comunitarios (Community Services) de su guía telefónica por lo general lista los números de la línea de emergencia para mujeres maltratadas (Battered Women's Hot Line) o el refugio para mujeres maltratadas (Battered Women's Shelter) más cercano a su domicilio. Si no, puede llamar a la línea de emergencia de abuso doméstico (National Coalition Against Domestic Violence) al 1-800-799-7233 y allí le darán un número local. La línea de emergencia de abuso doméstico también puede recomendarle un programa o grupo para mujeres maltratadas cerca de donde usted se encuentra.

6 COMO ALIMENTAR LA AUTOESTIMA DE NUESTROS HIJOS

Cuando me casé con mi esposo "anglo", nunca creímos que las diferencias en nuestras raíces culturales serían un problema. Pero aparecen en pequeñeces... que a veces terminan siendo situaciones graves. Como la forma en que yo me relaciono con su hijo de un matrimonio anterior. El niño sólo tiene cuatro años y necesita disciplina. Pero mi esposo lo consiente demasiado. Para mí, eso no es ser un buen padre. Este niñito necesita saber que quienes mandan son su padre y su madre, no él. Sin embargo, mi esposo me acusa de ser demasiado severa con mi hijastro y de no interiorizarme por cómo se siente. En la familias mexicanas, se muestra el amor haciendo lo mejor para los niños, y no preguntándoles cómo se sienten.

—Liliana, 30 años, madre de dos hijos

Si yo les hubiera respondido a mis padres de la manera en que me responden hoy día mis hijos, me hubieran dado una buena paliza. Sabíamos que nos querían, pero teníamos que respetarlos porque eran nuestros padres. Mi padre tenía un lugar en el cajón donde guardaba el cinturón y nosotros sabíamos que él lo usaría si nos portábamos mal. No soy partidario de pegarle a los hijos, pero creo que la gente se ha ido al otro extremo.

—Rick, 40 años, padre de tres hijos

Doctora *Nogales, ayúdeme a recuperar a mi hija. Anda en mala compañía y no sé qué hacer. Es una chica muy inteligente y dulce, pero siempre le dan lástima las personas que están en desventaja. Hace poco me enteré de que se había hecho amiga de pandilleros, de buscapleitos. Dijo que no me contaba sobre su vida porque creía que yo la criticaría y porque no le resultaba fácil hablarme. Cuando la rechazó un muchacho del cual ella creía estar enamorada, trató de suicidarse. Jamás imaginé que mi hija intentaría algo semejante. ¿Cómo fue que nos distanciamos tanto con lo mucho que me preocupo por ella?*

—Esmeralda, 37 años, madre soltera

En capítulos anteriores hemos explorado algunos problemas que pueden causar conflictos en una relación. Otra área que también provoca conflicto es la educación de los hijos y el papel de los padres en ella. Esto se debe a que cada madre y padre —así como cada abuelo, pediatra y "maestro"— tienen su propia teoría sobre lo que más conviene. Inclusive cuando ambos padres tratan de hacer lo correcto por su hijo o hija, su diferencia de opiniones sobre cómo educarlos puede aumentar en gran medida la tensión familiar.

Los choques entre los valores latinos y los estadounidenses a menudo forman parte del dilema de cómo educar a los hijos. Discutimos con nuestro cónyuge y nos cuestionamos a nosotros mismos si, como padres, deberíamos ser más liberales o más autoritarios. ¿Les hacemos caso a lo que dicen los "expertos" estadounidenses sobre la educación infantil o mejor educamos a nuestros hijos como lo hicieron nuestros padres y abuelos? ¿Les damos a las hijas la misma clase de estímulo y consejos que les damos a los hijos varones... o tiene razón la cultura latina al hacer una mayor distinción entre los sexos? ¿Es culpable la cultura de la mayoría de los estadounidenses —con su énfasis en el consumismo y en el "haz lo quieras"— de conducir a nues-

tros hijos por el mal camino? ¿Es la fortaleza de las familias latinas suficiente para evitar que los hijos tomen malas decisiones?

Independientemente de nuestras diferencias filosóficas, todos participamos en la lucha para prevenir que nuestros hijos
se sientan atraídos hacia la droga y las pandillas, abandonen la
escuela o se conviertan en padres cuando todavía son adolescentes. Y también queremos desarrollar en nosotros mismos la
capacidad de ayudar a nuestros hijos e hijas a que sean personas seguras, felices y capaces. Luchamos por enseñarles no
sólo cómo vivir de acuerdo a los principios que más valora
nuestra cultura, sino también cómo creer en sí mismos para
que puedan disfrutar su vida.

En este capítulo examinaremos algunas historias tanto de
padres preocupados como de sus hijos lidiando con una serie de
situaciones que enfrentan las familias latinas:

❦ decidir cuál es la disciplina apropiada para los niños

❦ buscar el equilibrio entre el respeto del niño por la autoridad de sus padres y el respeto de los padres por los sentimientos
del hijo

❦ superar la falta de comunicación entre padres y adolescentes

❦ prevenir el embarazo en la adolescencia

❦ enfrentar la amenaza de las pandillas, el suicidio juvenil y
el consumo del alcohol y de la droga

❦ motivar a las niñas y a los niños a desarrollar su potencial

❦ enseñar a los niños de todas las edades a combatir el prejuicio y a desarrollar la tolerancia

❦ ayudar a los niños a valorar quiénes son y a valorar la cultura a la que pertenecen

En este capítulo examinaré cada uno de los desafíos a la labor
de los padres, y les ofreceré los consejos que resultaron de mi experiencia como psicóloga y como madre.

LILIANA, DAVID, JOSH Y MARA:
¿CUANTA DISCIPLINA NECESITAN LOS NIÑOS PEQUEÑOS?

David se niega a imponerle a Josh una hora para ir a dormir. Lo deja que se quede tirado en el piso viendo la televisión hasta que se cansa y se queda dormido. Cuando voy a la sala, a eso de las diez y media o las once para amamantar a la bebé, el pequeño Josh está durmiendo acurrucado con la ropa puesta. ¡Sin pijamas, sin cepillarse los dientes y en el piso de la sala! No entiendo cómo David puede permitirlo. Para mí, eso no es ser un buen padre.

La historia de Liliana y David está relacionada con el tema de la disciplina, pero tiene que ver más con la forma de ser de David que con la de Josh. Liliana asegura que su esposo no se ocupa de la rutina diaria de Josh, el hijastro de ella, y que permite al pequeño de cuatro años hacer, básicamente, lo que le plazca. Josh es un niño bastante tranquilo, por lo que Liliana no tiene verdaderos problemas de conducta con él. Pero ella y David difieren enormemente en cómo se debe tratar al niño. También hay un nuevo bebé en la familia y a ambos les preocupa que los patrones de disciplina que establezcan con Josh afectarán la manera en que eduquen a Mara.

Liliana es una méxicoamericana de Albuquerque. Me contó que fue criada por padres cariñosos, pero que tenían normas de disciplina estrictas que se debían respetar. Ella y sus hermanos sabían cuáles eran sus obligaciones, estaban conscientes de que tenían que hacer la tarea antes de salir a jugar y siempre empezaban a prepararse para ir a dormir a las nueve, ya que ésa era la hora de ir a la cama. Esas eran algunas de las reglas básicas que los niños nunca cuestionaban... y si no las cumplían, sufrían las consecuencias.

A Liliana le gusta ese modo de vida por considerarlo sano y es el que quiere para Josh y Mara. El "problema de la hora de ir a la cama" al que ella se refiere ejemplifica la diferencia entre la manera de pensar de ella y de su esposo y la forma en que se criaron. Los padres de David, que también son de Albuquerque, pero que no son latinos, tenían ciertas reglas, pero eran mucho menos estrictos. La vida diaria de la familia no estaba tan estructurada como la de la familia de Liliana. David cree que sus hijos deben ser tratados como compañeros en vez de ser sometidos a "reglas arbitrarias". El comenta: "Si Josh se siente cómodo quedándose dormido en la sala, no veo cuál es el problema". David quisiera que Liliana fuera "tolerante con los sentimientos de Josh en lugar de imponer su ley".

En mi opinión, es importante saber cómo se sienten sus hijos, pero eso no significa que usted los consienta demasiado o deje de poner límites. Tal vez dejar que Josh se quede dormido en el piso de la sala no es lo peor del mundo, pero el ser tan tolerante como para dejar que se vaya a dormir a cualquier hora y de cualquier forma tiene su lado negativo. Desde pequeños, los niños necesitan aprender a relajarse para quedarse dormidos por sí mismos, sin ayuda de la televisión y sin que uno de los padres se quede en la habitación hasta que se duerman. De otro modo, siempre dependerán de factores externos a su persona para conciliar el sueño.

Más importante aun es que todo niño necesita una estructura. Saber que ciertas cosas siempre suceden a ciertas horas le proporciona una sensación de seguridad. Aunque a veces nos moleste el llanto de los niños cuando no quieren irse a la cama por la noche, en realidad, ellos se sienten mucho más cómodos sabiendo que existe una rutina y que sus padres harán que se cumpla.

Como padres, tenemos que ser lo suficientemente flexibles como para saber cuándo un cierto límite es adecuado y cuándo no. Esta flexibilidad incluye reconocer la vida emocional de su hijo. Muchos provenimos de familias donde había un rígido sentido de qué estaba bien y qué estaba mal. Sin embargo, lo que está bien y lo que está mal depende no sólo de la situación, sino también de los sentimientos del niño y de su etapa del desarrollo.

¿Cómo se sentía Josh a la hora de ir a la cama? "Me gusta mirar la televisión con mi papá y que luego él me lleve a la cama sin que yo me dé cuenta". Hablando con Josh, me pareció que él tenía temor de quedarse dormido solo y de estar en la oscuridad. Josh evitaba enfrentarse con sus temores estando junto a su papá y cansándose frente al televisor para "no darse cuenta" cuando se quedaba dormido.

Para David, también era más fácil permitir eso que establecer una hora de ir a la cama, hacer que Josh se bañara y se cepillara los dientes, leerle un cuento, darle las buenas noches. Convencí a David de que intentara la nueva rutina por el bien de Josh y también de Mara, mientras confrontábamos los temores del niño. No todas las reglas son "arbitrarias", y Josh y su hermanita, a largo plazo, se beneficiarán con esa estructura que habrá sido establecida con cariño.

David estaba en lo cierto en que Liliana debía ser más tolerante con los sentimientos de Josh. Aunque Josh había vivido con Liliana y David desde los dos años, él, naturalmente, no tenía una relación tan estrecha con Liliana como con su padre. Y la llegada de Mara quizás lo haya hecho sentirse aun más distanciado de su madrastra. Insté a que Liliana conociera más a Josh, que lo hiciera participar del cuidado de la nueva bebé, y que pasara tiempo con él a solas... ellos dos y nadie más. Entender más la vida emocional de Josh ayudará a Liliana a tomar las decisiones adecuadas para educarlo.

También le comenté a Liliana que, a menudo, en familias que consisten en matrimonios por segundas nupcias con hijos de una relación anterior, hay riñas imperceptibles. Por ejemplo, tal vez ella haya competido inconscientemente con Josh por el cariño y la atención de David. Posiblemente eso influyó en su necesidad de imponerle una disciplina rígida a su hijastro y no le permitió encariñarse más con él. Al hacerse consciente de eso, podrá tomar medidas para mejorar la relación con Josh, lo cual, a su vez, mejorará el vínculo con su esposo y fortalecerá la unidad de la familia.

LA FAMILIA DE RICK: RESPETO HACIA LOS PADRES Y RESPETO TAMBIEN HACIA LOS HIJOS

Rick y su esposa Donna son cubanoamericanos de Miami, de primera generación. Rick es gerente de un banco y Donna enseña en la escuela secundaria. Viven en un agradable vecindario con sus tres hijos: Daniel, de doce, Tomás, de nueve, y Rona, de siete años. Ellos sienten que su vida familiar es feliz y "bastante típica", pero Rick está preocupado porque sus hijos se comportan de forma muy diferente a él cuando era niño. Le preocupa que no hayan aprendido a respetar su autoridad ni la de Donna:

> *Hay momentos en que nuestros hijos nos contestan como si no fuéramos sus padres. Recuerdo haber tratado respetuosamente a todos los adultos de mi familia. Quería a mi padre, pero también le temía y por eso mis hermanos y yo nos comportábamos como correspondía. No me gustaban algunas de sus decisiones y a veces me enojaba cuando no nos permitían hacer ciertas cosas, pero no expresaba mi descontento. Sabía que mi padre tenía la última palabra.*
>
> *No es así con mis hijos. Cada vez que les decimos que no pueden hacer algo, comienzan a discutir. Creo que en parte Donna es responsable, porque ella cree que tienen derecho a dar su opinión. Para mí, lo que nosotros decidimos no se discute... y se acabó.*

¿Qué significa ser una figura de autoridad para sus hijos? ¿Ejerce usted la autoridad inspirando el miedo en los demás para que así lo respeten? El miedo hace que los niños entiendan que no deben hacer algo, pero no los ayuda a entender por qué deben o no hacer algo. El problema es que cuando surge otra situación que al niño le parece diferente, puede repetir el mismo error ya que no se le ha explicado por qué debe o no hacer ciertas cosas.

No podemos enseñar a un niño a que haga o no haga algo por miedo al castigo. Usted puede frenar el comportamiento de un niño de doce, nueve o siete años que le discute pegándole, alzando la voz o negándose a "discutir el asunto" con él, pero no detendrá la motivación de ese comportamiento y éste se manifestará de otra forma.

Tenemos que enseñar a nuestros hijos con métodos que quizás nuestros padres no conocían. Tal vez nos disciplinaron tomando las decisiones por nosotros porque ellos "sabían qué era lo mejor", o sencillamente, para que no los molestáramos más. Posiblemente si había muchos niños en la familia, no había tiempo suficiente para explicar el "por qué" de las cosas a cada uno. La mayoría de nuestros padres no tenía acceso a la información sobre el desarrollo infantil que tenemos hoy. El problema para las madres y los padres actuales es, ¿cómo podemos enseñar a nuestros hijos —que son curiosos por naturaleza, y que están tratando de aprender más sobre la vida tanteando los límites personales y ajenos— el modo "correcto" de comportarse? ¿Cómo podemos ayudarlos a que aprendan a tomar las decisiones apropiadas por sí mismos?

Observemos el comportamiento de los hijos de Rick y Donna ("que les contestan irrespetuosamente a sus padres") y veamos si podemos entender con más claridad la dinámica de esta familia. Como con todo comportamiento inapropiado, los padres necesitan descubrir por qué sus hijos actúan de esa manera:

❦ ¿Se enojan los niños sencillamente porque no pueden hacer lo que quieren?

❦ De ser así, ¿por qué les resulta intolerable el no salirse con la suya?

❦ ¿Es porque los niños, por lo general, sólo quieren HACER lo que les place?

❦ ¿Quién tiene la culpa de eso?

❦ ¿Estarán ellos molestos por algo que está sucediendo en la familia y que no se habla?

❦ ¿Le explicaron Rick y Donna a sus hijos por qué se toman ciertas decisiones?

❦ De ser así, ¿entienden los niños esas razones?

❦ ¿Se tratan Rick y Donna con respeto y tratan a sus hijos también así, de manera que entiendan qué se espera de ellos?

❦ ¿Aprenden los niños a comportarse irrespetuosamente de sus amigos o de la televisión?

❦ ¿Supervisan Rick y Donna con quiénes juegan sus hijos y qué programas de televisión miran?

Los niños necesitan saber que sus padres son quienes toman las "decisiones finales" y que ellos tienen que obedecer su autoridad. Sin embargo, también tenemos que respetar a nuestros hijos. Es necesario respetar sus sentimientos, sus intereses y su individualidad. Debemos recordar que los niños ponen a prueba los límites de sus padres siendo ésta una fase normal de su desarrollo evolutivo. Ellos necesitan ver hasta qué punto pueden ejercer su propia voluntad, mientras que los padres mantenemos nuestra actitud sólida, madura y estable con límites precisos.

Nuestros hijos necesitan el espacio suficiente para experimentar consigo mismos y para aprender a controlar su conducta, pero necesitamos brindar la orientación y guía paterna necesarias para que ellos sepan lo que está bien y lo que está mal. Nos comprometimos con esta responsabilidad cuando decidimos ser padres. Aun cuando a veces parezca lo contrario, con el tiempo nuestros hijos aprenderán a tomar buenas decisiones por sí mismos, y nos sentiremos muy satisfechos por el esfuerzo que hemos realizado.

UN COMENTARIO SOBRE "IRSE AL OTRO EXTREMO"

Sé a lo que Rick se refiere cuando dice que a veces los padres "se van al otro extremo" cuando disciplinan a los hijos. Las familias latinas tienen tradicionalmente un estilo más autoritario para educar a los hijos. Es así como algunos adultos que, de niños, fueron tratados de forma demasiado rígida, tratan de hacer exactamente lo contrario con sus propios hijos. Estos padres juran que nunca serán estrictos con sus hijos. Quieren permitir que los niños sean "libres" como ellos nunca pudieron ser.

La mayoría de nosotros sabe que debe existir un equilibrio en las normas de disciplina. Muy a menudo veo a padres que no les ponen límites a sus hijos. Llego a una sala de espera, por ejemplo, y veo a los niños corriendo descontroladamente, haciendo lío, gritando, y sus padres no les dicen ni una palabra. Tal vez esos padres hayan sido maltratados o castigados físicamente o criados con negligencia cuando eran niños y ahora son reacios a disciplinar a sus hijos.

Por supuesto, eso no es beneficioso para los niños (ni muy agradable para quienes deben estar cerca de ellos). Los niños no aprenderán a controlarse a menos que sus padres les enseñen cuál es el comportamiento correcto. Si los niños no aprenden las normas de convivencia cuando son pequeños, les costará mucho trabajo relacionarse con otros niños y luego con otras personas a lo largo de su vida.

ESMERALDA Y ELENA: ¿POR QUE LOS ADOLESCENTES Y SUS PADRES NO LLEGAN A ENTENDERSE?

Cuando Esmeralda me habló por primera vez, su hija Elena pasaba por una crisis. A pesar de que la rescataron a tiempo para frustrar su intento de suicidio, esta muchacha de quince años atravesaba un momento peligroso de su vida. Esmeralda me dijo que nunca hubiera creído que la vida de su hija tomaría ese curso. Pensaba que ella y sus hijos tendrían una vida muy exitosa:

Era madre y no tenía esposo cuando vine a los Estados Unidos de El Salvador. Deseaba estudiar y superarme. Ese era mi sueño y estaba segura que lo lograría. Pero la vida aquí era muy diferente de cómo la había imaginado. Tuve que trabajar muchísimo para mantener a mis hijos. Durante años limpié casas, fue el único

trabajo que pude encontrar. Después de unos diez años, obtuve
empleo en una oficina... ¡fue un gran avance! Por fin, ahora estoy
tomando clases en un "college" y me siento muy orgullosa. Mi hija
mayor también está en el "college" obteniendo buenas
calificaciones.

Pero este problema con Elena me ha trastornado. Siento que no
la conozco, que nos hemos distanciado mucho.

No es fácil criar a un hijo sin la ayuda del otro padre, con la responsabilidad de ser madre y padre a la vez. Aunque Esmeralda le había enseñado a sus hijas los valores que consideraba correctos y había sentado un buen ejemplo trabajando arduamente para tener una mejor calidad de vida, no siempre tenía el tiempo para enterarse en qué andaba su hija menor. Trabajar, ir a la escuela por la noche y ocuparse del hogar no dejaban tiempo para muchas otras cosas. Sin embargo, el distanciamiento entre Esmeralda y Elena no se debía sólo a una cuestión de tiempo. Aun cuando estaban juntas en la casa, madre e hija casi nunca hablaban de cosas realmente relevantes. ¿Por qué?

En realidad, en aquel momento, Esmeralda no creía que hubiera nada malo en la manera que ella y Elena se relacionaban. Cuando le pregunté qué sucedía cuando estaban juntas, esto fue lo que me dijo:

Hablábamos de qué íbamos a cocinar para la cena, a quién le
tocaba lavar la ropa, o cuánto ruido habían hecho los vecinos la
noche anterior. Bromeábamos sobre un programa de televisión o
sobre algo que había sucedido en el vecindario. Nos llevábamos
bien. No peleábamos ni nada por el estilo. Yo creía que teníamos
una relación muy buena.

En realidad, la cuestión se trataba de lo que NO sucedía entre Esmeralda y Elena. Ellas no compartían sus sentimientos ni sus inquietudes. No sabían lo que era ser franca la una con la otra. Esmeralda me contó que fue sólo después del intento de suicidio que su hija admitió no sentirse cómoda de contarle sus problemas. Ella creía que su madre no entendería lo que le sucedía. Tal vez tenía razón.

Tener una comunicación franca entre padres e hijos no era algo que Esmeralda había aprendido de sus padres. Ellos se ocuparon de ella cuando era niña, atendieron a sus necesidades, la quisieron y la disciplinaron. Pero hablar de las preocupaciones o de temas más íntimos no fue parte de la rutina familiar. No pareció ser necesario. Como en muchos de nuestros países de origen, el resto de la familia participaba en la educación de los niños. Por lo general, ellos seguían el modelo tradicional establecido por los mayores, no sólo por sus padres. Esmeralda siempre tuvo una tía favorita a quién recurrir, o una prima que era unos años mayor que ella y que le servía como ejemplo. Y todos los adultos cuidaban a los pequeños. Nunca hubo temor de que no se les brindara a los niños suficiente atención, amor o disciplina.

Sin embargo, había otro aspecto en la niñez de Esmeralda que era muy diferente al de su hija. En El Salvador no había la serie de alternativas que existen en nuestra diversa cultura estadounidense. Por eso, tomar decisiones apropiadas nunca fue tan difícil para Esmeralda como lo era ahora para Elena. Esmeralda se comportaba de la forma en que sus padres, abuelos y tíos esperaban, y socializaba con aquéllos cuyo entorno cultural y valores eran idénticos a los de ella.

Le expliqué a Esmeralda que, debido a todas esas diferencias en la educación de los niños en los Estados Unidos, es importante que los padres latinos desempeñen un papel más activo en la misma. Es necesario que Esmeralda se sienta más cómoda discutiendo diversos temas con Elena, para que su hija pueda recibir la guía que la ayude a distinguir entre tantas alternativas positivas y negativas que se le presentan. Tal vez este tipo de comunicación y guía no haya sido necesaria en El Salvador (o en tantos otros países latinoamericanos), pero es esencial en los Estados Unidos.

Una de las razones por las que Elena empezó a relacionarse con malas compañías, fue porque buscaba aceptación para definir su identidad a través de sus amigos. Trataba de descubrir quién era y encontrar un lugar entre sus compañeros protagonizando el papel de la "salvadora". Para ello, estableció una relación estrecha con un muchacho que tenía problemas emocionales y familiares muy serios. Pero cuando él la rechazó, la nueva identidad de Elena, la que había creado independientemente de su madre, se sintió atacada, humillada y aborrecida.

Intentó suicidarse porque el joven ya no la necesitaba ni la valoraba y porque no sentía que Esmeralda la aceptaba como ella era. Entonces concluyó que nadie la quería y por lo tanto, no valía la pena vivir. Le hubiera gustado recurrir a su madre en busca de consuelo, pero no podía, ya que no podía cumplir con las expectativas de Esmeralda de ser la hija modelo. En casa, Elena llevaba la máscara de la hija obediente, pero era alguien totalmente diferente cuando estaba con sus amigos. Básicamente, llevaba una doble vida. Estaba confundida, pero no era capaz de expresar su confusión ni de pedir ayuda.

Elena es una muchacha cariñosa que se preocupa por los demás, pero está en pleno proceso de definirse como persona, y desafortunadamente, se había involucrado con un grupo de jóvenes mucho más conflictivos y pleitistas. Con el apoyo adecuado de su madre, probablemente sea capaz de descubrir qué quiere en la vida y evitar el tipo de desesperación que la condujo a intentar suicidarse.

Hoy día, Esmeralda y Elena están aprendiendo a comunicarse mucho mejor. Si bien antes Esmeralda había sido muy autoritaria y exigente con Elena, hoy sigue estableciendo límites, pero también está empezando a conocer quién es realmente su hija, qué siente, qué piensa y qué quiere. Está aprendiendo a respetar su individualidad.

Madre e hija pueden hablar ya sobre sus diferencias y aceptarse mutuamente como seres únicos y distintos. Elena está aprendiendo a preguntarle a su madre: "¿Qué significa para ti cuando quieres que me comporte de una u otra manera? ¿Cuáles son los valores que sustentan esa regla que estableces?", para así entender la lógica de las pautas de su madre.

La experiencia de casi perder a su hija le enseñó a Esmeralda que el sueño americano tiene su lado oscuro. En los Estados Unidos, nuestros hijos están expuestos a cuestiones que nunca tuvimos que enfrentar en nuestro país de origen. Nuestros hijos corren el peligro de las pandillas, la droga y el embarazo en la adolescencia, y también están influidos por ciertas actitudes y valores de otros jóvenes de este país. Los adolescentes estadounidenses no parecen respetar ni a la autoridad ni a sus mayores en la misma dimensión como acostumbrábamos la mayoría de nosotros. Por lo general, rebelarse contra los padres se ve como algo "cool". Y si bien gran parte de ese comportamiento rebelde es inofensivo, éste puede conducir a muchos jóvenes por un mal camino.

Tengo la esperanza de que Esmeralda y Elena serán capaces de superar dichos obstáculos. Ellas se quieren y si se esmeran por mejorar la comunicación entre ambas, los temores de Esmeralda por el bienestar de su hija se aliviarán enormemente.

El peligro del suicidio juvenil

Como Esmeralda, la mayoría de los padres latinos están tan preocupados por el peligro de la droga, el alcohol, las relaciones sexuales promiscuas en la adolescencia y las pandillas que pasan por alto un peligro aun mayor: el suicidio juvenil. Las estadísticas son alarmantes. De acuerdo a las nuevas cifras recopiladas por los Centros para el Control de las Enfermedades, entre 1980 y 1993, el índice del suicidio juvenil aumentó en un 120 por ciento entre los niños de diez a catorce años, y casi un 30 por ciento entre los de quince a diecinueve años. En 1993, se suicidaron 315 adolescentes del grupo más joven y 1.884 del grupo mayor. Lo que es tal vez aun más alarmante es que un estudio realizado en 1993 por la misma entidad, con 16 mil alumnos de la escuela secundaria, descubrió que uno de cada doce jóvenes reportó haber intentado suicidarse el año anterior.

Las historias detrás de las estadísticas son trágicas, aunque, como adultos, nos parezca que no existen razones válidas para que un joven se quite la vida. Sin embargo, muchas jovencitas y jovencitos como Elena comienzan a contemplar el suicidio cuando sienten que no tienen a quién recurrir, que sus padres y/o sus compañeros no los quieren ni los aceptan. Los jovencitos sienten y reaccionan muy extremadamente; lo que a nosotros nos puede parecer un problema que tiene solución (perder una relación, ser criticado por los demás), para ellos es un golpe devastador e insuperable.

Generalmente, los padres no tienen en cuenta que los adolescentes ven el suicidio como una posible solución a sus problemas. Si bien, a veces, el objetivo del intento de suicidio es llamar la atención y pedir ayuda, demasiado a menudo ese intento tiene éxito y se pierde una vida joven. Y cuando la droga está de por medio, el suicidio se convierte en una amenaza aun mayor.

No hay respuestas sencillas para evitar el suicidio juvenil, pero es importante asegurarse de tener una buena comunicación con sus hijos, para que ellos sepan que pueden contar con usted para escuchar sus problemas y para darles el apoyo y el amor que necesitan. Esto contribuirá enormemente a prevenir el aislamiento emocional que puede traer como resultado una pérdida trágica.

LA HISTORIA DE JESSICA: "CREI QUE COMO ESTABA ENAMORADA, NO IBA A QUEDARME EMBARAZADA"

YO *pertenecía a una pandilla y me vestía como "chola". Después de la escuela, invitaba a los muchachos a venir a mi casa*

mientras mis padres estaban en el trabajo. Eramos unos diez.
Escuchábamos música a todo volumen, bebíamos cerveza y nos
divertíamos a todo dar.

Mi hermano de ocho años me dijo que esa gente no me convenía,
porque andaba en la droga. Después de un tiempo, comencé a
preocuparme cuando me dijo: "Estás fumando marihuana, yo también
quiero probar". Eso me hizo pensar que debía parar. Pero no quería
dejar a mis amigos, pues éramos ya como una familia.

—Jessica, 13 años

De pequeña, sus padres comentan que Jessica era un encanto de niña. Siempre se portaba bien, obtenía buenas calificaciones en la escuela, se vestía bien y nunca les daba dolores de cabeza. Pero ahora todo ha cambiado. A los trece años, le gustan las pandillas, ya ha probado la droga, quiere dejar la escuela y acaba de hacerse un aborto.

Las fuerzas que condujeron a que Jessica eligiera esas alternativas son semejantes a las que motivan a muchos de nuestros jovencitos latinos: la presión de los compañeros, su distanciamiento de los padres, la falta de guía y la evidente ausencia de oportunidades que ellos perciben.

Jessica está en una edad en la que pertenecer a un grupo y sentirse aceptada por sus compañeros es de suprema importancia. Estas necesidades se acrecientan por el distanciamiento de sus padres. De hecho, hay algunas razones valederas por las que Jessica siente que sus padres no la aceptan como ella es. He aquí cómo ella lo describe:

Mi madre siempre me compara con todas las otras muchachas
de la familia y con todas las hijas de sus amigas. ¿Por qué no
puedo yo ser como ellas? Ellas han logrado tal cosa y se peinan de
tal forma... o reciben tal premio en la escuela o tal otro. Y mi padre

habla de mis primos y de cómo ellos ya saben lo que quieren, que
van a entrar en el ejército o en la universidad, o que les interesan
mucho los deportes. No quieren que me vista de la manera que a
mí me gusta, me comparan con todo el mundo y no me dejan ser
quien soy.

Como sucede con frecuencia con los adolescentes, las críticas
de los padres de Jessica invitan a que ella quiera hacer exactamente lo contrario. Me contó que quería ser "lo opuesto de lo que
quiere mi mamá". Le pregunté por qué y me contestó que no
sabía. Pero a medida que continuó nuestra conversación, Jessica se
dio cuenta de que estaba molesta con su mamá porque no la escuchaba, porque no le hablaba... de la manera en que sí lo hacían
sus amigos. Cuando le pedí que me contara más sobre sus amigos,
descubrí que la capacidad de ellos para apoyarla era limitada, y
cuando llegaban a cierto punto de complejidad, recurrían a la
droga como solución.

Yo parecía caerles bien a mis amigos. Eran como mi familia, la
clase de familia que yo siempre quise tener. Por la manera en que
la vida me trataba, solía sentir que nadie me quería. La gente que
pertenecía a la pandilla me apoyaba, me ayudaba
incondicionalmente. Cuando tenía problemas, podía hablar con
ellos. Me escuchaban y me entendían. Pero después que llegaron a
conocerme, comenzaron a cambiar. En lugar de escucharme, me
decían: "Fuma esto [marihuana] y olvídate de todo".

Entretanto, Jessica conoció a Antonio. En realidad lo conoció por
teléfono, a través de un amigo, y por sus conversaciones, Jessica
creyó que él tenía interés en ella. Antonio no pertenecía al vecindario, pero también era un "cholo". El no les cayó bien a los cholos
del vecindario y éstos lo amenazaron con pegarle si lo encontraban
en la zona. Se trataba de una amenaza de muerte y Jessica se asustó
ya que ella había presenciado cómo le habían disparado a un amigo

suyo desde un automóvil que pasaba. La posibilidad de perder a Antonio y el aparente deseo de éste dearriesgar su vida por ella, hicieron que Jessica se enamorara aun más.

Comenzaron a desarrollar una relación más íntima, incluso sexual. Jessica se quedó embarazada de Antonio. Lo que fue una experiencia devastadora para sus padres fue, al principio, una alegría para Jessica. Ella lo cuenta de este modo:

> *Antonio y yo fuimos juntos al médico. Cuando el doctor me dijo que estaba encinta, comencé a llorar, pero Antonio me consoló: "No llores, deberías estar feliz como yo". Los dos estábamos luego muy contentos y planeamos cuidar al bebé juntos y permanecer unidos. ¿Por qué estaba yo tan feliz? Porque por primera vez en la vida, iba a tener algo que era mío.*

Cuando Jessica les contó a sus padres que iba a tener un bebé, ellos se enojaron. Fue una profunda desilusión con su hija. Ella les dijo que no lo había hecho a propósito, pero que amaba mucho a Antonio.

Al explicarme cómo había ocurrido el embarazo no planeado, Jessica me confesó: "Creí que como estaba enamorada, no iba a quedarme embarazada. Ese fue un acto de amor, no algo que hice a propósito para tener un hijo".

Sus padres insistieron en que se hiciera un aborto y Jessica se horrorizó. En realidad, la amenazaron: si no se hacía el aborto, la enviarían a México y se encargarían de que su novio acabara en la cárcel. Jessica no tuvo alternativa.

Los padres de Jessica le explicaron a su hija que un bebé destruiría sus oportunidades de terminar la escuela secundaria, de ir a la universidad y de tener un futuro profesional. No sólo eso, sino que también el bebé sufriría las consecuencias de tener padres que todavía no eran maduros para esa función. Ellos le aclararon que tener un bebé no sólo es un proceso fisiológico, sino que criar y educar a un niño exige una experiencia de vida y habilidad que no tienen todavía una niña de trece años ni un chico de dieciséis.

La historia de Jessica —y la de muchas otras como ella— nos lleva a plantearnos una serie de preguntas. ¿Por qué los padres esperan hasta después de un embarazo de sus hijos adolescentes para tratar temas sexuales con ellos? ¿Por qué tantos parecemos ignorar la verdad sobre lo que sucede en la vida de nuestros hijos? ¿Y por qué nuestras jóvenes sienten que tener relaciones sexuales a temprana edad y una maternidad antes de tiempo son las únicas vías para sentirse apreciadas y amadas, o que por fin van a tener algo propio?

En mis conversaciones con adolescentes, he visto que todavía existe, entre la gente joven, algunos mitos asombrosos sobre el sexo y el embarazo. Por ejemplo:

—Si es la primera vez, no vas a quedarte embarazada... porque tu himen actúa como barrera, como un diafragma.

—Si el muchacho controla la situación, él se asegurará que no quedes embarazada. Confía en él.

—Todas mis amigas ya tienen relaciones sexuales y ninguna se ha quedado embarazada. Así que, ¿por qué me va a pasar a mí?

Aunque las estadísticas muestran que un 50 por ciento de las jóvenes estadounidenses y un 55 por ciento de los adolescentes varones entre quince y diecinueve años ha tenido relaciones sexuales al menos una vez, lo que escucho en mi consultorio es que muchos comienzan a tener relaciones sexuales aun antes de esa edad. Es un hecho que todos los años un millón de jovencitas se quedan embarazadas y que una tercera parte se hace un aborto. En los Estados Unidos, todos los días nacen 302 bebés latinos de madres menores de edad. Y, sin embargo, los padres a menudo creen que la manera de prevenir el embarazo es no hablar sobre el tema.

Si usted no conversa con sus hijos sobre temas sexuales, seguramente ellos lo hablarán con sus amigos y tomarán decisiones basándose en el tipo de razonamiento que señalé anteriormente. Por lo tanto, ¿qué debemos explicarles a nuestros hijos sobre las relaciones sexuales? ¿Es suficiente informarles cómo una mujer se queda embarazada o advertirles que se abstengan de tener relaciones hasta que se casen?

Escucho a muchos padres latinos decirles a sus hijas: "Tienes que respetarte" o "¿Qué va a decir la familia si te quedas embarazada?" Pero esos comentarios para convencer a su hija de que permanezca virgen, por lo general, son infructuosos ya que a las jovencitas les preocupa menos lo que digan sus parientes que si su novio las abandonará. A menudo lo que las convence de tener relaciones sexuales es el temor de que su novio se vaya con otra que sí esté dispuesta a hacer el amor con él. Por otra parte, los varones se sienten presionados a probar su masculinidad y a competir con sus compañeros. Ellos consideran que la manera de hacerlo es tener relaciones sexuales con cuantas muchachas puedan, o "anotándose un tanto" por cada una de ellas.

Creo que en las conversaciones con nuestros hijos sobre el sexo, no sólo debemos hablar de datos fisiológicos del embarazo, del peligro de "deshonrar" a la familia, o del miedo al SIDA y a otras enfermedades venéreas. Debemos también reconocer las necesidades psicológicas de nuestros hijos e hijas jóvenes, tanto así como los cambios fisiológicos de su cuerpo. La gente joven necesita amistad, amor y contacto afectivo con sus compañeros, al igual que los adultos. Debemos comunicar a nuestros hijos que entendemos su deseo de sentirse cerca de un novio o una novia. Nuestros hijos necesitan respuestas honestas, realistas y consideradas a preguntas como: "¿Por qué no debo hacer el amor con alguien que amo o que siento cerca mío?"

Cada padre debe contestar preguntas como ésas de acuerdo a sus propios valores y creencias. Cuando le explique a sus hijos lo que significa la relación sexual entre dos personas y cuál podría ser la edad apropiada para comenzar a tener relaciones sexuales, indíqueles que usted no ignora sus necesidades físicas y emocionales. También explíqueles que la adolescencia es una época para hacer muchos amigos, para socializar y divertirse, para estudiar y prepararse para un futuro y para descubrirse a sí mismos. Resulta contraproducente cuando la maternidad o la paternidad prematura interfieren en el proceso de formación de la identidad.

En las familias latinas, aunque no siempre se hable de eso, a los varones se les da mucha mayor libertad sexual, porque no son los que quedarán "embarazados" y a menudo no participan en la crianza de los hijos. Los padres deben enseñarles a los hijos varones que si dejan embarazada a una muchacha, ellos también quedan "embarazados". Tanto él como la muchacha vivirán el proceso de tener un niño y compartirán la responsabilidad de criarlo.

Sin embargo, no es suficiente advertir a los varones sobre su responsabilidad en el embarazo y prevenirlos sobre las enfermedades que se transmiten sexualmente. Desde edad muy temprana, los padres deben cultivar el sentido de responsabilidad tanto en el varón como en la niña. Entonces, cuando surjan cuestiones referentes al sexo, los adolescentes ya tendrán el criterio para tomar decisiones responsables reflejando la sensatez que hayan desarrollado hasta el momento.

Me gustaría añadir que hablarle a un hijo varón sobre el sexo no es sólo tarea del padre, como muchos creen. También una madre debe hablarle a su hijo varón sobre el tema, enfatizando la responsabilidad y el respeto hacia la mujer. Los niños varones —sobre todo los latinos— respetan a su madre y deben aprender de ella que toda mujer merece respeto. Actuar responsablemente con relación al sexo opuesto significa tratar a una mujer con el mismo respeto que uno quisiera que trataran a su hermana o a su madre.

¿COMO PODEMOS MOTIVAR A NUESTROS HIJOS?

A los trece años, Jessica ya comenta que no quiere terminar la escuela secundaria porque no está interesada en tener una profesión. "¿Para qué?", pregunta ella, si lo único que desea es tener una familia numerosa. Su madre tiene cinco hijos y eso es lo que Jessica también quiere. Cuando le pregunto: "¿Y si tu esposo muere o te abandona, cómo mantendrás a tus cinco hijos?", ella me responde: "Me casaré con otro".

Por desgracia, Jessica no ha estado en contacto con mujeres que brinden otro tipo de ejemplo, es decir, con latinas que han establecido una vida profesional exitosa. Y esto es muy importante para que ella pueda darse cuenta de sus propias posibilidades. Hace muy poco tiempo que las latinas han comenzado a triunfar académica y económicamente en los Estados Unidos, y aquéllas que hemos tenido la fortuna de alcanzar nuestras metas tenemos que hacernos cargo de inspirar a las jóvenes de nuestras comunidades. Cuando los padres y los miembros de las familias latinas transmiten el mensaje —ya sea verbal o no— de que las mujeres deben quedarse en el hogar y desempeñar el papel tradicional de madre y esposa, les limitan a sus hijas la visión de su futuro.

Las jóvenes no son las únicas personas de la comunidad latina a las que les falta motivación. Hace poco participé en un programa en el Este de Los Angeles que invitó a profesionales latinos a las escuelas secundarias para hablarles a los estudiantes sobre posibles profesiones. Había muchos estudiantes brillantes con grandes aspiraciones y fue un placer ver ese entusiasmo en nuestros jóvenes. Pero también escuché mucho derrotismo.

Un muchacho de quince años preguntó: "¿Para qué voy a estudiar una carrera? Sé que no hay nada más para mí después de la secundaria. Sé que no me quieren en la universidad y que no me ofrecerán buenos trabajos por ser latino. Sé que sólo hasta aquí puede llegar mi educación".

Esas palabras me resultaron devastadoras porque proyectaron la limitada imagen que ese adolescente tiene de sí mismo y de lo que puede hacer en la vida. ¿De dónde proviene esa imagen negativa? Como hemos dicho, proviene de la falta de modelos para nuestros hijos, pero también de maestros que no se toman el tiempo para inspirar a nuestros jóvenes, de las imágenes negativas de la televisión y de las películas que constantemente personifican a los jóvenes latinos como pandilleros o delincuentes, y de los políticos y otros que degradan a nuestra gente al estereotiparnos como personas carentes de iniciativa y empuje.

Pero debemos también aceptar la responsabilidad, al menos parcial, por la imagen negativa de sí mismos que tienen nuestros hijos. Como padres, debemos hacer un esfuerzo para inculcar la esperanza, el valor y la fuerza de voluntad en nuestros niños. Debemos entusiasmarlos con lo que ellos pueden hacer en la vida. Es cierto que nuestra lucha es más ardua al ser latinos en una sociedad que ofrece privilegios a quienes tienen dinero y que coloca obstáculos en el camino a quienes no tienen el mismo estatus. Pero aun así, existen oportunidades para aquéllos que están dispuestos a aprovecharlas.

¿Cómo puede un padre inspirar a alguien como el joven de quince años, que no vislumbra más futuro que un trabajo con salario mínimo? ¿Cómo inspirar a alguien como Jessica, que no ve otra alternativa que ser madre en la adolescencia? A menudo me pongo como ejemplo y hablo con jóvenes a solas. Esto es mucho más efectivo que una "charla" en grupo, en la cual se les dice que tienen que terminar la escuela porque en el futuro les hará falta una carrera, porque tendrán que mantener una familia, etcétera. Los niños y los adolescentes no piensan mucho en el futuro... pero sí se les puede motivar a que piensen en cosas que a ellos les gustan. Cuando conversa con ellos, hábleles honestamente de usted mismo y de sus experiencias en vez de concentrarse solamente en ellos. Estimule a la gente joven a aprovechar las oportunidades de la vida para llegar a ser y hacer lo mejor de sí mismos. Por ejemplo, yo comienzo diciendo algo así:

Yo no sé cómo hace la gente que pasa ocho o diez horas en el trabajo haciendo algo que odia. Debe ser muy difícil. Yo, en particular, estoy muy contenta con mi vida, con tener un trabajo que realmente me gusta. Estoy muy agradecida a las oportunidades que he tenido y orgullosa de mi propio esfuerzo. Realmente espero que tú puedas tener un trabajo que disfrutes. Prepárate para poder hacerlo.

Si usted no disfruta de su trabajo, cuénteles por qué no y cuánto quisiera que la vida fuera diferente para ellos, cuánto quisiera que ellos descubrieran lo que los hace felices. Además, déles un ejemplo de alguien que ellos conozcan que esté satisfecho con el tipo de trabajo que tiene. Luego, pregúnteles sobre sí mismos. La conversación con su niño o adolescente podría ser como la siguiente:

PADRE (MADRE): ¿Qué te gusta, qué te interesa?

HIJO (HIJA): No sé. Nada.

PADRE: Bueno, dime qué te gusta hacer en tu tiempo libre, cuando no estás con tus amigos.

HIJO: Pues, dibujar. Sólo para divertirme, nada en serio.

PADRE: Es fantástico que te guste dibujar. A veces las cosas que hacemos como diversión son aquéllas a las que luego nos dedicamos de adultos.

HIJO: Pero yo sólo hago garabatos en la clase o hago dibujos locos cuando estoy en mi dormitorio.

PADRE: ¿Sabías que si desarrollas esa habilidad podrías convertirte en un artista gráfico y trabajar en publicidad? ¿O podrías dibujar historietas profesionales para compañías de animación de cine? ¿O hasta podrías convertirte en arquitecto si quisieras dedicarle más tiempo? Piensa si te gustaría tomar más cursos de

arte en la escuela o matricularte en alguna clase especial este
verano...

No requiere mucho esfuerzo de nuestra parte estimular el interés de una persona joven por su desarrollo. Necesitamos
mostrarles que nos preocupa lo que les suceda, que nos importa
saber qué los hace feliz y qué les causa ansiedad, y que estamos dispuestos a escuchar sus pensamientos y sus ideas. Debemos asegurarnos de que los jóvenes tengan acceso a buenos ejemplos y que
puedan proyectar su futuro. Cuanto antes comencemos, más posibilidades tendrán ellos de crear la vida que ansían para sí mismos
y el futuro mejor que tanto deseamos para ellos.

¿VALORAN SU EDUCACION LOS ADOLESCENTES LATINOS?

Las estadísticas muestran que los latinos en general están
adquiriendo una mejor educación escolar. En 1994, el porcentaje de latinos graduados de la escuela secundaria fue de un
60 por ciento para el grupo entre veinticinco y treinta y cuatro
años, comparado con el 40 por ciento para latinos mayores de
treinta y cinco años. Cerca de un 37 por ciento de los latinos de
mayor edad tenía un nivel educativo inferior al noveno grado,
comparado con el 21 por ciento de los latinos más jóvenes.
Pero, ¿aprecian nuestros jóvenes el valor que tiene la educación?
    Un estudio del profesor Marcelo Suárez-Orozco, de la Escuela
Superior de Educación de la Universidad de Harvard realizado en
1996, reveló que los adolescentes mexicanos que inmigran a los
Estados Unidos valoran más la escuela que los méxicoamericanos
de segunda generación o que los blancos*. Estas son las respuestas que dio cada grupo:

*Terminología usada en el estudio.

"Para mí, la escuela es lo más importante".

	SI	NO
Inmigrante mexicano	84 %	16 %
Méxicoamericano	55 %	45 %
Blanco	40 %	60 %

"Hacer mi tarea escolar es más importante que ayudar a mis amigos".

	SI	NO
Inmigrante mexicano	68 %	32 %
Méxicoamericano	36 %	64 %
Blanco	20 %	80 %

Los resultados del estudio muestran que los jóvenes inmigrantes que asisten a los grados superiores de las escuelas primarias y secundarias cerca de San Diego, en California, disfrutan más de la escuela y tienen un mayor respeto por las figuras de autoridad, tales como los directores, que los otros grupos. El estudio revela que mientras más se acostumbran los adolescentes a la cultura estadounidense, más consideran a la escuela como algo que no es "cool" (Fuente: *Los Angeles Times*, 22 de febrero de 1996).

En mi opinión, el estudio indica que los niños que vienen a los Estados Unidos de lugares donde las oportunidades educativas son más escasas, aprecian la escuela mucho más. Además, sus padres, que también son recién llegados a este país, insisten en la importancia y el valor de la educación. Por otra parte, a los jóvenes nacidos en los Estados Unidos les interesa más la vida social: salir con su novio o novia, o estar con sus amigos. Es una cuestión de prioridades. Se invierte el tiempo en lo que uno considera más valioso. Los inmigrantes realmente nos esforzamos por superarnos, pero a menudo perdemos ese impulso cuando damos por sentado nuestras oportunidades. Como padres, necesitamos asegurarnos de inculcar en nuestros hijos un entusiasmo y aprecio por la educación.

Otro estudio en el cual participaron escolares del décimo y duodécimo grados y que fue dirigido por el Centro de Investigación sobre Política de Inmigración de la Corporación Rand, descubrió que las aspiraciones educativas de los latinos se reducen considerablemente cuanto más tiempo vivan en los Estados Unidos. Los investigadores especulan que esta diferencia de aspiraciones entre los inmigrantes latinos y los latinos nacidos en los Estados Unidos puede estar relacionada a la falta general de progreso económico de los latinos, infundiendo tanto a los adultos como a sus hijos a que se sientan pesimistas sobre su futuro cada vez que reconocen las limitaciones laborales y sociales actuales que se les impone (Fuente: *Los Angeles Times*, 3 de julio de 1996).

Esto significa que muchos de nuestros jóvenes no se sienten motivados para seguir estudiando y obtener un trabajo o una profesión mejor que la de sus padres, porque consideran que sus oportunidades de triunfar son mínimas. Aunque las dificultades del lenguaje, las diferencias culturales, la discriminación y las limitadas oportunidades educativas sean obstáculos para la mayoría de nuestros adolescentes, debemos combatir el pesimismo que pueda interferir con el futuro de nuestros hijos. Su éxito depende de nuestra participación en su vida, el estímulo y ejemplo que brindemos, y de cuán firmemente expresemos nuestro "¡Sí, se puede!"

EL RACISMO LLAMA A LA PUERTA

En cuanto a la educación de los hijos, hay un tema específico que es muy importante para nuestra comunidad latina, y que mi esposo y yo tuvimos que confrontar recientemente con una de nuestras hijas. El tema es el racismo dirigido hacia los hijos. Compartiré con ustedes el incidente que ocurrió en nuestra familia.

COMO ALIMENTAR LA AUTOESTIMA DE NUESTROS HIJOS 165

Gabriela, nuestra hija de diez años, fue un día a la escuela vestida como Pocahontas, la india nativa de América del Norte, para celebrar el "Día de las primeras misiones de California". Por desgracia, ella se confundió de fecha y llegó con el disfraz el día equivocado, convirtiéndose así en el blanco de las bromas de los otros chicos. Sintiéndose avergonzada, se hecho a llorar cuando mi esposo, Alex, fue a buscarla para que se cambiara de ropa. La vergüenza de Gaby, y la actitud consoladora y tranquila de su padre por la confusión del disfraz hicieron que ella se sincerara con Alex y le contara sobre algunos otros incidentes que la habían molestado, y que nunca había mencionado. Un muchacho de la escuela se había estado burlando de ella diciéndole: "¡Mexicana, mexicana, mexicana!", con un tono despectivo y degradante. Esto había estado ocurriendo durante un par de meses.

Gabriela es una niña muy inteligente y siempre es muy considerada con los demás. Alex y yo hemos tratado de educarla en una atmósfera sana de justicia y tolerancia. El comentario del muchacho la había hecho sentirse terriblemente mal, pero no nos había contado nada —a pesar de que ella, por lo general, es muy franca con nosotros— hasta que el incidente del disfraz hizo que sus emociones se desbordaran. Creo que pensó que podía manejar el problema sola, que en realidad no le molestaba. Pero, obviamente, se sentía herida.

Alex fue a hablar con el director de la escuela, quien le dijo: "Eso refleja la forma de pensar del hogar de ese muchacho, pues ésos no son los valores que enseñamos en esta escuela". Y Alex respondió: "Sí, estoy seguro de eso. Sin embargo, hay que confrontar el asunto. Si lo dejamos pasar, los niños percibirán que esta clase de comportamiento racista es aceptable".

Así que el maestro citó al muchacho y a sus padres. Gabriela también tenía que asistir a la reunión. Antes de que fuera a la oficina del director, le explicamos a Gabriela que probablemente el muchacho iba a negar lo que había dicho, pero que ella iba a tener que decir la verdad sin importar lo que él dijera. Naturalmente, el

muchacho negó haber molestado a Gabriela. Pero ella, a pesar de
su llanto, lo confrontó de manera muy directa, exponiendo los hechos tal cual fueron. "No. Tú no estás diciendo la verdad. Me has
dicho eso muchas veces, inclusive ayer, y hay otros que también te
oyeron, no sólo yo". El muchacho no tuvo más remedio que admitir lo que había dicho.

Lo importante de esta historia es la necesidad de confrontar el
prejuicio racial, explicándoles a los niños que las burlas como éstas son inaceptables y no son graciosas. Los niños tienen que
aprender cuanto antes que insultar a los demás por ser diferentes
es algo totalmente inaceptable.

Gaby se sintió orgullosa de haber tenido la fortaleza de defender
lo que era justo. Se sintió apoyada por nosotros y por el director, y
estaba orgullosa de haber dicho la verdad. Estoy segura de que ésta
no será la última vez que tendrá que enfrentarse a comentarios
racistas. Pero la próxima vez, le resultará más fácil, porque ya tiene
la experiencia de saber defenderse con honestidad.

Aunque a los niños se les debe enseñar que el prejuicio racial es
casi siempre resultado de la ignorancia, eso no significa que ni
ellos ni ninguno de nosotros tengamos que soportarlo. Al rebe-
larnos contra los prejuicios, esclarecemos el tema y prevenimos el
racismo y la discriminación.

COMO ENSEÑAR LA TOLERANCIA A NUESTROS HIJOS

Por vivir en una cultura tan diversa como es la de los Estados
Unidos, es un desafío enseñarles a nuestros hijos a ser tolerantes con
aquéllos que son diferentes. En nuestras ciudades y comunidades
nos relacionamos con gente de diferente procedencia étnica, fe religiosa, orientación política y filosófica, diferentes costumbres, estilo
de vida, edad y sexo. Con tanta diversidad, es esencial respetar las
raíces culturales y las diferencias con los demás, mientras que debemos exigir que los demás también nos respeten.

Si nos quedamos callados cuando alguien dice algo denigrante sobre nosotros o cualquier otro grupo, en cierta forma aceptamos lo que dicen. Los latinos tendemos a conformarnos, y cuando nos critican, a menudo no decimos nada porque no queremos provocar una discusión. A veces, ignoramos un comentario negativo con la esperanza de que desaparezca el sentimiento que lo inspiró. Pero ésa no es la manera de erradicar el prejuicio. Cuando callamos, permitimos que persistan la ignorancia, la intolerancia y el racismo.

El respeto y la tolerancia son ingredientes esenciales para la evolución de la humanidad. Reconocer tanto las diferencias como las semejanzas que nos definen puede ayudarnos a realizar nuestro potencial como individuos y como sociedad. La mejor manera de transformar nuestra sociedad en una más tolerante es comenzar con nuestros hijos.

¿Cuándo tienen los niños edad suficiente para entender temas como el prejuicio y la tolerancia? Por lo general, cuando están en el preescolar o el kindergarten y empiezan a notar las diferencias individuales entre las personas: estatura, peso, cabello, rasgos faciales, color de la piel, religiones e idiomas diferentes; en realidad, cualquier tipo de diferencia. Aun en el caso de los niños pequeños, se les puede hablar de cuán diferentes somos todos. No hay dos personas que sean iguales, ni siquiera los gemelos. Inclusive si dos personas parecen iguales, siempre hay diferencias en la manera en que actúan, en lo que sienten, en sus habilidades especiales. Y eso es lo hermoso de la vida, que todos los seres humanos somos parecidos y diferentes al mismo tiempo. No hay razón para sentirse mejor o peor por ser diferente, porque todos somos únicos.

He aquí algunas sugerencias para que su hijo sea más tolerante:

1. Trate de conocer a aquéllos que son diferentes. Aprenda sobre su religión, sus costumbres, su condición social, sus puntos de vista políticos o filosóficos, edad y sexo.
2. Lea libros o vea películas que muestran y explican de una ma-

nera auténtica las diferentes culturas (Vea la "Lista de lecturas sugeridas para niños: diversidad/tolerancia", en el apéndice al final del capítulo).

3. Hable en contra de los estereotipos negativos ya sea del latino o de cualquier otro grupo, pues no hay estereotipo que pueda reflejar una verdad universal.

4. No tolere los chistes raciales, ya que éstos ayudan a mantener los estereotipos y a perpetuar la intolerancia.

5. Confronte a los que, por ignorancia, insultan con apodos denigrantes a los latinos o a cualquier otro grupo étnico. Cuando alguien lo ofenda de ese modo, pregúntele: "¿Qué quieres decir?" Esas tres palabras tienen el poder de detener cualquier mensaje de racismo, prejuicio o intolerancia.

6. Como hemos mencionado anteriormente, confronte cualquier prejuicio que pudiera existir dentro de su propia familia. Para eliminar el favoritismo basado en el color de la piel o la etnia, hay que empezar por casa.

7. Siéntase orgulloso de su identidad y de su origen para que sus hijos también valoren sus raíces culturales.

Respecto a este último punto, creo que demasiado a menudo les decimos a nuestros hijos que estén orgullosos de su cultura, pero no les decimos de QUE deben sentirse orgullosos. Si queremos que nuestros hijos conozcan su herencia cultural y satisfagan su curiosidad por conocerla, nosotros mismos tenemos que aprender más sobre ella. Necesitamos aprender sobre nuestra historia para desarrollar un sentimiento de auténtico orgullo por los logros de nuestros antepasados. Si no, corremos el riesgo de transmitir a nuestros hijos un orgullo vacío, que tiende a fomentar la actitud negativa de que "nosotros somos mejores que ellos".

Hay mucho que aprender acerca de nuestra historia y de nuestra cultura, acerca de los mayas, los aztecas, los incas, y de las contribuciones que cada una de esas importantes civilizaciones hizo a la humanidad. También es esencial explorar la cultura y las contribuciones de los latinos contemporáneos. Leer libros sobre nuestra herencia cultural —y compartirlos con nuestros hijos— constituye una inversión valiosísima para su sentido de identidad y de orgullo. Podemos leer sobre las culturas aborígenes de América, sobre las culturas africanas, nuestros ancestros españoles o de otros países de Europa, y también podemos leer las biografías de hispanos destacados tales como César Chávez, Bert Corona, Rubén Salazar y Rigoberta Menchú (vea las listas de lecturas sugeridas para niños y adultos en el apéndice al final de este capítulo).

Mi amigo Henry Barbosa es un poderoso ejemplo de una persona que siente auténtico orgullo de sus raíces. Se siente orgulloso de que, durante los años 20, su abuelo estuviera involucrado en la popular Guerra de los cristeros contra el gobierno mexicano, el cual perseguía a la Iglesia católica en esa época. Para él, ser mexicano es ser católico, estar conectado a la historia de México, a su música, a su comida, a sus danzas. El admira la calidez de los mexicanos, su compromiso con la familia y su respeto por los ancianos. Henry tiene una manera encantadora de expresar lo que tiene de especial y prometedor el mexicano:

> *Representamos la conjunción del Nuevo Mundo con Europa, la mezcla fortuita de culturas tan sofisticadas como la azteca y la maya con los españoles imperialistas. Chocaron, pelearon, pero también se mezclaron... y crearon al mestizo. Para mí, es como el renacimiento de la humanidad, una segunda oportunidad. Una nueva mezcla de gente en la que se integra lo mejor de las dos partes.*

LO QUE LOS PADRES PUEDEN BRINDARLE A UN HIJO

Las responsabilidades de los padres pueden a veces parecer interminables. Justo cuando ya hemos superado un obstáculo, tenemos otro delante nuestro. Tan pronto como cree que su vida se ha hecho más fácil porque el bebé ha aprendido a dormir toda la noche sin despertarse, empieza a perseguir al bebé de nueve meses que gatea por todos lados en busca de objetos para meterse en la boca. Y tan pronto como el niño deja de hacerse encima, debe enseñarle a "usar palabras" cuando se enoja con los compañeritos en vez de golpearlos. Así como damos de nosotros mismos a nuestros hijos cuando están creciendo, ellos nos recompensan de incontables formas: con su sonrisa, su curiosidad, su forma de ser y su amor.

En última instancia, nuestro amor constante es el mejor regalo que podemos darle a nuestros hijos. Les demostramos ese amor haciéndolos sentir seguros, instándolos a que intenten cosas nuevas por sí mismos, enseñándoles las miles de habilidades y lecciones de la vida que ya habrán aprendido cuando llegue el momento de irse de nuestro lado. Un padre o una madre que ama a su hijo es aquél que ayuda a ese niño a confiar en sí mismo, a ser un individuo capaz y dispuesto a amar y ser amado, alguien que aprecia su identidad y su origen.

En el próximo capítulo observaremos más de cerca el entorno personal del que proviene cada uno de nosotros. Aprender más sobre nuestra historia familiar y nuestras raíces personales nos ayuda a entender por qué nos sentimos y nos comportamos de la forma en que lo hacemos. Este conocimiento puede contribuir a una relación más saludable y satisfactoria con nuestros hijos y nuestra pareja.

Apéndice: Capítulo seis

Lista de lecturas sugeridas para niños: diversidad/tolerancia

All the Colors of the Earth (*Todos los colores de la Tierra*), por
Sheila Hamanaka
Los niños son de todos los colores de la Tierra, de todos los

matices tuyos y míos. Con un texto maravilloso y preciosas ilustraciones, este libro celebra la asombrosa diversidad de niños que ríen, aman y están llenos de vida (para niños entre los tres y los ocho años).

The Big Book for Peace (*El gran libro para la paz*)
Este libro especial fue creado por más de treinta autores populares e ilustradores de libros para niños. Repleto de historias, ilustraciones, poemas y hasta una canción, éste es un libro sobre los muchos tipos de paz que existen: paz entre gente de diferentes países, entre vecinos cercanos, entre personas de diferentes razas y entre miembros de una familia (para niños de seis años en adelante).

We Are All Special (*Todos somos especiales*), por Arlene Maguire
Usando rimas y preciosas ilustraciones, este libro muestra que somos de todos los colores y tamaños, que disfrutamos de diferentes cosas, y que todos somos únicos y especiales. Ayuda a los niños a aceptar a los demás y a amarse a sí mismos (para niños entre los tres y los ocho años).

Who Belongs Here?: An American Story (*¿Quién es de aquí?: Una historia estadounidense*), por Margy Burns Knight
Este libro que trata asuntos de inmigración, racismo y tolerancia ayuda a los niños a considerar algunos de los temas más desafiantes de nuestra época (para niños entre ocho y trece años).

Lista de lecturas sugeridas para adultos: historia y cultura latina

Arte e identidad: los hispanos en los Estados Unidos, por Octavio Paz
Chicanos: antología histórica y crítica, por Tino Villanueva
Cuentos chicanos, por Rudolfo Anaya y Antonio Márquez
De indios y cristianos de Guatemala, por Rafael Mondragón

Hispanos en los Estados Unidos, por Roldolfo Cortina y Alberto
    Moncada

La casa de los espíritus, por Isabel Allende

La patria del criollo, por Severo Martínez Peláez

Las mujeres hablan, por Tey Diana Rebolledo

Literatura de y en los Estados Unidos, por Octavio Paz

Los cronistas del Perú, por Raúl Porras Barrenechea

Me llamo Rigoberta Menchú y así me nació la conciencia, por Eli-
    zabeth Burgos

Norteamérica con acento hispano, por Alberto Moncada

Relación del descubrimiento y conquista de los reinos del Perú, por
    Pedro Pizarro

Ser argentino, por Pedro Orgambide

Vecinos distantes. Un retrato de los mexicanos, por Alan Riding

...y no se lo tragó la tierra, por Tomás Rivera

LAS LECCIONES DE NUESTRA HISTORIA FAMILIAR

Yo quería a mi padre, pero nunca fui capaz de perdonarlo por lo mucho que lastimó a mi madre. Era un mujeriego y siempre tenía aventuras que ni siquiera intentaba esconderle a mi madre. Esto sucedió en Venezuela. Cuando me mudé a los Estados Unidos para comenzar una nueva vida, me prometí que tendría un matrimonio completamente diferente al de mis padres. Yo evitaría los problemas que nos causaron tanto dolor a mi madre y a mí. Jamás se me hubiera ocurrido que los problemas que tengo con Anita tuvieran su origen en lo que sucedió en mi familia.

—Javier, 34 años

Soy tan diferente a mi madre. Ella fue criada con los valores tradicionales de mis abuelos, quienes vinieron de México cuando eran jóvenes. Mi madre era muy servil con mi padre, lo cual siempre me molestaba mucho. Me hice adulta durante la década del ochenta y me considero más "americanizada" que mi madre y bastante feminista. Tengo una carrera. Creo que la mujer debe tener las mismas oportunidades que el hombre y que, en una relación, los hombres y las mujeres deben ser iguales. Sin embargo, recién ahora soy consciente de cuánto ha afectado mi historia familiar a mi propia relación. Mi padre mandaba en nuestra familia. Era el hombre fuerte. Y creo que eso me afectó tanto que es un problema si un hombre no demuestra cierto tipo de fortaleza.

—Cynthia, 23 años

A veces los problemas de pareja más difíciles de confrontar y manejar son los que nacen de nuestra historia familiar. Muchas de las dificultades que sufrimos en nuestras relaciones con novios o esposos, novias o esposas están íntimamente ligadas a la manera en que fuimos tratados cuando éramos niños, al tipo de relación que tenían nuestros padres y a los valores familiares que nos enseñaron. Como la familia es algo tan esencial en la cultura latina, su influencia sobre nuestras relaciones es muy poderosa.

A menudo, no son intencionales las lecciones que nos enseñan y los mensajes que nos transmiten nuestros padres, abuelos y otros que colaboran en nuestra educación. Los niños captan todo lo que sucede a su alrededor, inclusive las conductas, las maneras y los sentimientos que no se expresan verbalmente. De adultas, muchas personas repiten de manera inconsciente los comportamientos indeseables que aprendieron cuando eran niños porque esa actitud les es familiar.

A lo largo de este libro hemos discutido la conexión entre la forma en que una persona es educada y el tipo de relación que ésta tiene con su pareja y/o sus hijos. En este capítulo examinaremos con cuidado la forma en que los patrones de comportamiento se filtran a través de las generaciones y veremos cómo podemos descubrir el origen familiar de un problema en nuestra relación actual. Creo que todos tenemos la habilidad de mejorar nuestras vidas si aprendemos a aceptar quiénes somos y entendemos las diversas influencias que nos moldearon. Explorar las razones que motivaron el comportamiento de nuestros padres, incluyendo las características de la cultura latina que se manifiestan en sus actitudes y su conducta, puede contribuir a un entendimiento más profundo de nuestro propio comportamiento y de la relación con nuestra pareja.

Si le echamos un vistazo a nuestra niñez, podemos volvernos más objetivos con nuestros padres y parientes y así aceptarlos de una forma más realista, inclusive si no siempre hicieron lo correcto. En vez de sentirnos "atascados" en el pasado, podemos tratar de obtener una nueva consciencia del mismo. Si tenemos una imagen más clara de lo que sucedió durante nuestro crecimiento, como adultos estaremos mejor preparados para tomar decisiones más sanas respecto a nuestra pareja, nuestros hijos y nosotros mismos.

Más adelante en este capítulo discutiremos la importancia de compartir su historia familiar con su cónyuge, su novio o su novia. Al tener más claros los hechos relevantes que sucedieron en la familia de su pareja, ambos podrán obtener una nueva perspectiva de la influencia de estos sobre su relación actual. Este entendimiento puede ayudar a que se acerquen más el uno al otro.

JAVIER Y ANITA: EL LEGADO DE LA INFIDELIDAD

Javier conoció a Anita en la escuela secundaria, en Venezuela, cuando ambos tenían catorce años. Después de ser novios durante siete años, Javier vino a los Estados Unidos con la intención de construir una vida mejor para sí mismo y para la familia que quería tener con Anita. Ella se quedó en Venezuela, estudiando para asistente médica y esperando para reunirse con Javier cuando fuera oportuno. Durante cuatro años se escribieron cartas donde compartían sus sueños para el brillante futuro que les esperaba.

Javier adoraba a Anita y se juró a sí mismo que nunca la haría sufrir como su padre había hecho sufrir a su madre. El padre de Javier, un hombre que había sido mujeriego durante toda la niñez de su hijo, nunca se molestó en esconder sus infidelidades, y a menudo hasta se jactaba de sus conquistas ante su hijo adolescente. Mientras esperaba casarse con Anita, Javier imaginaba que sería el esposo cariñoso y fiel que su padre nunca había sido capaz de ser. Lo que no previó fue que la infeliz relación de sus padres afectaría su comportamiento. Así es como Javier relata la historia:

Vine a Los Angeles cuando tenía veintiún años en busca de trabajo. Durante el tiempo que estuve solo, antes de que llegara

Anita, me acostumbré a fumar marihuana en exceso. Cuando recuerdo el pasado, me pregunto cómo llegó a ser tan grave ese hábito. En el lugar donde crecimos Anita y yo, la droga no es bien vista, pero aquí, fue parte de mi vida cotidiana. Pienso que me sentía solo y necesitaba la compañía que me brindaba el mundo de la droga.

Cuando Anita llegó, se enojó mucho al saber lo que estaba sucediendo. Lloraba y me rogaba que no siguiera, pero yo me iba de la casa y continuaba drogándome. Llegó un punto en el que me pasaba días lejos de nuestro hogar para poder seguir fumando marihuana y evitar las críticas de Anita.

Después de varios años de llorar y suplicarme que dejara de consumir drogas, y tras muchas amenazas de que me dejaría, Anita conoció a otro hombre. Eso fue devastador para mí. Fue un golpe tremendo. Después del dolor que había sufrido por las traiciones de mi padre a mi madre, ahora mi esposa me estaba haciendo lo mismo.

Al borde del divorcio, Anita y Javier decidieron consultarme. Durante nuestra primera sesión, Javier habló repetidas veces de la devoción que sentía por Anita, de cuánto la quería, de cuán duramente estaba trabajando para construir una vida agradable para ambos y cuán terriblemente herido se sentía por la traición de su esposa. Recién durante nuestro segundo o tercer encuentro Javier se dio cuenta de lo ausente que había estado en la relación. En vez de crear con su esposa la íntima y amorosa relación que había querido que su padre tuviera con su madre, Javier estaba repitiendo el patrón de abandono que había iniciado su padre.

Sin embargo, en vez de rechazar a Anita con aventuras amorosas extramatrimoniales, Javier la había abandonado al involucrarse con la droga. Entrar en el ambiente de la droga fue una manera de distanciarse de su propio matrimonio, un patrón de conducta que había aprendido de su padre. Le dije a Javier que quizás su comportamiento había sido un intento inconsciente de provocar que Anita lo dejara. Este también era un aspecto que había aprendido de su padre.

Después de nuestra cuarta sesión juntos, Javier y Anita acordaron tratar de reconstruir su relación. Javier estaba decidido a salvar su matrimonio y prometió buscar ayuda para su drogadicción. Anita reconoció que tener una aventura amorosa no era la manera de resolver los problemas de su matrimonio. Una de las lecciones más importantes que aprendió Javier a medida que comenzó a examinar la infelicidad que existía en su relación con Anita, fue que la relación de sus padres seguía influyendo en su vida adulta, aun cuando él creía que había superado su pasado.

Finalmente me di cuenta de que estaba teniendo una aventura amorosa con la droga... tal como mi padre tenía aventuras amorosas con otras mujeres. Y yo usaba la droga para alejarme de mi esposa de la misma forma en que mi padre usaba a otras mujeres para alejarse de mi madre. Lo que yo menos deseaba era volverme como mi padre en ese sentido. En realidad, me mudé a cientos de millas de distancia para liberarme del dolor que causó mi padre en nuestra familia. Pero nunca me enfrenté al dolor sino hasta que Anita tuvo su aventura amorosa. Entonces, regresó aquel horrible sentimiento de traición y tuve que examinar mi pasado y entender que estaba repitiendo los errores de mi padre.

Por mucho que queramos escapar o enterrar nuestro pasado, no podemos hacerlo porque forma parte de nuestra realidad interna. El pasado continuará moldeando nuestro comportamiento y nuestras emociones hasta que lo confrontemos y luchemos con él. Sólo si examinamos lo que sucedió en nuestra familia cuando éramos pequeños, y entendemos el impacto que tiene nuestra historia familiar sobre nosotros, podemos comenzar a ejercer control sobre nuestra vida. En lugar de ser inconscientemente controlados por nuestro pasado, podemos liberarnos conociéndolo.

CYNTHIA: "¿POR QUE ME ABURREN LOS HOMBRES BUENOS?"

Al igual que Javier, las relaciones de los padres de Cynthia influyeron en ella de una manera que no reconoció al principio. Sus padres se habían esforzado para que Cynthia y sus hermanas pudieran ir a la universidad y alcanzaran el éxito que no era posible obtener en México. Cynthia obtuvo muy buenas calificaciones en la escuela secundaria y se ganó una beca para asistir a una universidad importante. Después de graduarse, obtuvo un excelente empleo en una agencia de publicidad. A los veintitrés años de edad, todo parecía estar saliéndole bien.

En el trabajo, Cynthia conoció a un hombre al cual ella describió como "demasiado bueno para ser real": apuesto, inteligente, amable y respetuoso de la profesión de Cynthia. Estaban comprometidos para casarse cuando Cynthia vino a verme, muy infeliz. "¿Por qué me siento tan deprimida cuando tengo todo lo que siempre quise tener?", me preguntó ella.

Me dijo que sentía que faltaba algo en la relación con su novio, Robert. Ella se aburría con él y estaba considerando cancelar la boda. Cuando le pregunté acerca de Robert, Cynthia me dijo que los dos tenían muchas cosas en común y que él le resultaba físicamente atractivo, pero era "demasiado agradable". A la relación le faltaba "chispa".

Cuando hablamos del pasado de Cynthia, se hizo evidente que provenía de una familia en la que los hombres eran mucho más fuertes que las mujeres. El padre de Cynthia era una persona muy dominante, cuestión que le provocaba sentimientos ambivalentes. Cynthia lo admiraba, y hasta cierto punto, respetaba su fortaleza. Pero el abuso verbal y emocional al que sometía a su madre, y la forma en que gobernaba a la familia con un aire de superioridad machista, enfurecían a Cynthia. Su padre siempre le decía a la madre que era una estúpida o que no valía nada, la llamaba "tonta" y la acusaba de cosas que eran totalmente falsas. Aunque no se comportaba de manera violenta, constantemente menospreciaba lo que decía la madre de Cynthia, se burlaba de ella y la insultaba faltándole el respeto.

La madre de Cynthia había hecho pequeños intentos de ser más firme e independiente, pero nunca había sido capaz de superar la dominación de su esposo. Se esperaba que ella se mantuviera servil y se sometiera a su esposo, y, básicamente, eso fue lo que hizo. Siempre tenía que cuidarse de las burlas y abusos de su esposo el cual la hacía sentir culpable cuando la casa no estaba impecable o cuando las niñas no se portaban bien. También la "ponía en su lugar" con frases como "en esta casa, soy yo quién trae el dinero, y se hace lo que yo digo". De niña, Cynthia se dijo a sí misma que no quería vivir el tipo de vida que vivió su madre. En lugar de eso, quería ir a la universidad y luchar para realizar sus sueños.

Después de varias sesiones en las que discutimos lo que Cynthia realmente sentía cuando decía que estaba "aburrida" de Robert, ella se dio cuenta de algo muy interesante. En realidad, no estaba aburrida; más bien, Cynthia se sentía extremadamente incómoda con la amabilidad y el respeto de Robert. Acostumbrada a su historia familiar, el trato de Robert le resultaba tan extraño que la hacía sentir incómoda. En vez de reconocer esta verdad, Cynthia se convenció a sí misma de que "faltaba" algo en su relación. Lo que faltaba era el sufrimiento de un matrimonio infeliz. Robert le brindaba tranquilidad mental, algo muy diferente a lo que había conocido de niña: los constantes conflictos entre sus padres. Era esta emoción violenta lo que "faltaba" en su relación tranquila e igualitaria con Robert.

A medida que Cynthia comenzó a entender cómo la relación de sus padres había influido en su respuesta emocional a Robert, se dio cuenta de que no quería el tipo de "emoción" que habían tenido sus padres. Ella quería su propio matrimonio, una relación en la que ambos cónyuges pudieran amarse, apoyarse y cuidarse el uno al otro y, al mismo tiempo, quería tener la libertad de desarrollarse como individuo. Por fin decidió darle otra oportunidad a su relación con Robert.

UNA "ASIGNATURA PENDIENTE" ENTRE USTED Y SUS PADRES

¿Hay ciertos temas que ha querido discutir con sus padres, pero nunca lo ha hecho por temor a las repercusiones negativas o a herir los sentimientos de los mismos? ¿Continúan afectando su vida de adulto estos temas? Si es así, estas "asignaturas pendientes" deben ser enfrentadas para que su pasado no siga controlándolo. Cuando su pasado consume su energía, usted no puede entregarse por completo al presente, y sus interacciones con los demás se ven afectadas. Por ejemplo, las reacciones abruptas o las actitudes defensivas son síntomas comunes de que no estamos lidiando adecuadamente con nuestros conflictos del pasado.

A veces es necesario confrontar a nuestros padres cuando nuestra relación con ellos ha sido difícil o nos han hecho daño. Haciendo esto, podemos llegar a un entendimiento de lo que falló para que ese problema no nos siga abrumando. Sólo entonces podemos continuar avanzando para crear una nueva realidad que trascienda nuestros patrones antiguos y poco saludables.

Si sus padres están dispuestos a conversar con usted y parecen entender los problemas que pueden haber causado daño o dolor en el pasado, ese diálogo puede ser una experiencia muy positiva. Tales conversaciones pueden permitirle expresar cómo se siente, explorar lo que sucedió durante su infancia o su primera juventud y hablar acerca de la forma en que desea cambiar su relación con sus padres. Más adelante, estableceremos cómo prepararse para tener una conversación de ese tipo a través de un diálogo en una "conversación imaginaria".

Aunque la conversación con uno o sus dos padres lo haga sentir incómodo, aunque sienta que no lo van a escuchar, o hayan quedado asuntos pendientes sin resolver, es importante llevar a cabo el diálogo para aprender a aceptar a sus padres como son. Al reconocer y aceptar que uno o sus dos padres no están dispuestos a cambiar o a ver las cosas desde su punto de vista, podrá dejar de "desear que sean diferentes". Esto liberará su energía de modo que pueda concentrarse en vivir su vida y no en preocuparse por cambiar cosas que no se pueden cambiar.

Conversar con personas de la generación de sus padres, como tías o tíos, también puede ayudarlo a enfrentar asuntos familiares de su pasado. A menudo nos faltan piezas de nuestra historia familiar, cosas de las que no estábamos conscientes o que nunca nos dijeron. En estos casos, un tío o una tía puede llenar las lagunas de nuestro conocimiento para que podamos tener una mayor comprensión de los comportamientos y sentimientos de nuestros padres. Tales conversaciones con miembros de la familia pueden ser muy útiles y esclarecedoras pues nos ofrecen nuevas perspectivas sobre la forma de relacionarse de los miembros de nuestra familia.

UNA "CONVERSACION IMAGINARIA" CON UNO DE NUESTROS PADRES

Para estar mejor preparado para una conversación real con uno de sus padres, aun si no se siente cómodo confrontándolos directamente, o si sus padres han fallecido, están gravemente enfermos o son emocionalmente incapaces de enfrentar importantes problemas de familia, hay varias alternativas para expresar lo que siente por ellos y entender la perspectiva de ellos. El objetivo es expresar sus propios sentimientos y, al mismo tiempo, tratar de colocarse en el lugar de sus padres y "escuchar" sus respuestas a los sentimientos que usted ha manifestado.

Es posible lograr esto sosteniendo una "conversación imaginaria" con uno de sus padres. Escriba sus sentimientos y las respuestas de ellos en forma de conversación o de "libreto". Comience estableciendo lo más claramente posible cuál es el problema que existe entre ustedes. Luego escriba lo que imagina que responderán ellos. Alterne entre su punto de vista y el de ellos hasta que se sienta seguro de que comprende mejor lo que siente cada uno de ustedes y por qué. Se asombrará de cuánto es capaz de aprender sobre su relación con sus padres realizando esta sencilla actividad. Al poner sus propios sentimientos por escrito, y al colocarse en el rol de su padre o de su madre, tendrá acceso a muchos pensamientos y emociones que tal vez no hayan sido totalmente conscientes hasta ahora.

Si quiere dar un paso más, puede probar la siguiente técnica conocida como "roleplaying". Yo lo llamo el "Ejercicio de conversación imaginaria con uno de sus padres".

❦ Ejercicio de conversación imaginaria con uno de sus padres

Este ejercicio exige concentrarse en un tema conflictivo en la relación con su padre o su madre. Luego debe hablar con su padre o su madre como si estuvieran allí, y por último, responderse a sí mismo como si usted fuera uno de ellos.

He aquí como funciona el ejercicio:

1. Coloque dos sillas una frente a la otra. Siéntese en una e imagine que su padre o su madre ocupa la otra.
2. Inicie la conversación diciéndole a su padre o a su madre lo que sucedió en su relación con él o ella (asegúrese de con-

centrarse en sólo un tema), cómo el incidente afectó su infancia y cómo ha afectado su vida adulta.

3. Luego, siéntese en la silla de su padre o de su madre, respire profundamente y tome el lugar de él o de ella. Primero, reconozca lo que se acaba de decir afirmando sencillamente: "He oído lo que acabas de decir".

4. Vuelva a respirar profundamente y trate de responder como lo haría su padre o su madre. Póngase en el lugar de él o de ella. Actúe de la forma más perspicaz y honesta que pueda, concentrándose en ser su padre o su madre, sintiendo a él o a ella dentro de usted.

5. Luego regrese a su silla inicial, respire profundamente y reconozca lo que dijo su "padre" o su "madre", resumiendo lo que le acaban de decir.

6. Continúe este proceso cambiando de un lado al otro y discutiendo el mismo tema hasta que se vuelva más claro y sea capaz de llegar a una conclusión o determinación.

El "Ejercicio de conversación imaginaria con uno de sus padres" le brinda la oportunidad de expresarle sus emociones a sus padres de una manera segura, sin lastimar a nadie. Este ejercicio me ha resultado muy útil con mis pacientes y con los invitados a mi programa. Vamos a tomar a Cynthia como ejemplo y veremos qué ventaja ha sacado ella de tener un diálogo imaginario con sus padres.

Cynthia siempre quiso preguntarle a su madre por qué no se había enfrentado a su padre, por qué aguantó su comportamiento durante todos esos años. También quería preguntarle a su padre por qué criticaba a su madre con tanta frecuencia cuando su madre se esforzaba por complacerlo. Le indiqué a Cynthia que hiciera estas preguntas, que luego las respondiera de la forma en que ella creía que habrían respondido sus padres y finalmente siguiera conversando con su padre o su madre hasta que sintiera que había aprendido algo de su diálogo.

Primera conversación imaginaria: Cynthia y su madre

CYNTHIA: Mami, ¡papá te trataba tan mal! ¿Por qué nunca te defendiste?

MAMI: Yo soy de una generación diferente, m'ija. En esa época, las mujeres no les respondían a sus esposos. A nosotras nos enseñaron a respetar al hombre de la casa. Tu padre era el que ponía las reglas y yo tenía que respetarlo.

CYNTHIA: Pero, ¿cómo podías vivir con un hombre que te criticaba y humillaba constantemente?

MAMI: Porque, a pesar de todo, yo creo que él me amaba a su modo. Y yo seguía amándolo, aunque quería algo mejor para mí. Tenía la esperanza de que algún día tú tendrías el tipo de vida que yo deseaba, y eso me haría feliz.

CYNTHIA: ¿Te sientes feliz por mí, mami? A veces tus ojos se ven tan tristes que me dan ganas de llorar.

MAMI: Me siento feliz por ti, m'ija, muy feliz.

CYNTHIA: Pero, ¿y por qué no sentirte feliz por ti misma?

MAMI: Sabes, m'ija, tu padre no es tan malo como crees. El es mejor de lo que fue su propio padre. Hace años, le dije a mi suegra las mismas cosas sobre tu abuelo que tú me dices sobre tu padre. Realmente, él era lo que yo considero un mal hombre. Pero ella me dijo lo mismo que yo te estoy diciendo: "El me ama. Tenemos una familia y tenemos que aprender a vivir juntos". En mi época, si una mujer se divorciaba de su esposo, o si decidía que quería dedicarse a una profesión, la comunidad entera la miraba despectivamente. Así que tuve que aceptar las cosas como eran. Me siento orgullosa de haber mantenido unida a nuestra familia, muy orgullosa. Si los tiempos hubieran sido diferentes, podría haber sido como tú. Pero por lo menos, puedo sentirme orgullosa de haber criado a una mujer fuerte como tú.

De la "conversación" anterior, Cynthia recordaba lo que su madre le había dicho acerca de su abuela y de su abuelo, y llegó a la conclusión de que su madre creía que las cosas habían sido mejores en su propio matrimonio. Cynthia se dio cuenta de que se había repetido el mismo patrón de generación en generación, pero la situación había mejorado un poco.

No todo es tan estático como pensamos. Ocurren cambios, pero a veces no tan contundentes como quisiéramos. Al darse cuenta de que la vida de su madre era un poco mejor de lo que había sido la vida de su abuela, y de que su madre se sentía muy orgullosa de haber mantenido unida a la familia y haberla educado a ella de manera que fuera una mujer fuerte, Cynthia pudo aceptar la actitud de su madre.

Segunda conversación imaginaria: Cynthia y su padre

CYNTHIA: ¿Cómo pudiste tratar a mami de la manera en que lo hiciste, con lo mucho que te amaba ella?

PAPA: M'ija, yo no traté tan mal a tu madre. Yo la mantuve, le di todo lo que necesitaba. Le permití quedarse en casa y estar con sus hijos, que era lo que ella más quería. Accedí a que cuidara a su madre cuando sus hermanas y hermanos no pudieron hacerlo. Yo le di a mi familia todo lo que le hacía falta.

CYNTHIA: Reconozco que nos diste todo lo que nos hacía falta. Pero, ¡ser un buen esposo no consiste solamente en eso! Realmente hiciste muy infeliz a mami durante todos esos años.

PAPA: Ay, m'ija, no digas eso. Yo no la hice infeliz. Tuvimos una buena vida. Ella no tuvo que preocuparse por las cosas que tú te preocupas ahora... como el trabajo, y mantener tu empleo para sobrevivir.

CYNTHIA: Entiendo, papá. Pero tú la rebajabas y menospreciabas. No le diste el respeto ni la dignidad que se merece. Ella fue una excelente madre y esposa.

PAPA: Eso lo sé. Y por eso debo decir que tal vez no siempre tuve razón. Pero soy sólo humano. Me criaron con ideas muy definidas acerca de lo que significa ser un hombre. Aprendí esas ideas de mi padre, pero yo no fui tan duro como lo fue él. Mi propio padre solía pegarle a mi madre, y a mí también me pegaba. Por eso decidí que yo nunca sería violento con mi propia familia. El impacto que tuvieron las palizas de mi padre fue que aprendí que yo nunca haría lo mismo. Yo nunca le pegué a tu mamá ni a ustedes. Al contrario, traté de hacer lo mejor que pude por todos ustedes. Nunca olvides que yo quiero a tu madre, m'ija.

CYNTHIA: Entiendo lo que sientes, papá. Y sé que tú querías a mami, a mí y a mis hermanos. Sólo quiero decirte que estoy planeando casarme con un hombre —que también es latino— pero nunca me tratará de la forma que tú trataste a mami. Nosotros nos respetamos mutuamente y tenemos un tipo de entendimiento que es totalmente distinto al que tenían mami y tú.

PAPA: Me alegro por ti, m'ija. Me alegra que hayas encontrado a alguien que te respeta y te quiere. Por eso luché toda mi vida. Aunque me hayas dicho que te molestan muchas cosas de mí, estoy feliz de que seas como eres. Te quiero.

Cynthia lloraba al final de cada conversación imaginaria. Se dio cuenta de muchas cosas gracias a estos "diálogos internos" entre ella y sus padres. En primer lugar entendió que sus padres tenían defectos, pero también tenían virtudes; que eran diferentes a ella, pero que se sentían orgullosos de ella, y la querían. También se dio cuenta de que, a pesar de todos sus problemas, ellos se querían. La relación de sus padres no era el tipo de relación que Cynthia quería para sí misma, pero está aprendiendo a tomar de su pasado lo que puede utilizar en su propia vida, y a aceptar las contradicciones, por dolorosas que éstas sean.

¿Hay áreas de su propia vida en las que necesita confrontar a sus padres o a otros miembros de su familia? ¿Hay frases que siempre ha querido decirles, o preguntas que ha querido hacer? ¿Está enojado con miembros de su familia por cosas que sucedieron en su infancia? ¿Se siente triste por algo que sucedió entre ustedes y nunca tuvo oportunidad de discutir?

Las conversaciones imaginarias —ya sean escritas o actuadas mediante el "Ejercicio de conversación imaginaria con uno de sus padres"— son un modo excelente de ponerse en contacto con los asuntos pendientes que existen entre usted y un miembro de su familia. Es un método sin complicaciones porque no es necesario hablar realmente con la persona, lo cual podría provocar un problema en la relación. De todas formas, se asombrará de cómo lo ayudará a "purificarse" el expresar estos pensamientos y sentimientos, el traer sus emociones a la superficie. Las conversaciones imaginarias le permitirán aprender muchísimo de sí mismo, de su familia y de lo que siente por aquéllos que son responsables de que usted sea como es. Este nuevo entendimiento aclarará ciertos asuntos claves entre usted y su pareja.

COMO PREPARARSE PARA UNA CONVERSACION REAL CON UNO DE SUS PADRES

Si decide tener una conversación real con uno de sus padres para sacar a colación problemas de su pasado, le será ventajoso "ensayar" esa conversación escribiéndola o actuándola de antemano. Sin embargo, tenga en cuenta que, en una conversación real, es probable que sus padres reaccionen en forma defensiva, sobre todo si se sienten acusados. No puede pretender llegar a un entendimiento con sus padres a menos que sienta que puede conversar calmadamente, sin culpar ni criticar. Por suerte, hay varias formas de desarrollar esta actitud.

En primer lugar, puede prepararse evaluando cuidadosamente lo que quiere decir, asegurándose de expresar cómo se sentía entonces y cómo se siente ahora. Debe tratar de presentar el problema con frases como: "Esto es lo que yo sentía en esa época. Este es el impacto que mi pasado tiene en mi vida presente". Acusar a su padre o a su madre con frases como: "Tú me hiciste esto y esto y aquello otro...", sólo hará que sus padres se sientan amenazados y socavará su habilidad para llegar a un entendimiento.

Su conversación debe terminar con una explicación de lo que quiere de su padre o de su madre en el presente. Puede ser que sólo desee que ellos escuchen lo que tiene que decirles, que desee una disculpa por algún gran error que cometieron, o que quiera trabajar con ellos para construir una mejor relación.

Recuerde, hable sólo con uno de sus padres a la vez. Si trata de hablarles a los dos al mismo tiempo, corre el riesgo de que uno de ellos se disculpe o trate de explicar la situación por el otro. Lo mejor es tener una conversación individual en la que ambos puedan concentrarse en sus verdaderos sentimientos.

Para asegurarse de que la conversación que tenga con su padre o su madre no comience con acusaciones, empiece diciendo algo así:

Quiero discutir ciertas cosas que sucedieron en mi infancia. Quisiera que me escucharas, y yo también lo haré. Necesito aprender de nuestra relación para poder entender mejor no sólo nuestro vínculo, sino también mi relación actual (con mi esposa, mi esposo, mi pareja, etc.). Así que, si te sientes listo para esta conversación, me gustaría llevarla a cabo.

Si su padre o su madre reacciona a esta invitación con enojo, o si siente que no puede acercársele sin dejarse llevar por la ira o las acusaciones, no es el momento apropiado para hablar de estos temas con ellos.

Si su padre o su madre está de acuerdo con llevar a cabo el diálogo, y tanto usted como ellos son capaces de discutir tranquilamente el tema que han escogido, puede que ambos salgan del encuentro con nuevas perspectivas que le permitirán superar la culpa, la ira o el resentimiento. Además, usted y su padre o su madre tendrán la oportunidad de pedirse perdón mutuamente, si hay razón para ello.

Si los problemas son muy graves —tales como el abuso físico o el incesto— es posible que no sea suficiente con una conversación entre ustedes dos. En tal caso, es recomendable iniciar una terapia familiar con un terapeuta profesional.

RAUL Y SU MADRE: UNA ALIANZA ENFERMIZA

Las necesidades primordiales de los niños son el amor y la aprobación de sus padres. En las familias que funcionan adecuadamente, esto se les da sin condiciones, sin compromisos. En las familias que no funcionan bien, los niños deben cubrir ciertas necesidades de sus padres para recibir el amor, la aprobación o la seguridad que necesitan. Es una desgracia que suceda esto, pues los niños no deben ser responsables del bienestar o la felicidad de sus padres. Cuando los padres culpan a los hijos por sus propias frustraciones, o colocan sobre ellos una carga emotiva inapropiada, como exigirles que desempeñen el papel de ser complacientes o guardianes de los demás, puede haber consecuencias graves.

El caso de Raúl es un ejemplo de lo que puede pasar cuando uno de los padres asigna a su hijo el papel inapropiado de "cónyuge substituto". La madre de Raúl estaba resentida con su esposo porque éste se pasaba el día trabajando y nunca tenía tiempo para ella o para sus hijos. A él le era difícil comunicarse con su esposa, pocas veces pasaba tiempo con ella y nunca le pedía que le comunicara sus sentimientos o problemas. Cuando ella se quejaba por estas cosas, él le respondía que trabajaba duramente para que su familia pudiera vivir bien. El creía que así estaba cumpliendo el papel de esposo y padre.

Lamentablemente, el vacío en la vida de la madre de Raúl fue llenado por éste, su hijo mayor. Cuando Raúl tenía sólo ocho años, su madre comenzó a confiarle sus frustraciones por la frialdad y la falta de atención de su esposo. A esa tierna edad, Raúl se convirtió en confidente y acompañante de su madre. En vez de resolver las diferencias con su esposo, ella se dio por vencida y estableció con su hijo una relación de "pareja" substituta. Raúl aprendió desde pequeño que su madre exigía una conexión emotiva con él, y que para sentir el amor que él necesitaba, tenía que satisfacer las necesidades de ella.

A medida que Raúl fue creciendo, quiso pasar más tiempo con sus amigos, pero su madre se puso celosa de su relación con otras personas. Debido a que él estaba tan ligado emocionalmente a ella, podía percibir lo abandonada que se sentía su madre cuando él pasaba tiempo con otra persona. Ella lo hacía sentirse culpable y él se resentía con ella, pero ninguno de los dos le expresó sus sentimientos al otro.

Llegado el momento, Raúl se fue del hogar con mucha angustia para ir a la universidad y comenzar su carrera. De adulto, todavía se mantiene en contacto estrecho con su madre. La llama por teléfono por lo menos cada dos días y la visita por lo menos una vez a la semana. Pero su resentimiento no ha desaparecido. Ahora, además de estar resentido por la intimidad que se veía obligado a mantener con su madre, también se siente resentido con cualquier mujer que quiera acercarse a él. Se siente incómodo cuando una novia le indica que quiere que su relación se vuelva más seria, y a menudo se desquita haciendo comentarios hirientes o sarcásticos. Mientras quiera relaciones sexuales y compañía superficial, todo está bien; pero si una mujer quiere más que eso, él la rechaza automáticamente.

Raúl está pagando un precio muy alto por haber sido forzado a mantener una relación enfermiza con su madre y ocupar el lugar de un padre que estaba emocionalmente ausente. El, que ya tiene treinta y tres años, siente que le falta algo en su vida de soltero. Le es imposible acercarse íntimamente a las mujeres sin sentirse terriblemente amenazado. "Creo que nunca voy a casarme ni tener hijos", me explicó recientemente. "A juzgar por los matrimonios que he visto, el amor no existe".

Desafortunadamente, los sentimientos negativos de Raúl sobre el matrimonio no son solamente un reflejo de la relación distante de sus padres. También revelan la experiencia de la relación con su madre, la cual fue más una obligación que una interacción filial. El temor de Raúl se ha extendido a las mujeres en general. Para que llegue a superar su incapacidad de acercarse a alguien, es necesario que Raúl se comprometa honestamente a enfrentar su pasado y a luchar con sus resentimientos. Mientras no haga esto, lo más probable es que continúe atascado en la situación de la que trata de escapar.

COMO RECONOCER LO NEGATIVO Y APRECIAR LO POSITIVO

Una de las maneras de comenzar a lidiar con nuestros sentimientos sobre el pasado y no quedarnos estancados en él es ampliar nuestra perspectiva sobre lo que nos sucedió cuando éramos niños. Mientras más precisa sea la imagen que podamos crear sobre nuestra infancia, mayor será nuestra comprensión de nuestra estructura psicológica. Necesitamos llegar a reconocer tanto lo bueno como lo malo, de manera que el "retrato de familia" que tenemos en la mente sea lo más representativo posible.

Por ejemplo, si Raúl pudiera mirar de manera objetiva el comportamiento de sus padres, ¿cómo evaluaría lo que hicieron bien y lo que hicieron mal? ¿Fue la madre totalmente culpable de crear una relación enfermiza entre ellos dos, o la frialdad del padre también influyó en la necesidad de la madre de acercarse a él? ¿Fue la frialdad del padre resultado de la indiferencia, o de su incapacidad para expresar sus sentimientos? ¿Y fue esta incapacidad algo que el padre de Raúl heredó de su propio padre? ¿Tuvo que ver con la tendencia de algunos hombres latinos a mantener escondidas sus emociones?

¿Qué podemos decir de los aspectos positivos de la crianza de Raúl? Ambos padres siempre enfatizaron la importancia de la educación académica, lo cual permitió que Raúl jamás dudara en realizar estudios superiores. La sólida ética laboral de su padre influyó en el compromiso que tiene Raúl hacia el trabajo bien hecho. Y su madre, a pesar de toda su necesidad, demostró el amor por su hijo de incontables maneras.

Cuando usted piensa en cómo lo criaron y en lo que sus padres aportaron a su experiencia infantil, ¿qué se le ocurre? ¿De qué maneras lo prepararon sus padres para convertirse en un adulto sano, afectuoso y competente? ¿De qué manera, consciente o inconsciente, lo frenaron, lo hirieron o socavaron su confianza? Para algunas personas, los recuerdos de la niñez son tan dolorosos que resulta difícil mencionar cualquier evento o sentimiento positivo relacionado a sus padres. Para otros, resulta difícil ser objetivos con una época de la vida que está tan cargada de emociones intensas.

El sencillo ejercicio escrito que viene a continuación es muy útil. Puede ayudarlo a ordenar los recuerdos positivos y negativos de manera que pueda examinar su pasado con honestidad. Puede ser que descubra, después de anotar sus pensamientos, que tiene un relato más equilibrado de su historia familiar.

❦Ejercicio
COMO EVALUAR RASGOS FAMILIARES POSITIVOS Y NEGATIVOS

Haga dos listas, una que contenga los rasgos negativos de la forma en que uno o ambos de sus padres lo criaron, y otra que contenga los rasgos positivos del trato que recibió.

Por ejemplo:

Reconozco...

... que criticabas mis esfuerzos en la escuela y que nunca me estimulabas para que fuera a la universidad.

... que no querías que superara tus propios logros.

... que nunca te tomaste el tiempo necesario para enterarte de mis intereses.

... que nunca me dijiste que me querías.

Aprecio...

... todo el tiempo que pasaste ocupándote de mí y de mis hermanos, cocinando para nosotros, cosiendo nuestra ropa y cuidándonos cuando estábamos enfermos.

... tu amor por la música, y cómo me lo transmitiste.

... tu sentido del humor, aun en los tiempos difíciles.

... que me quisieras, aunque nunca lo expresaras.

Nota: Quizás prefiera hacer este ejercicio en forma de carta. Escriba una carta (que no será enviada) a uno de sus padres o a ambos, diciéndoles lo que quiere reconocer como experiencias negativas de su infancia, así como aquello que ha llegado a apreciar en ellos.

¿PODEMOS CAMBIAR LOS PATRONES FAMILIARES QUE HEMOS HEREDADO?

A menudo es difícil discernir cuánto de nuestro comportamiento ha sido heredado de nuestros padres o de otros miembros de la familia. También puede ser difícil cambiar aspectos de nuestra personalidad que han sido "marcados" por nuestra historia familiar ya que fueron adquiridos a una edad muy temprana.

De niños, recibimos numerosos mensajes no verbales y adquirimos patrones de pensamiento y valores específicos, tal vez en forma inconsciente. Por ejemplo, es posible que de adultos incorporemos a nuestra relación de pareja un comportamiento que vimos en nuestros padres sin estar conscientes de ello. Si aprendemos a darnos cuenta de estos patrones en nosotros mismos, podremos decidir conscientemente si aceptamos o cambiamos este comportamiento.

Esto es imposible de hacer cuando somos niños porque los niños no tienen la habilidad de ser objetivos con la conducta de sus padres, ni pueden tomar decisiones conscientes sobre cómo deben reaccionar a las acciones de los mismos. La respuesta de un niño al trato que le dan sus padres se basa en su necesidad de amor y apoyo. De forma inconsciente, el niño desarrolla una manera de adaptarse al estilo personal de su madre y de su padre para sentirse más seguro.

Nuestra tarea como adultos consiste en reconocer el origen de nuestros conflictos internos y de nuestro comportamiento, y dar los pasos necesarios para cambiar lo que consideramos inaceptable. No podemos cambiar nuestro pasado, ni a nuestros padres, pero sí podemos cambiarnos a nosotros mismos. Aprender por qué nuestros padres se comportaron como lo hicieron y aceptar nuestro pasado, nos permite hacer los cambios deseados y seguir adelante con nuestra vida.

Podemos comenzar este proceso investigando la historia familiar de nuestros padres. No existen padres perfectos porque cada madre y cada padre arrastra consigo su propia niñez imperfecta. Puede ser que nuestros padres hayan pasado por situaciones muy difíciles con sus propios padres o que hayan estado expuestos al abuso, a la falta de cariño, o inclusive a situaciones traumáticas. Todas esas circunstancias estaban más allá de su control.

Todo niño necesita ser alimentado con amor, atención y compasión. Necesita que se respeten sus sentimientos. Debe sentirse apreciado y ser guiado para aprender los límites de su comportamiento y aprender a respetar a los demás. Se le deben dar responsabilidades adecuadas y se le deben enseñar buenos valores morales. Cuando un niño recibe esto, desarrolla un sentido de autoestima natural que le permite enfrentar el mundo con curiosidad, intuición, creatividad y amor. Al crecer, se convierte en alguien que puede adaptarse a la vida, alguien que desarrolla su potencial y tiene relaciones afectivas gratificantes.

Si nuestros padres no recibieron las pautas o el cuidado adecuado cuando eran pequeños, por lo general no pudieron ofrecernos la calidad de atención paternal y/o maternal que reclamamos. Puede ser que estemos resentidos con nuestros padres por no haber sabido querernos o guiarnos como hubiéramos deseado para convertirnos en la persona que aspiramos ser. Está bien reconocer los sentimientos y expresarlos (véase el anterior "Ejercicio de conversación imaginaria con uno de sus padres"), pero aferrarse a la ira y al resentimiento inhibe nuestra habilidad de crecer y cambiar. Entender lo que pasaron nuestros padres y ser compasivos con ellos es mucho más saludable. Cuando seamos capaces de hacer esto, podremos seguir avanzando y comenzar a construir la clase de vida que ambicionamos.

Si usted siente que está listo para perdonar a sus padres por sus fallos o su comportamiento negativo, lo invito a participar del ejercicio titulado "Ejercicio de visualización: cómo perdonar a nuestros padres", que aparece a continuación. El ejercicio fue diseñado para tratar con cualquier daño que nos hayan hecho, consciente o inconscientemente, que lastimó o impidió nuestro desarrollo durante la niñez. El ejercicio le ayudará a superar el pasado, resolver sentimientos de culpa y disminuir la necesidad de aprobación de los demás.

Cuando hayamos podido perdonar a nuestros padres por no suplir todas nuestras necesidades cuando éramos niños, podremos compensar esas necesidades nosotros mismos. Pero también deseo añadir que no siempre es fácil perdonar a un padre o a una madre, sobre todo si nos lastimaron gravemente, como en el caso del incesto. Hay algunos padres que son personas enfermas y sus acciones no pueden justificarse a menos que reconozcamos la esencia de su desorden mental. No se obligue a perdonar si no está preparado para hacerlo.

❦ *Ejercicio de visualización*
COMO PERDONAR A NUESTROS PADRES

Este ejercicio lo pondrá en un estado mental más relajado, de manera que se sienta tranquilo y seguro para enfrentar los conflictos pendientes con sus padres. El ejercicio será realizado en su imaginación, sin ninguna presión del mundo exterior. Nadie le dirá lo que tiene que pensar o cómo debe sentirse. Puede hacer el ejercicio a su propio ritmo, a su manera, así se sentirá relajado y en paz. Como no estará bajo presión de ninguna clase, se sentirá más tolerante, más flexible, más en control de la situación. Entonces podrá estar tan involucrado como quiera en el contacto imaginario con su padre o con su madre.

1. Ponga música instrumental relajante (o una cinta con sonidos de océano, viento, aves, etc.).
2. Sobre este "fondo musical", grabe su propia voz dando las instrucciones para el ejercicio de visualización. Hable lenta y suavemente.
3. Encuentre un lugar en su casa o fuera de ella, un sitio donde se sienta relajado y cómodo; donde sepa que no lo van a interrumpir. Cierre los ojos y escuche la cinta con su propia voz leyendo lo siguiente:

Me siento totalmente relajado, muy cómodo (en este sofá, debajo de este árbol).

Respiro profundamente. El aire va hacia mi estómago, pasa a través de mi diafragma. Cuando exhalo, suelto todas mis tensiones, todas mis preocupaciones, todos mis pensamientos del día.

Vuelvo a respirar profundamente. Esto me invita a estar conmigo mismo y sentirme mejor.

Cuando exhalo, desaparece todo lo que no está relacionado a mí. Desaparecen todas las preocupaciones.

Y sigo inhalando, invitándome a estar conmigo mismo. Exhalando, dejo salir todo aquello que no es parte de mí.

(Me doy un poco de tiempo... unos dos minutos más o menos... para experimentar este proceso relajante de respiración profunda).

Visualizo las imágenes de mi madre y de mi padre, los dos juntos. Dejo que estas imágenes lleguen a mí. Escojo a uno de los dos, mamá o papá. Tendré un encuentro con uno de los dos.

Visualizo a mamá. La veo frente a mí. Mi mente trae a mi madre al presente. Está parada frente a mí. Me mira. Se me acerca. Dejo que afloren mis sentimientos mientras nos miramos a los ojos.

Veo a mamá tal como la recuerdo. Me vienen a la mente muchos recuerdos buenos y malos, cosas del pasado. Dejo que lleguen a mí. No los combato. No me enojo. Nos miramos a los ojos y surge la necesidad de hablar. Siento que necesito hablarle y decirle lo mucho que la necesité cuando era niño. Seguimos mirándonos a los ojos. Expreso esta necesidad con mis ojos...

Nos entendemos con sólo mirarnos. Mamá me está mirando a los ojos intensamente, como nunca lo ha hecho. Parece entender lo que quiero decir. Me siento muy tranquilo porque ella me está entendiendo, me está escuchando. Así puedo expresar aun mejor lo que tengo que decir... Me tomo mi tiempo... Le digo todo lo que pienso sólo con mirarla a los ojos...

Mamá sigue allí, de pie, después de escuchar todo lo que yo quería decir. Entonces me muestra las palmas de sus manos. Trato de entender lo que está tratando de decir. ¿Por qué está haciendo esto? Muchas otras veces traté de entenderla y no pude. Esto también parece difícil de entender...

Vuelvo a mirar las palmas de sus manos. Están vacías. No hay nada en ellas... De pronto, me doy cuenta de que ese vacío simboliza lo que ella no pudo darme cuando era niño, lo que no pudo ofrecerme en aquel entonces...

La miro de nuevo a los ojos, miro su rostro y veo una profunda tristeza. Y entiendo el vacío que está expresando con sus manos. Entiendo lo que no pudo darme cuando yo era pequeño...

Vuelvo a mirar sus manos. Siguen abiertas, como si estuvieran intentando darme lo que le estoy pidiendo. Pero sus manos continúan vacías... Mamá me sigue mostrando sus manos, tratando de decir algo más, como si mostrarme sus manos fuera un intento de darme lo que yo le pido...

Entonces veo una lucecita que sale de las palmas de sus manos. Esta luz se vuelve más y más intensa. Es una luz que sale de sus manos como un rayo de energía. La luz llega a mí. La siento. Y siento que esa luz es amor, el amor que no pudo llegar a mí de otra forma. Pero ahora, comprendo que está ahí, que siempre ha estado ahí...

Esta luz, esta energía blanca, está llena de vida. Está alrededor mío, y dentro de mí, llenándome de amor. Es un amor que yo siempre supe que estaba ahí, pero nunca pude verlo o sentirlo. Es un amor que me permite perdonar a mi madre por todo lo que no me pudo dar cuando yo era niño. Es un amor que finalmente me permite ser yo mismo...

Este amor me permite convertirme en una persona adulta. Me permite definirme. Me permite perdonarme por mis imperfecciones. Me permite ser feliz, ser fuerte, vivir en paz y armonía, tener una vida productiva, una vida llena de sabiduría. Es un amor que me permite ser honesto en mis relaciones. Es un amor que me permite aceptarme a mí mismo, inclusive con las dificultades que tuve durante mi niñez...

Esta luz, este amor, me permite darme cuenta de todo lo que tuve que sufrir en el pasado, pero me permite ser yo mismo. Tengo mis propios sentimientos, mi propia historia. Me permite aceptar mi pasado tal como fue, sin convertirlo en presente...

Esta luz me permite dejar mi pasado en el pasado, sin dejar que controle mi presente. Me da el poder de cambiar, de elegir mis propios sentimientos, de sentirme poderoso, de confiar en mí mismo...

Disfruto de este momento. Disfruto de este encuentro que tengo conmigo mismo. Siento tal bienestar que puedo ser generoso conmigo mismo. Puedo aceptar que a veces es posible que necesite ayuda y la pido...

Puedo estar en paz con aquéllos que me han hecho daño. Puedo continuar con mi vida y ellos también. Puedo recordar los tiempos difíciles de mi vida, pero sin las emociones intensas de mi niñez. Esa intensidad ya no existe... Puedo soltar el resentimiento y los sentimientos negativos que antes consumían toda mi energía.

Ahora puedo usar toda esa energía para mi propio bienestar. Es mía. Soy libre. Puedo vivir mi vida y hacer lo que siempre quise hacer. Puedo tener esa paz interior que siempre he buscado... Esa luz blanca está dentro de mí. La veo. La siento. Puedo percibirla con mis sentidos. Hasta la puedo oler.

Lentamente, mi madre se va. La dejo ir. Pero mantengo esa luz blanca dentro de mí. Es la luz de mi ser, la luz que permanecerá conmigo por el resto de mis días, la luz que proviene de un ser a quien puedo recurrir cuando tengo dudas, inseguridades. Es la luz que me guía. Es mi propia luz interior...

Ahora finalizaré este ejercicio, manteniendo esa luz dentro de mí. Nunca la perderé. Es mía.

Contaré de cinco a uno. Cuando llegue a uno, mantendré esa luz dentro de mí. Cinco... cuatro... tres... dos... uno.

PREGUNTARLE A SU PAREJA SOBRE SU HISTORIA FAMILIAR

De la misma manera en que podemos descubrir más sobre nosotros mismos explorando nuestra historia familiar, podemos aprender más sobre nuestra pareja informándonos de cómo fue su infancia. Mientras más entendamos su niñez, más preparados estaremos para desarrollar una relación más íntima y sólida.

Muchos amigos me han dicho que, cuando comenzaron a salir con su futuro cónyuge, pasaron mucho tiempo hablando del pasado de ambos, de cómo fue crecer en sus familias respectivas. Así descubrieron lo que tenían en común. Esta es, sin duda, una de las mejores maneras de comenzar a conocer a alguien. Cuando una persona está dispuesta a compartir con usted los recuerdos, los temores, las dudas, las alegrías y las tristezas de su historia familiar, le está indicando que le permitirá entrar en su vida. Esto significa que confía en usted lo suficiente para contarle situaciones que fueron determinantes en su desarrollo, posiblemente conflictos, o dolores emocionales que lo afectaron de por vida.

Nunca es tarde para comenzar este proceso de compartir su pasado con alguien en quien confía. Cada persona lo hace a su manera, a su propio ritmo. Tal vez ha estado saliendo con alguien durante un tiempo o ha estado casado durante unos cuantos años y todavía no ha hablado francamente sobre su historia familiar. Para algunas personas, solicitarles que revelen cosas desagradables o perturbadoras de su pasado puede convertirse en una amenaza o en una invasión a su privacidad. Nunca es adecuado obligar a alguien a hablar de sucesos que lo hacen sentir mal. Pero cuanto más francos sean los miembros de la pareja y cuanto más dispuestos estén a hablar de sus historias familiares, más cerca estarán de establecer la relación íntima que tanto desean.

¡SOCORRO!
¡NECESITAMOS AYUDA!

SOY el tipo de persona que no habla sobre su vida personal. No necesito contarle al resto del mundo lo que sucede en mi familia. Estoy orgullosa de poder resolver cualquier problema que surja en mi vida, ya sea con mi esposo o con mis hijos. Si la situación se pone realmente grave, sé que siempre puedo acudir a la iglesia y encontrar consuelo en Dios. Sin embargo, esta vez fue diferente. Todas las noches rezaba para que las cosas mejorasen, y creía que yo podría resistir esa situación sola. Pero me di cuenta que no. Si no hubiera sido por el apoyo del grupo en el que estoy, no sé qué habría sucedido.

—*Rosanna, 38 años*

ES cierto que mi esposa y yo tenemos muchísimos problemas, pero cuando ella quiso que fuéramos al psicólogo, me pareció que no debíamos sacar los trapitos al sol frente a un desconocido. En nuestra cultura, la gente no le habla de sus problemas personales a un extraño. Tal vez, comentas un problema matrimonial con un padre, un tío o un cura. Pero, ¿con un psicólogo? De ningún modo. Creía que sólo los locos iban al psicólogo. No me fue fácil superar ese prejuicio.

—*José, 42 años*

A lo largo de este libro hemos discutido una serie de problemas personales y familiares, desde dificultades para comunicarse con la pareja y preocupaciones de orden sexual, hasta dilemas en la educación de los hijos. En el capítulo anterior vimos cómo nuestra historia familiar puede ayudarnos a entender y resolver áreas problemáticas de nuestras relaciones. Pero, ¿qué pasa si descubrimos que no podemos encontrar soluciones solos? ¿Y si sentimos que necesitamos más ayuda para resolver conflictos en nuestra familia, nuestra relación o nuestro matrimonio?

Aunque ya en esta época el estadounidense ve la psicoterapia individual, de pareja y de familia, los grupos de apoyo y los programas de doce pasos como cosa normal, muchos latinos son reacios a buscar ayuda externa para sus problemas personales. ¿Por qué tantos de nosotros nos rehusamos a buscar ayuda profesional o a obtener la asistencia que necesitamos para superar nuestros conflictos familiares?

Esta actitud se debe a que, en nuestra cultura, se lidia con los problemas personales de otras formas. En la mayoría de nuestros países de origen, la psicoterapia y los grupos de autoayuda no son muy comunes. El papel del consejero o confidente lo cumple generalmente un pariente, un sacerdote o pastor, un curandero o el médico de la familia. Cualquiera sea la dificultad por la que uno pase, el apoyo emocional está al alcance de la mano. Uno habla de manera muy informal con alguien en quien confía y a quien conoce bien, y eso es mucho menos "arriesgado" que consultar a un psicoterapeuta profesional o asistir a reuniones con un grupo de desconocidos.

Inclusive para aquellos latinos que son de una segunda o tercera generación, es más fácil buscar ayuda en fuentes tradicionales. Antes de explorar algunas nuevas e importantes alternativas para obtener ayuda que están al alcance de todos, discutiremos las diversas formas en que los latinos, tradicionalmente, hemos recibido "apoyo emocional".

FUENTES TRADICIONALES DE APOYO EMOCIONAL

El médico de familia

El típico médico de familia en los países latinoamericanos lo conoce a usted muy bien, va a su casa, le conversa, le habla a su cónyuge y a sus hijos, y realmente presta atención a sus preocupaciones personales, además de lidiar con su estado de salud. Tener la oportunidad de hablar y de ser escuchado por alguien que se preocupa por uno es una excelente terapia. Aquéllos que han experimentado ese tipo de atención e interés saben lo valioso que puede ser.

Pero ese tipo de relación entre el médico y el paciente es poco frecuente en los Estados Unidos. Aquí, debido a las limitaciones impuestas por el sistema de salud, los médicos apenas tienen tiempo para hacer un diagnóstico y para dar una receta médica. Hay poco tiempo para que haya una buena comunicación, para que el médico le pregunte sobre la familia y mucho menos para establecer una verdadera relación.

El Dr. Alberto Gedissman, un pediatra amigo mío de gran prestigio, de Orange County, en California, me ha contado lo frustrante que resulta no poder pasar más tiempo con sus pacientes. "Sé que los padres se benefician enormemente cuando me tomo el tiempo para hablarles sobre el comportamiento de su hijo, sus problemas de crecimiento o las propias inseguridades como padres", señala él. "Pero generalmente no tengo el tiempo y eso se debe, en gran parte, a los cambios ocurridos en nuestro sistema de salud".

En los países latinos, las personas se sienten mucho menos presionadas por el tiempo y esto influye en sus relaciones con los demás. Disfrutan de discutir y filosofar, aun durante las horas de trabajo. El concepto del tiempo y de la eficiencia no es tan rígido como en los Estados Unidos. Mientras que aquí se valora el "ahorro del tiempo" —pareciera que la gente siempre anda apurada— en las culturas latinas se aprecia más la interacción amistosa en la vida cotidiana. Esta actitud da a la gente la oportunidad de charlar sobre sus problemas de una manera relajada con sus seres más allegados, incluyendo el médico de la familia.

El párroco o pastor local

El estrecho lazo que muchos latinos mantienen con su iglesia también brinda una oportunidad para hablar de las preocupaciones personales y familiares. La Iglesia católica, y las iglesias de otras ramas del cristianismo, son como un hogar para muchos, un sitio donde uno puede desahogar sus problemas y encontrar a alguien que le escuche. El párroco o el pastor local es a menudo la persona a quien la gente recurre para obtener orientación y consuelo.

Ese representante de la Iglesia puede ofrecer comprensión y buenos consejos morales. Sin embargo, podemos reconocer ciertas desventajas en depender únicamente de la Iglesia en lo que a problemas de pareja se refiere. A menudo los problemas de una persona o de una pareja son mucho más complicados que un simple dilema moral. Tales preocupaciones necesitan ser tratadas con más profundidad por alguien entrenado en psicología humana. No todos los pastores o párrocos tienen la educación profesional que se necesita para resolver los conflictos de pareja y/o los problemas de salud mental. Y como los temas psicológicos se discuten ahora tan ampliamente en los medios de difusión, se han vuelto mucho más complejas las expectativas de la gente sobre el tipo de consejo que necesitan.

Eso no significa que se deba ir al psicólogo o al consejero EN LUGAR de buscar el consejo del párroco o pastor. Uno no reemplaza al otro. Una persona con formación religiosa puede ayudarle a pensar sobre sus problemas desde un punto de vista religioso y espiritual, y eso puede contribuir a la resolución de sus dificultades.

Un consejero familiar o un psicólogo puede ayudarle a entender lo que ocurre en su relación desde un punto de vista psicológico y de la dinámica familiar. Su único propósito es ayudarle a resolver los problemas emocionales, matrimoniales o familiares en la forma más beneficiosa para usted y para los miembros de su familia.

Curanderos y naturistas

Los curanderos también han desempeñado un papel importante en ayudar a los latinos a lidiar con las enfermedades físicas, los problemas psicológicos y las dificultades de la vida en general. En su libro *Latinos*, Earl Shorris describe el curanderismo como "una antigua forma de psicoterapia" que, a diferencia de la medicina o la psicoterapia occidental, no depende del entrenamiento profesional, sino de que el curandero demuestre su conocimiento.

Los curanderos creen que sus habilidades curativas provienen de una fuente divina y que su profesión es una misión de Dios. Usan hierbas curativas, masajes, plegarias, rituales y otras prácticas populares para sanar a sus pacientes.

Los naturistas son aquéllos que recomiendan remedios naturales y hierbas para problemas fisiológicos y psicológicos. Conocen los usos beneficiosos de las diversas hierbas, las cuales recomiendan y venden a sus clientes en las tiendas llamadas "botánicas". Este tratamiento naturista puede ser apropiado siempre y cuando los clientes no dejen de consultar a un doctor en medicina cuando sea necesario. Por desgracia, algunos naturistas se llaman a sí mismos "doctores en naturismo", lo cual hace que muchas personas crean, erróneamente, que son doctores en medicina.

Los curanderos, los naturistas y otras personas que practican el arte de curar, son parte de una tradición que se remonta a las culturas más antiguas del mundo. Los chinos, por ejemplo, tienen un sistema curativo altamente desarrollado que incluye la acupuntura, la digitopuntura y los tratamientos con hierbas. Creo que estas prácticas tradicionales complementan los enfoques científicos y nos dan cierto poder espiritual. Cuando alguien visita al curandero, por ejemplo, se hace cargo de su propia salud mental o física pues utiliza el conocimiento especial y la energía espiritual de ese curandero. Este tratamiento es mucho más personal que el sistema de la medicina occidental.

El curanderismo tiene un mejor resultado cuando uno cree firmemente que el curandero tiene el poder de sanarlo. Por lo general, el curandero está íntimamente conectado con la familia extensa de la persona que recurre a él, y por eso hay mucha confianza de por medio. Cuando un miembro de la familia recomienda a un curandero en quien se puede confiar, se tiende a creer en la habilidad de esa persona para aliviar el dolor o para hacer que el matrimonio mejore. Por lo tanto, probablemente el tratamiento sea beneficioso.

Además de considerarse a sí mismos individuos inspirados espiritualmente —que han sido designados por Dios para curar a los demás— los curanderos pueden ser personas con habilidades muy especiales, tales como una poderosa intuición y sensibilidades muy desarrolladas. Tales individuos con capacidades curativas pueden a menudo atravesar la barrera de soledad del cliente para conectarse con la energía y el alma de esa persona. Los resultados de esa conexión pueden ser muy terapéuticos.

Por otra parte, existen curanderos que pueden ser muy dañinos para la salud psicológica de una persona. Tengo un relato que sirve como ejemplo. Una mujer que conozco tenía problemas con su esposo, y a pesar de que sus problemas no eran graves, se sentía infeliz y decidió recurrir a una curandera. La curandera le dijo que su suegra estaba interfiriendo en la relación con su esposo, utilizando "magia negra" para tratar de destruir su matrimonio. A la mujer se le aconsejó que tratara de detectar cualquier cosa fuera de lo común en su hogar para confirmar esa predicción. La señora regresó a su casa y encontró un abrigo que estaba totalmente mojado. Después de interpretarlo como una "señal" de que su suegra estaba tratando de sabotear su matrimonio, ella confrontó al esposo y, naturalmente, éste se enojó muchísimo. No podía creer que la esposa dudara de tal forma de su madre, sobre todo porque ella siempre había ayudado a la familia, especialmente con el cuidado de los niños. Como su esposo se puso tan a la defensiva, la mujer comenzó a dudar también de él, pues creía que eso era más evidencia de la "magia negra" de su suegra. La mujer peleó con su esposo y le dijo que no quería que su suegra siguiera ocupándose de los niños. La estructura de la familia se puso en peligro y la situación empeoró.

El curanderismo no siempre se practica de una manera tan irresponsable, pero cuando eso sucede —especialmente cuando el curandero trata de identificar a alguien que está haciendo algo malo— puede ser muy, muy peligroso. Pero como muchos saben por experiencia propia, existen personas que tienen ciertas habilidades intuitivas especiales. Permítame contarle otra historia, ésta sobre una experiencia asombrosa con un curandero que mi esposo y yo conocimos en la Argentina. Estábamos en la provincia de Córdoba y fuimos a visitar a un hombre que era muy conocido por su poder curativo. El comenzó a hablarnos de poesía y siguió así durante un buen rato, cuando de repente, miró a Alex a los ojos y le preguntó: "¿Ya se le quitó el dolor de rodilla?" Nos quedamos pasmados; no había manera de que ese hombre supiera que Alex había estado experimentando un dolor agudo en la rodilla durante las últimas dos semanas, pero en ese momento el dolor desapareció. Luego nos dijeron que este hombre había ejercido sus habilidades curativas sobre mucha gente con resultados excelentes.

Algunas personas del mundo occidental no creen en la autenticidad y la efectividad de estas técnicas de curación; pero muchos otros aceptan que tales métodos tienen un elemento intuitivo y espiritual del que carecen la psicología y la medicina tradicionales. Creo que gran parte del proceso curativo ocurre en nuestra mente, y consiste en tener una actitud positiva, en tener fe y en creer en nuestro propio poder de curación. La mente tiene un increíble potencial curativo y la sociedad moderna todavía está en el proceso de descubrir esas habilidades. Jay Haley, Norman Cousins y el Dr. Carl Simonton entre otros, han publicado innumerables materiales sobre las habilidades curativas de la mente.

Curiosamente, en Los Angeles conozco a un consejero matrimonial, de familia y de niños llamado Ignacio Aguilar, que combina la psicoterapia con el curanderismo que aprendió en México. Primero, somete al paciente a una "limpia", que consiste en un baño con hierbas especiales. Así "limpia" el cuerpo y el alma de cualquier influencia negativa (él tiene en su consultorio instalaciones especiales para el tratamiento). Luego, comienza la sesión de psicoterapia. Naturalmente esta "terapia combinada" funciona muy bien con aquellos latinos que confían en que van a encontrar soluciones en este proceso curativo singular.

La familia extensa

Como hemos descripto anteriormente en este libro, la familia extensa es muy importante en la vida de la mayoría de los latinos de todo el mundo, y también de los Estados Unidos. Tener tantos parientes con los que nos podemos relacionar, con los que podemos hablar y compartir nuestros problemas y con quienes podemos contar en una situación de crisis, es una bendición que apreciamos profundamente. Ser parte de una familia grande y de lazos estrechos, en cierta manera nos fortalece porque sentimos que somos más que una sola persona, estamos conectados a algo más grande que nosotros mismos.

Es posible que esa conexión con nuestra familia contribuya a que los latinos tengan un promedio de vida más largo. De acuerdo a David E. Hayes-Bautista, director ejecutivo del Centro para el Estudio de la Salud de los Latinos, en la Escuela de Medicina de la Universidad de California en Los Angeles (UCLA), los latinos del condado de Los Angeles tienen un promedio de vida de casi cuatro años más que sus conciudadanos "anglos", debido en parte a la importancia que tiene la familia en su vida diaria y a que pueden depender de los parientes para satisfacer muchas de sus necesidades.

Sin embargo, muchos latinos que viven en los Estados Unidos no cuentan con una familia extensa. El apoyo de ellos que antes dábamos por sentado, a menudo no es más que un concepto idealizado. Los miembros de la familia están esparcidos a lo largo de todo el país, o todavía viven "allá en casa", en nuestro país de origen. Sin los primos, las abuelas, las hermanas y los tíos a quienes podamos confiarles automáticamente nuestros problemas personales, nos sentimos aislados y solos. Además, para muchos de nosotros que estamos acostumbrados a la idea de que la familia satisface nuestras necesidades sociales, el crear lazos estrechos de amistad resulta un proceso desconocido.

Recuerdo haberme asombrado, cuando acababa de llegar a los Estados Unidos, por el hecho de que mi hermano y mi cuñada, que ya llevaban diecisiete años aquí, habían creado su propia "familia postiza" con amigos. Para mí, eso era algo extraño. Ellos se habían hecho muy amigos de un grupo de parejas argentinas que habían emigrado a este país, que tenían más o menos la misma edad que ellos, que tenían hijos y que compartían la misma vida cultural. Estas familias se reunían de forma muy parecida a como lo haría una familia latina: los fines de semana, los días de fiesta y en otras ocasiones especiales. Estaban constante y consistentemente a disposición unos de otros, compartiendo sus problemas y preocupaciones comunes, cuidando a los niños de los otros, inclusive intercambiando la ropa de los hijos. Esta gente me aceptó inmediatamente dentro de su "familia" cuando llegué al país y me trató como me habría tratado la mía.

Fue una lección para mí que nuestro concepto latino de familia extensa pueda ser modificado para incluir a aquéllos que no son parientes, pero que están conectados entre sí por semejanzas culturales y necesidades mutuas. Los amigos de mi hermano crearon una familia porque, al no tener parientes en este país, la necesitaban. Ellos no siempre estaban de acuerdo en todo y había diferencias y conflictos entre sus miembros como en cualquier familia, pero se apoyaban mutuamente. El "círculo familiar" siempre estaba disponible para recibir a un miembro más, como me sucedió a mí cuando vine a los Estados Unidos y necesitaba el apoyo y consuelo que sólo la familia puede proveer.

BUSCAR AYUDA EN FUENTES NUEVAS

Venimos de una tradición en la que estamos acostumbrados a resolver los conflictos hablando con parientes, con el médico de la familia, con el párroco o pastor o con el curandero. Pero cuando esas personas no están disponibles, o cuando necesitamos respuestas y soluciones que ellos no nos pueden dar, debemos encontrar nuevas fuentes de orientación y de apoyo emocional.

En el resto de este capítulo exploraremos estas nuevas opciones. Hablaremos de la importancia de la psicoterapia, pero también discutiremos otras alternativas, tales como los grupos de apoyo, los programas de doce pasos, y los libros y las cintas de audio de autoayuda. También compartiré con ustedes mis experiencias con gente que se ha acercado a mí en busca de ayuda a través de mis programas de radio y televisión.

El primer paso para mejorar su situación es reconocer cuando no es capaz de resolver solo una crisis matrimonial o un problema que le ha impedido vivir una vida más feliz. Pedir ayuda puede ser el comienzo de un proceso de desarrollo personal que transformará su vida.

¿Por qué mi mejor amigo no puede ser mi psicoterapeuta?

Conozco a muchas personas que creen que no necesitan más que hablar con su mejor amigo para resolver sus problemas de pareja. "¿Por qué voy a ir a ver a un consejero matrimonial para hablar de mis problemas conyugales...", se preguntan estas personas, "...si yo siempre puedo contar con mi mejor amiga Gloria para que me ayude a encontrar una solución? Ella es la que mejor me entiende".

Los amigos son maravillosos y muy importantes. Nos proporcionan el apoyo emocional y el cariño que necesitamos y nos hacen sentir que no estamos solos en el mundo. Nos ayudan también de varias formas prácticas, desde cuidar a nuestros hijos o traer un plato de comida cuando estamos enfermos, hasta ayudar a mudarnos. Sin embargo, cuando se trata de problemas de pareja, su amigo se pondrá de parte de alguno de los dos. ¿Y de parte de quién cree que se pondrá?

"¡Qué bien!", dirá usted, "Necesito oír que mi amiga me apoya y me confirma lo mal que me trata mi esposo".

Es verdad que usted necesita que su amiga esté de su parte para sentirse apoyada y querida. Pero eso no la ayudará a resolver el problema con su esposo. He aquí dos conversaciones, una entre Lupe y Gloria, y otra entre Eduardo y Roberto. Al leerlas verá a lo que me refiero:

LUPE: Eduardo sale de casa sin decirme a dónde va, ya nunca me saca a pasear y se niega a hablar conmigo de lo que está sucediendo.
GLORIA: ¡No te dejes, mujer! No dejes que se salga con la suya. Todos los hombres son iguales y no puedes permitir que te trate así. ¡No sabe apreciarte! Igual que Roberto era conmigo...

He aquí cómo Eduardo y Roberto discutieron las mismas circunstancias:

EDUARDO: Lupe lleva días molestándome, diciéndome que casi no salgo con ella, que no hago esto y que no hago lo otro. Ya no aprecia nada de lo que hago por ella.

ROBERTO: ¡No te dejes, hombre! Las mujeres siempre quieren manipular a los hombres llorando o por medio del sexo o de alguna otra cosa. Si dejas que se salga con la suya, va a pensar que eres débil y va a tratar de hacer lo mismo todo el tiempo. No dejes que te haga eso. Sé fuerte, hombre. Enséñale que no puede tratarte de esa manera.

Lo que ha sucedido en estas conversaciones es que ambas parejas de amigos, Lupe y Gloria, y Eduardo y Roberto, han convertido los problemas de Lupe y Eduardo en una especie de "guerra de los sexos". No hay nada más natural que cuando le contamos un problema a un amigo, éste piense que nuestra pareja se aprovecha de nosotros. El amigo (que se preocupa más por uno que por la pareja) no puede ser objetivo y su instinto es, por lo tanto, protegerlo de ese esposo o esa esposa que "no lo trata bien".

El consejo que da un amigo tiende a estar "contaminado" con sus propias experiencias. A pesar de tener las mejores intenciones, él proyecta sus propios conflictos y preocupaciones... por lo que su consejo está dirigido hacia él mismo, no hacia usted. En una relación, pueden existir los problemas de una persona o los de la otra, pero los problemas de la relación pertenecen a una tercera entidad. Nuestros amigos, por lo general, no conocen las dos versiones y de ninguna manera pueden conocer la relación como entidad.

Lo mejor que un amigo puede hacer es, sencillamente, escuchar y ofrecer su comprensión y apoyo. Si bien nos hace sentir mejor tener un amigo de nuestro lado, seguimos sin resolver el problema. En realidad, la típica "crítica al sexo opuesto" que aparece en las conversaciones anteriores, crea más obstáculos, en lugar de comprensión.

Sería más beneficioso que Eduardo y Lupe hablaran entre sí para resolver sus diferencias. Sin embargo, el problema que enfrentan muchas parejas al tratar de hablar es que se culpan el uno al otro y se ponen a la defensiva; así, no pueden escucharse ho-

nestamente ni entender el punto de vista de su pareja (el Capítulo
3 presenta técnicas para mejorar la comunicación dentro de la
pareja). Por esa razón resulta muy útil consultar a un consejero
matrimonial o a un psicoterapeuta. Este profesional es un experto
entrenado para ayudar a que las personas se vean a sí mismas y a
los demás bajo una luz más imparcial y honesta, de modo que sea
posible encontrar la solución pensando en lo que más le conviene
a la relación, ya que es ésta la que está sufriendo.

Es incalculable el valor que tienen los amigos, pero no podemos
esperar que sean objetivos cuando escuchan nuestros problemas o
que nos aconsejen la mejor manera de actuar en nuestra relación.
Ellos no están preparados ni son los adecuados para asumir el papel del psicoterapeuta.

Programas de psicología en radio y televisión: cómo aprender a compartir sus problemas con un profesional

Antes de que discutamos cuándo es adecuado ver a un psicoterapeuta para problemas de pareja, creo que sería beneficioso
examinar cómo funcionan los programas de consejos de televisión
y radio, porque éstos pueden darle una idea de lo que significa buscar ayuda en un psicoterapeuta profesional. Pero hablar con un
psicólogo en la radio o escuchar sus consejos frente a una cámara
de televisión es muy distinto a una sesión privada de psicoterapia.
En la terapia privada usted tiene tiempo de discutir a sus anchas
qué siente sobre los problemas con los que está lidiando. Puede
hablar en profundidad y confidencialmente sobre cómo su historia personal está relacionada con un problema específico, y la psicoterapia le ayuda a entender por qué usted pasa por ciertas
dificultades. Naturalmente, cuando se termina la hora de consulta, usted regresa a su hogar, y en la próxima cita continúa explorando el problema en cuestión. Aun la "terapia a corto plazo"
por lo general requiere entre diez a doce sesiones de una hora.

Por otra parte, en televisión, sólo tiene dos o tres minutos para tratar un problema personal en particular; en la radio, tiene de seis a siete minutos. Desde un punto de vista técnico, es mejor terminar un tema antes del corte publicitario, lo que limita el tiempo y no permite profundizar la consulta. Ese tipo de conversación breve le puede brindar sólo una leve idea de cuál puede ser el problema en su relación y lo motiva a continuar por cierto camino para encontrar su solución. Un riesgo ineludible es que un oyente o televidente puede llegar a identificarse tan estrechamente con un invitado al programa que tal vez sienta que el consejo es apropiado también para él o ella, cuando en realidad tal orientación está dirigida solamente a la persona entrevistada.

Mis programas ofrecen consejos, educación e información a las personas que llaman o que aparecen frente a las cámaras para compartir sus problemas conmigo. Como hemos discutido anteriormente, sin el sistema de apoyo tradicional al que están acostumbrados los latinos, hay una enorme necesidad de hablar francamente sobre los problemas personales.

Estos programas son útiles pues aunque usted no sea el que discute sus problemas con el profesional o el conductor del programa, puede escuchar las preocupaciones de otras personas y sentirse menos aislado al darse cuenta de que otros también pasan por dificultades semejantes. Se siente un alivio enorme al saber que uno no es el único que tiene una crisis matrimonial, sexual, familiar, social o de adaptación a este país.

Cerca de un 80 por ciento de las llamadas a mi programa de radio son de mujeres entre los veinte y los cuarenta años de edad. Pero esas cifras no reflejan a toda mi público. Los esposos y los novios también escuchan y son los que a menudo le dicen a su esposa o novia que llame. Después de todo, a los hombres no les gusta parecer "débiles". ¿Y qué clase de preguntas se formulan? Entre las preocupaciones más comunes están la infidelidad, las dificultades sexuales, el papel del hombre y de la mujer en una sociedad cambiante, y la educación de los hijos. Tanto hombres como mujeres preguntan sobre esos temas, pero lo hacen de maneras muy diferentes.

Si tuviera que caracterizar esas diferencias, diría que las mujeres "comparten" y los hombres "intelectualizan". Por ejemplo, María llama para quejarse de su esposo Alberto: "Desde hace unos meses, Alberto no llega a casa a la hora acostumbrada, se enoja fácilmente, no me habla, está muy antipático. Hasta está arisco con los niños, no quiere escucharlos y a veces se vuelve demasiado agresivo con ellos. Me dice que está muy ocupado con el trabajo y ésa es la excusa que me da para justificar su comportamiento".

Después de contarme eso, María dirá finalmente: "Y hoy me enteré de que está teniendo una aventura amorosa".

Por su parte, José, cuya esposa le ha sido infiel, dirá algo así: "Doctora, quisiera saber qué posibilidades de sobrevivir tiene un matrimonio después de una aventura amorosa".

Así que la forma en que un hombre y una mujer encaran el mismo problema tiende a ser totalmente diferente. Para la mujer, existe la necesidad de revelar, de compartir sus problemas. En cambio, el hombre necesita distanciarse emocionalmente, plantear una pregunta más teórica e ir directamente al grano para obtener una solución al problema. La mujer quiere hablar del asunto, abrir su corazón a otro ser humano y recibir consuelo. El hombre le habla a un doctor, a un "científico"; él quiere estadísticas, datos concretos y que le digan qué debe hacer.

Cuando mis invitados ya me han contado el problema básico, generalmente les pido que describan cómo se generó esa situación para enterarme más sobre su vida y su situación. María tal vez explique con detalles la infidelidad de su esposo tratando de justificar su comportamiento. Por ejemplo, ella quizás diga: "Los hombres llegan hasta donde las mujeres les permiten. El, realmente, no tiene la culpa, porque es un hombre típico... y usted sabe lo débiles que son los hombres cuando se trata del sexo. Si se les ofrece algo, lo toman".

La justificación de María hacia el comportamiento de su esposo indica que ella quiere que él continúe siendo digno de su amor y de su perdón. Es posible que hasta vaya un poco más allá y se culpe a sí misma diciendo: "Bueno, yo lo rechacé muchas veces al negarme a tener relaciones sexuales con él. Y les presté más atención a mis hijos que a él. ¡Con razón busca otra mujer para tener relaciones sexuales!"

No es raro que también los hombres tiendan a justificar la infidelidad de su esposa como una "debilidad" de ella. Lo más típico sería que José me explique la aventura de su mujer como que "ella fue incapaz de resistir las insinuaciones de otro hombre porque todas las mujeres son débiles; ella sucumbió a las insinuaciones de otro porque no pudo evitarlo. Un tipo le dice a una mujer algo agradable sobre su cuerpo o su personalidad y ella no le puede decir que no".

Por lo general, a diferencia de las mujeres, los hombres no se culpan a sí mismos, y si lo hacen, terminan acusando a su pareja. Es muy probable que José diga algo así:

Bueno, tal vez debí haberle prestado más atención a Olga. Lo reconozco. Pero en realidad no pude, porque ella siempre estaba ocupada con sus hijos (fíjese que el los llama "sus hijos", no "nuestros hijos") o con la limpieza de la casa. Siempre está preocupada por algo. Así que yo ni siquiera me sentía inclinado a decirle cosas agradables o a acercarme a ella. Puede que yo no le haya dicho que la amaba, pero se lo demostraba trabajando mucho. Pero ella fue muy débil, igual que la mayoría de las mujeres. El tipo le dijo algunas cosas agradables y ella cayó en la trampa.

Estas son las historias que escucho en mis programas. Uno de mis trabajos como psicóloga, en esta interacción a corto plazo, es llevar a las mujeres de la "queja" a la "acción", y hacer que los hombres entiendan sus sentimientos y el problema antes de exigir una solución o una "acción" rápida.

Detrás de todas las preguntas y quejas de las personas que llaman a mi programa hay una necesidad de hacer algo, pero la mayoría de ellas no sabe qué hacer. Las mujeres generalmente sienten que son las que deben preocuparse por los problemas del hogar y por la paz familiar. Por lo tanto, cuando ellas hacen todo lo que pueden pero no hay cambio, se frustran. De esa frustración proviene "la gran queja" y luego la depresión. Las mujeres creen que deben soportar todas las tensiones y los problemas, aguantar lo que les da la vida. Después de todo, eso fue lo que nos enseñaron nuestras madres. Pero si nos quedamos atascadas aguantando, sin hacer lo apropiado, nuestros conflictos nunca se van a resolver.

Cuando es una mujer la que llama al programa, primero la dejo que exprese lo que siente. Al dejar salir sus frustraciones, las ideas pueden organizarse mejor y luego pueden colocarse en orden de importancia para tener más en claro cuál es el problema en cuestión. Después de eso, formulamos juntas la definición del problema para que ella considere cómo resolverlo. A partir de que haya ventilado sus sentimientos y puntualizado la problemática, podemos planear los pasos a seguir; de esa manera la queja se transforma en acción.

En la Argentina se utiliza la expresión "tenemos que limpiar el campo", que es muy gráfica. Si usted tiene un jardín lleno de hierbas malas y matojos, y no puede ver lo que hay en él, debe limpiar el exceso de vegetación para ver qué tiene. Si lo transferimos a los problemas personales, cuando usted haya expresado sus sentimientos y pensamientos, y "los haya sacado fuera", puede limpiar el exceso e identificar el dilema básico. Eso es lo que hago en mis programas, de manera que mis oyentes y televidentes vean con claridad los problemas que enfrentan. Luego los ayudo a identificar sus alternativas para poder considerar las decisiones a tomar.

Los hombres, por lo general, están más orientados a la acción; están ansiosos por tomar las medidas necesarias para resolver el problema. Ellos exigen: "Déme la solución y haré lo que sea necesario". Pero lo que falta a menudo es el proceso de reconocer sus emociones y tomarse el tiempo para evaluar sus pensamientos. Frecuentemente, debo preguntarles cómo los hace sentir esa situación en particular, porque, en cierta forma, se han distanciado de ella al presentarla como un problema intelectual. "Ponerse en contacto con sus sentimientos" puede ser una frase trillada, pero esto suele costarles mucho trabajo a los hombres.

Sé por mi experiencia con pacientes y con muchos hombres que llaman al programa que enfrentar las dificultades de una relación les resulta extremadamente frustrante y a veces hasta desalentador. Al principio, ellos no conciben que resolver los problemas de la relación sea un proceso al que deban dedicar su esfuerzo. Están ansiosos de obtener MI recomendación para solucionar sus problemas, pero no se trata de mi solución. Los problemas con su esposa o su novia exigen que ellos pasen por el proceso de expresar sus sentimientos y escuchar los de la otra persona, de detectar cuál es el conflicto, de ofrecer alternativas, y luego de ponerse de acuerdo con sus propias soluciones. Yo solamente estoy ahí para guiarlos en ese proceso.

Algunos hombres "se olvidan" de incluirse en el problema que describen. Un hombre que llama por teléfono pregunta, por ejemplo: "¿Puede ayudar a mi esposa? Está aquí junto a mí, no quiere hablar, pero éste es un problema de ella...". Este hombre que llama se ha apartado de la situación, argumentando que el problema es sólo de su esposa, y lo pone en mis manos. El cree que como soy una psicoterapeuta del sexo femenino, entenderé a su esposa y podré indicarle a ella lo que debe hacer. El proceso de resolver los conflictos no funciona de esa manera.

Una vez que empezamos a hablar acerca del conflicto y de cómo se puede resolver, la mayoría de los hombres comienza a entender que debe aceptar parte de la responsabilidad en la situación. Cualquier problema de pareja involucra a ambas personas, no sólo a uno o a otro; los dos deben participar en su resolución porque la relación es de los dos.

Al principio tal vez parezca que los hombres no quieren recibir ayuda, pero no siempre es así. Cuando los invito a ahondar en el problema, y cuando ya han entendido que, por lo general, la solución no se hace evidente de inmediato, sino que es un proceso más largo, ellos comprenden lo importante que es participar en ese proceso. Los hombres necesitan sentirse apreciados por hacer lo correcto en una relación, por tomar las medidas necesarias para mejorarla. Es muy importante darles el reconocimiento por haberlo hecho.

Las siguientes interacciones con María, y luego con José, muestran cómo los invitados a mi programa pasan de "quejarse" a "definir el problema" y de allí a pensar en qué "acción" es necesaria. Este proceso es semejante a lo que sucede en la psicoterapia. Sin embargo, hay que aclarar que estas citas son breves y que ciertos problemas graves no pueden tratarse por los medios de difusión. De todos modos, leer estos ejemplos le dará a usted una idea de cómo se inicia el proceso de resolver un conflicto de pareja.

Note también cómo ciertos temas que hemos estado discutiendo a lo largo del libro —las influencias culturales sobre el comportamiento, las diferencias entre las perspectivas masculina y femenina, el reconocimiento de sentimientos y el ir más allá de echarse la culpa mutuamente— surgen a medida que María y José intentan corregir sus dificultades.

PRIMERA SITUACION: MARIA ME DICE QUE ALBERTO TUVO UNA AVENTURA AMOROSA

MARIA: Alberto actúa ahora como una persona diferente. Nunca está en casa, nunca se interesa por los niños ni por mí. Cuando llegamos a hablar, está muy antipático conmigo, pero la mayoría del tiempo él, sencillamente, me ignora. Me siento tan molesta e irritada con él, pero sé que probablemente es culpa mía. No sé si pedirle que se vaya o no.

YO: ¿Están tan mal las cosas que le pediría que se fuera? ¿Ha sucedido algo que no me haya contado?

MARIA: Bueno... él tuvo una aventura; ya se acabó y él todavía quiere que nuestro matrimonio continúe, pero, ¿cree usted que debo pedirle que se marche?

YO: Yo no puedo tomar esa decisión. Creo que en circunstancias como ésas a veces la gente se apresura a pedirle a la otra persona que se marche, porque siente tanto dolor por lo ocurrido que necesita castigar al culpable. No creo que ésa sea una solución definitiva. Si usted necesita estar sola durante un día o dos o más, puede que sea conveniente que él o usted se marche, para tener tiempo de pensar. Pero la cuestión principal no es si debe pedirle o no que se marche. La pregunta para usted es: ¿Quiere conservar esta relación? ¿Es una relación valiosa? ¿Vale la pena? ¿Era una buena relación antes de que eso sucediera?

MARIA: Había muchas cosas buenas. Pero, ¿cómo puedo seguir junto a alguien que me traicionó?

YO: Hay muchos factores que pueden estar involucrados en la infidelidad de su esposo. A mí me es imposible decirle si debe o no debe seguir junto a él. Tal vez haya muchos aspectos positivos en su relación, pero quizás la aventura de su esposo haya herido su orgullo de tal forma que usted ya no quiere continuar con él. Tal vez pueda resolver la situación con su esposo si cree que la relación vale la pena, y si él también está dispuesto a comprometerse con la relación y a ganarse de nuevo su confianza. Ustedes dos tienen que conversar para entender por qué él veía a otra mujer, y deben enfrentar el hecho de que una de las promesas de su matrimonio, la de ser fiel, ha sido quebrantada.

Algunas personas no creen que la fidelidad sea una parte esencial en el matrimonio. Hay algunos matrimonios en los que ambos miembros se sienten libres de tener relaciones sexuales con otras personas. En nuestra cultura, algunos hombres latinos consideran que hay una distinción entre lealtad y fidelidad. Creen en la idea de ser absolutamente leales, pues nunca dejarían a su esposa, pero a la vez tienen aventuras amorosas con otras mujeres. Usted necesita tener una conversación con Alberto para aclarar qué opina de la fidelidad cada uno de ustedes.

Quizás Alberto es tan egoísta que nunca ha sido —y nunca será— capaz de satisfacer las necesidades que usted tiene. De ser así, tal vez no valga la pena mantener una relación que nunca le dará lo que usted espera. Si le ha sido infiel en repetidas ocasiones, eso podría indicar un patrón de conducta difícil de cambiar. Por otra parte, cuando alguien tiene una aventura amorosa, generalmente, no es con la intención de humillar a su pareja. La persona actúa de acuerdo a sus propias necesidades. Quizás su esposo se siente inseguro por algo que le ocurre y ha tenido esa aventura amorosa para alimentar su autoestima.

Es necesario que ustedes dos confronten todas esas circunstancias. Necesitan hablar y llegar a sus propias conclusiones. Le repito, el meollo de la cuestión es: ¿Siente que su matrimonio vale lo suficiente como para hacer el esfuerzo?

MARIA: Entonces, tengo que enterarme por qué tuvo la aventura amorosa, saber qué está pasando entre nosotros y cuestionarme si esta relación vale la pena, si lo bueno pesa más que lo malo, ¿verdad?

YO: Eso es. Y la respuesta no vendrá enseguida, porque usted está dolida. Alberto la ha lastimado con su comportamiento. Usted tiene que vivir con ese dolor durante un tiempo antes de tomar una decisión definitiva. Ya sea que sigan juntos o se separen, ese dolor continuará. Se divorcien o no, el dolor seguirá, porque hasta superar la crisis de la infidelidad, hay que pasar por mucho dolor. El tiempo la ayudará. Por eso ustedes dos deben encarar el asunto de la traición antes de responder a la pregunta: "¿Vale la pena o no esta relación?"

SEGUNDA SITUACION: JOSE ME DICE QUE OLGA ESTA TENIENDO UNA AVENTURA AMOROSA

JOSE: Doctora, ¿qué cree que debe hacer un hombre cuando descubre que su esposa ha tenido una aventura amorosa?

YO: ¿Se está refiriendo a su esposa, José?

JOSE: Sí. ¿Debo pedirle que se marche? ¿Debo quedarme yo con los niños porque ella, obviamente, no tiene moral?

YO: Parece que usted quiere llegar a una conclusión ahora mismo, pero lleva su tiempo entender qué ha sucedido y por qué, y discernir sus sentimientos al respecto. ¿Está usted dispuesto a reflexionar sobre lo sucedido, José?

JOSE: Sí, pero yo no hice nada malo, ella es quien tiene la culpa.

YO: Bueno, creo que no es sólo una cuestión de quién tiene la culpa. Usted necesita darse tiempo para entender qué siente y qué piensa. Examine lo que ha sucedido en su relación a lo largo de los años que han estado juntos. Vea si es realmente una cuestión de moral, o si sucedió algo más que condujo a su esposa a ser infiel. Debe permitirse sentir la ira o la tristeza o lo que sea que sienta y luego necesita hablar con ella para entender qué pasó entre ustedes.

JOSE: Pero, ¿cómo puedo seguir con una mujer que me ha hecho algo así?

YO: Lo esencial es que usted necesita responder a la siguiente pregunta: "¿Es ésta una relación valiosa?" Si es valiosa para usted y para su esposa, y los dos quieren esforzarse en mejorarla, el siguiente paso será determinar los problemas que llevaron a que Olga tuviera una aventura amorosa. Por lo general, la infidelidad no está relacionada sólo con el sexo. Hay muchas razones por las que se es infiel: a veces es por poder, otras veces por control, por sentirse inseguro de sí mismo, por escapar de algo que no quiere enfrentar en la relación o por darle un poco de dramatismo al matrimonio.

Esos son temas que usted necesita discutir con su esposa. Los dos deben aprender más sobre su relación y ver si la pueden recuperar brindándose mutuamente lo que necesitan como lo han hecho hasta ahora. Esta es la mejor forma de superar el dolor que le produce lo sucedido. De otro modo, las medidas superficiales que tomará para resolver el problema serán sólo como una curita, y las desavenencias continuarán entre ustedes.

Jose: Entonces yo necesito aprender más sobre lo que sucede en nuestro matrimonio, antes de decidir si nuestra relación vale la pena para mí, ¿no es así?

Yo: Sí. Eso es lo que necesita hacer.

¿Cuándo es adecuado consultar a un psicoterapeuta por problemas de pareja?

Espero que al leer este libro usted haya desarrollado nuevas ideas para comprender mejor los conflictos que a veces plantea una relación. Al examinar las preguntas al final del Capítulo 2, tuvo oportunidad de identificar las preocupaciones específicas de las que quisiera ocuparse, y a medida que fue leyendo los capítulos siguientes, probablemente se concentró en problemas concernientes a su relación, tal vez tomando nota o escribiendo lo que pensaba. A esta altura ya ha tenido la oportunidad de considerar cómo influye su entorno cultural y familiar en su relación de pareja. También ha considerado cómo mejorar la comunicación entre ustedes, qué hacer para no descargar su estrés en la persona que ama. Tal vez haya identificado técnicas o ejercicios específicos que le gustaría probar. Resulta muy beneficioso reconocer qué puede hacer para producir un cambio en su relación y emplear las estrategias apropiadas para lograr esos cambios. Pero a veces los nuevos puntos de vista y las técnicas de autoayuda no son suficientes.

Cuando sienta que la comunicación entre usted y su pareja está bloqueada de alguna manera, que su relación está interfiriendo con su desarrollo personal, o que hay conflictos entre ustedes que no puede resolver solo, es una buena idea consultar a un consejero matrimonial o un psicólogo. Naturalmente, todos pasamos por momentos buenos y malos en nuestra relación. Pero los conflicto constantes, los reproches y el dolor emocional interfieren con el crecimiento personal y espiritual que toda relación debe brindar.

Si su pareja ya no lo hace sentir una persona apreciada y fortalecida, es hora de hacer algo al respecto. Si ustedes han tratado de resolver los conflictos, pero sus esfuerzos han sido inútiles, la consulta con un profesional puede ayudarles a salir adelante con sus vidas.

Es posible que ustedes sólo necesiten una sesión de consulta para retomar el camino correcto, de manera que ambos puedan seguir avanzando y crecer como individuos dentro de la pareja. Puede ser que necesiten más sesiones para elaborar problemas más graves. Quizás su pareja no quiera ir a psicoterapia, por sus prejuicios culturales hacia la misma (véase "Ideas erróneas sobre la terapia psicológica" en la sección siguiente). Usted puede, de todos modos, ver a un psicoterapeuta por su propia cuenta. Si está dispuesto a hacer el esfuerzo para tratar de resolver los conflictos, y aprender sobre las nuevas alternativas y posibilidades de su vida, la experiencia será positiva, y probablemente haga que su pareja se motive al cambio también. Porque cuando uno de los miembros de la pareja realiza ajustes emocionales y cambia su comportamiento como resultado, la otra persona debe ajustarse a esta situación. A medida que ocurre ese ajuste, la relación cambia.

¿Se resiste la mayoría de las personas a la idea de que necesita ayuda para resolver sus problemas? Sí, mucha gente se resiste. Es difícil para la mayoría admitir que no podemos resolver las cosas por nosotros mismos. Así que cuando no podemos, tal vez neguemos que el problema existe o culpemos a nuestra pareja, a otra persona o a las circunstancias. En realidad, poseer la claridad suficiente para reconocer que necesitamos ayuda, es señal de que estamos reaccionando ante nuestras dificultades con valor e inteligencia.

La siguiente historia de Verónica y Arturo muestra cómo la consulta con un psicoterapeuta permite enfrentar las dificultades en la relación antes de que empeoren y así poder evitar problemas más graves.

Cuando Verónica y Arturo vinieron a su primera consulta, estaban sentados en extremos opuestos del sofá, mirándose con hostilidad. Cuando les pedí que me contaran cuál era el problema, así fue como se desarrolló la sesión:

ARTURO: Tenemos problemas para comunicarnos y satisfacer las necesidades del otro. Hace ocho años que estamos casados y admito que me gusta quejarme. Me quejo cada vez que hay un problema. Y en estos momentos no hay una conexión emocional entre nosotros.

VERONICA: Yo soy todo lo contrario. Si algo me molesta, no lo digo. Le escapo a los problemas. No soporto la presión de Arturo. Constantemente tengo que hacer las cosas que él me exige. Tengo que ser esposa, trabajar, cuidar a nuestros dos hijos, y encima me exige más comunicación. Sé que me guardo muchas cosas y que soy propensa a cambios de estado de ánimo, pero es que hago demasiadas cosas a la vez.

A medida que conversamos más, descubrí que una de las cosas que sucedía era que los padres de Verónica tenían graves dificultades matrimoniales y la usaban a ella como paño de lágrimas. A Arturo le molestaba que ella se ocupara de resolver los problemas de sus padres, en vez de enfrentar los de ellos dos. Verónica no sólo temía que su propio matrimonio se deteriorara como el de sus padres, y que Arturo un día le fuera infiel como lo había sido su padre con su madre, sino que también la irritaban cada vez más las constantes críticas de Arturo.

VERONICA: ¡Me dan ganas de divorciarme! No tengo la energía necesaria para continuar. No me siento segura de mí misma físicamente, de cómo me veo, ni emocionalmente, de cómo me siento. Tal vez no estoy pensando claramente. Sé que no me expreso bien y eso empeora las cosas, pero tengo demasiadas presiones.

ARTURO: Me gustaría establecer de nuevo el diálogo. Estos problemas se pueden resolver. Soy un hombre celoso, lo reconozco. Grito y empeoro la situación. Pero sólo estoy tratando de que ella se dé cuenta de que existe un problema. Hablo y hablo y ella sólo contesta: "¿Terminaste?" Y luego le pregunto: "¿Por qué no eres cariñosa y espontánea conmigo?"

Esta parte de la conversación condujo a una charla sobre la vida sexual de ambos, que, según Arturo, no es satisfactoria.

VERONICA: ¿Cómo puedo ser cariñosa en la cama cuando me dices que estoy gorda? ¡No soy la misma que cuando tenía dieciocho años!

ARTURO: Bueno, soy honesto.

VERONICA: Sí, pero me hieres.

Hasta ese momento la sesión consistió en reproches y comentarios defensivos. También era evidente que Arturo había venido para encontrar una manera de resolver rápidamente sus problemas, que, según él, consistían en que Verónica no prestaba atención a sus necesidades emocionales y sexuales. Como muchos hombres, Arturo es propenso a buscar soluciones inmediatas, y parecía querer encontrar una lo antes posible. Por su parte, Verónica se sentía tan abrumada por las exigencias de Arturo, por las presiones de su vida diaria y por los problemas de sus padres, que estaba tentada de admitir que su relación había fracasado.

Al final de la primera sesión les dije a Verónica y a Arturo que cada uno necesitaba entender que había un punto intermedio entre encontrar rápidamente una solución y darse por vencido. Este punto intermedio consistía en escuchar la versión del otro, expresar lo que sentían sin culpar a la otra persona, identificar el problema fundamental, y tratar luego de encontrar las soluciones adecuadas.

Los problemas de Verónica y Arturo son comunes y tienen solución, pero si no hubieran hecho nada al respecto, los habrían conducido al divorcio. Los resentimientos ocultos de Verónica y las exigencias excesivas de Arturo habían existido durante ocho años. Verónica se sentía presionada y abrumada, y Arturo se sentía rechazado y despreciado. ¿Quién sabe cuánto tiempo más habrían podido vivir con sentimientos tan angustiantes?

Arturo y Verónica no habían podido resolver estos problemas por sí mismos, y ya habían comenzado a hablar del divorcio. Creo que fue muy sabio de su parte buscar ayuda externa, a través de la cual recuperaron su relación.

Ideas erróneas sobre la terapia psicológica

Aunque la terapia psicológica ha sido ejercida durante casi cien años por diversos tipos de profesionales médicos y otros, todavía existen muchos mitos e ideas erróneas. He aquí algunas de las más comunes y lo que pienso sobre ellas.

1. Sólo los locos van al psicoterapeuta

Tal como se refleja en la cita de José al principio de este capítulo, probablemente el concepto erróneo más común que tienen los latinos (y otros) sobre la psicoterapia es que es sólo para "locos". Esta actitud proviene de la creencia de que deberíamos ser lo suficientemente fuertes como para hacernos cargo de nuestros problemas. El orgullo tiene mucho que ver con esto. Para muchos latinos, el buscar ayuda con un psiquiatra o un psicólogo por problemas psicológicos implica debilidad o que se tiene problemas graves —tales como paranoia o esquizofrenia— que requieren medicamentos. La mayoría de las personas no está familiarizada con los consejeros matrimoniales, de familia y de niños (en inglés, las siglas del título son MFCC), ya que la profesión no existe en América Latina. Por eso tiende a despertar escepticismo entre los latinos. "¿Qué hacen exactamente?", preguntan ellos. Cuando se enteran de que los "MFCC" ayudan a las personas con sus relaciones, muchos expresan puntos de vista semejantes a los que tienen respecto a psicólogos y psiquiatras: "¿Para qué buscar a alguien que nos ayude a resolver los problemas si los podemos resolver nosotros?"

El hecho es que millones de personas en los Estados Unidos consultan a consejeros, psicólogos y psiquiatras por una serie de dificultades personales, matrimoniales y familiares que van desde las más sencillas a las más graves. Y algunos consultan a estos profesionales no por un problema particular, sino para su propio desarrollo personal. Sin duda, la mayoría de estas personas no sería considerada loca por dichos profesionales.

2. Si voy al psicoterapeuta, me obligarán a vivir en el pasado y a hablar sin cesar de mi infancia.

Muchas personas piensan que el proceso de una psicoterapia es como entrar en estado de intensa agitación y de alto voltaje emocional. Temen que tendrán que discutir enseguida todos sus recuerdos dolorosos de la niñez, como si se sometiesen a una cirugía y se abriesen todas las heridas del pasado. Están atemorizados y se sienten incómodos de semejante amenaza emocional.

Por el contrario, el enfoque principal de la psicoterapia es aprender sobre su pasado para tener un presente agradable y un futuro mejor. Jamás debemos vivir en el pasado, ni sentirnos tan abrumados por los recuerdos que no podamos lidiar con las situaciones. De hecho, el objetivo de la psicoterapia es ser capaces de liberar los patrones negativos o desagradables en los que estamos estancados y abrirnos a nuevas experiencias. Cuando rechazamos o tratamos de negar nuestro pasado, podemos quedarnos estancados en él. Pero cuando estamos conscientes de nuestra historia personal, podemos comenzar a realizar cambios beneficiosos.

3. Un psicoterapeuta no es más que otra "figura de autoridad" que no me entenderá y sólo ordenará qué tengo que hacer.

Para que funcione la relación entre el psicoterapeuta y el paciente, este último debe sentir que el profesional entiende sus problemas. El psicoterapeuta debe estar familiarizado con el entorno cultural del paciente y ser sensible al mismo. Por otro lado, el paciente debe poder confiar en el psicoterapeuta para hablar franca y honestamente. Sobre todo para los latinos y para otras "minorías" étnicas, es esencial que el psicoterapeuta entienda los factores culturales específicos que influyen en nuestra vida.

El papel del psicoterapeuta no es "decirle al paciente lo que tiene que hacer" sino, más bien, ayudar a que el paciente entienda sus problemas, las alternativas y las oportunidades para resolverlos. Es muy importante que el psicoterapeuta explique en la primera sesión cómo funciona la psicoterapia, ya que hay muchas ideas erróneas sobre lo que el tratamiento implica. También es esencial que el paciente se sienta libre de expresar cualquier tipo de incomodidad que pudiera sentir en el transcurso de su psicoterapia. Para que ésta sea efectiva, el paciente tiene que confiar tanto en el psicoterapeuta como en el proceso terapéutico.

4. No puedo pagar la psicoterapia. Es demasiado cara.

Si bien hay terapeutas que cobran honorarios elevados, están también aquéllos que cobran según los recursos del paciente. Asimismo, la mayoría de las ciudades tiene clínicas de salud mental que brindan servicios a pacientes de bajos ingresos que desean consultar a un consejero o a un psicólogo.

Además, hay varias formas en las que usted puede obtener ayuda para pagar los servicios de un psicoterapeuta privado. Mucha gente no sabe que varios planes de seguros de salud cubren los servicios psicológicos. También, los programas de ayuda al empleado (Employee Assistance Programs o EAP) a menudo cubren la terapia psicológica. A veces esta cobertura es total, otras es sólo parcial. Medicaid y Medicare también tienen cobertura para las consultas psicológicas.

Asimismo, las víctimas de crímenes —ya sea violencia doméstica, asalto, robo o violación— tienen sus servicios psicológicos cubiertos por los programas de ayuda a las víctimas patrocinados por cada estado. Los niños que han estado expuestos a la violencia doméstica o que han sido víctimas de abuso físico o sexual u otro crimen también están cubiertos por esos programas. Finalmente, hay diversos programas comunitarios de salud mental que brindan ayuda psicológica en situaciones de crisis.

5. *La psicoterapia exige que pase muchos años bajo tratamiento.*

El proceso terapéutico ha sido modificado en las últimas décadas para aquellas personas que quieren elaborar solamente un tema en particular. Esta "terapia a corto plazo" puede ser muy efectiva. Por ejemplo, si alguien sufre de ansiedad o de depresión como reacción a una situación específica, es posible para algunos aprender a aliviar la mayoría de los síntomas en unas doce a veinte sesiones. No es necesario pasarse años en tratamiento. Y para ciertos problemas matrimoniales, puede que usted sólo necesite unas cuantas sesiones para entender la raíz de sus dificultades y saber lo que tiene que hacer para solucionarlas.

6. *Si comienzo con la psicoterapia, voy a depender del psicoterapeuta para siempre.*

Algunas personas creen que si se consulta a un psicoterapeuta, se pierde el control de la propia vida, pues siempre habrá que preguntarle al psicoterapeuta antes de hacer algo. Eso no es cierto. Le repito, un buen psicoterapeuta no toma decisiones por su paciente. El o ella le da al paciente las herramientas para que éste pueda tomar sus propias decisiones.

7. *El psicoterapeuta va a tratar de convencerme de sus "ideas raras", lo que sólo va a interferir con nuestra relación.*

El temor de que un psicoterapeuta plantee ideas que son extrañas para la pareja y para la relación, no tiene fundamento. Un buen psicoterapeuta trabaja dentro del sistema de valores y la filosofía de la persona, la pareja o la familia a la que está ayudando. Nunca le impone sus ideas a un paciente.

8. *Si mi cónyuge y yo vamos al psicoterapeuta, él o ella se pondrá del lado de uno de los dos y nos dirá quién tiene razón y quién está equivocado.*

El papel de un psicoterapeuta no es ponerse de parte de nadie ni decir quién tiene razón ni quién está equivocado. Un psicoterapeuta no es un juez. El o ella es alguien que observa objetivamente lo que sucede desde ambos puntos de vista de la pareja y luego los ayuda a descubrir cómo acomodarse el uno al otro para que su relación funcione mejor. Cada relación constituye un mundo propio; no es tarea del psicoterapeuta cambiar ese mundo sino ayudar a ambos a que ese mundo se vuelva más satisfactorio.

Cómo lo pueden ayudar los grupos de apoyo

Reunirse con otras personas que comparten los mismos tipos de problemas se ha convertido en un modo muy popular para enfrentar las crisis y las preocupaciones personales, sobre todo en los Estados Unidos. Existen hoy día los grupos de apoyo (o autoayuda) para lidiar con una amplia gama de situaciones, problemas físicos y emocionales. AlAnon (para familiares y amigos de quienes tienen problemas de alcoholismo), Diálogo de Divorcio (Divorce Dialogue), Sobrevivientes de Incesto Anónimos (Incest Survivors Anonymous), Narcóticos Anónimos (Narcotics Anonymous) y Padres sin Parejas (Parents Without Partners) son sólo algunos de los muchos grupos de apoyo que existen.

En los grupos de autoayuda es esencial la idea de compartir sentimientos, ideas y problemas con otras personas que han tenido experiencias similares. Los miembros de grupos de autoayuda reflejan las siguientes características:

❧ se sienten menos aislados al saber que otras personas comparten problemas semejantes

❧ intercambian ideas y técnicas efectivas para lidiar con los problemas

❧ ajustan sus actitudes y su comportamiento para lograr cambios positivos en su vida

❧ obtienen control sobre su vida y se sienten menos abrumados por los problemas

Las investigaciones han comprobado que los grupos de autoayuda mejoran considerablemente la calidad de vida de los participantes y promueven una mejor salud mental y/o física. Gran parte de la fuerza de los grupos de apoyo proviene del énfasis que ponen en el fortalecimiento de la sensación de que el cambio está en nuestras manos, en la autodeterminación y en el apoyo mutuo. La ayuda proviene sobre todo del esfuerzo, las habilidades, el conocimiento y la preocupación de los miembros mismos. Un miembro del grupo es tanto el que ayuda como el que necesita ayuda.

Aunque un profesional puede estar presente, el grupo está organizado y dirigido por sus miembros. Muchas personas que están en grupos de apoyo también asisten a sesiones de psicoterapia individual o de grupo con un psiquiatra, un psicólogo o un consejero. Obtener apoyo de los compañeros no excluye ver a un psicoterapeuta, y viceversa.

¿Se acuerda de Rosanna, citada al principio de este capítulo? Ella se integró a un grupo de apoyo cuando las discusiones con su esposo llegaron a tal punto que por la noche se dormía llorando y casi no podía concentrarse en el trabajo al día siguiente. Ella rezaba para que las cosas mejoraran, pero no tuvo éxito. Entonces intentó algo nuevo. He aquí cómo narra su historia:

Una compañera del trabajo que se dio cuenta de lo mal que yo me sentía, me recomendó que fuera con ella a una reunión de "Salud Emocional Anónima" (Emotional Health Anonymous), un grupo de apoyo para personas que pasan por cualquier tipo de problema emocional. Me pareció muy extraña la idea de sentarse con un grupo y contarle a todos mis problemas. Siempre había tratado de resolver las cosas por mí misma, buscando consuelo en la Iglesia. Pero me sentía tan, tan mal que estaba dispuesta a probar.

Al principio estaba muy asustada de hablar, así que sólo escuchaba. Recuerdo que en la segunda reunión una mujer se levantó y comenzó a hablar sobre su matrimonio. Dijo que se sentía constantemente menospreciada por el esposo, que él la criticaba y la hacía sentir que no valía nada. Ella había perdido su empleo y hacía seis meses que no trabajaba, lo que la hacía sentirse aun peor consigo misma. No pudo resistir y comenzó a llorar y yo comencé a llorar también... por ella y por mí. Su historia era muy parecida a la mía.

En ese momento, me di cuenta de que no estaba sola. Al escuchar las historias de otras mujeres y hombres del grupo —sobre todo la de esa mujer en particular— aprendí que había otras personas a las que les era muy difícil lidiar con sus estados de ánimo y sus relaciones.

Me enteré por los miembros del grupo cómo ellos se habían hecho más fuertes y cómo habían logrado alimentar su autoestima. A medida que yo misma empecé a hacer eso, no fue tan difícil hablar con mi esposo sobre nuestros problemas como siempre lo había sido. Yo sabía que pasara lo que pasara, me sentía más fuerte. Ahora, sin tantas depresiones, y con el apoyo y el amor de mi grupo, creo que puedo encarar mis problemas con mi esposo y tener más confianza en mí misma.

Otro beneficio que expresan Rosanna y muchos miembros de grupos de apoyo es la camaradería después de las reuniones. Por lo general, al final de cada reunión de los programas de doce pasos, hay un encuentro informal de "compañeros", en el salón donde ha tenido lugar la reunión, o a veces en una cafetería cercana. Este es un momento para tomar café y socializar con otros miembros en grupos más pequeños. Hablar de una manera más informal con personas que están lidiando con problemas parecidos a los suyos es una experiencia muy reconfortante que puede ayudarle a enfrentar el proceso de cambio.

Si tiene interés en pertenecer a un grupo de apoyo por un problema o situación en particular, busque la lista de los grupos existentes en su área en la sección de servicios sociales al principio de su guía telefónica local. También puede buscar en las páginas amarillas bajo los encabezamientos de "Self-help" (Autoayuda), "Community Services" (Servicios comunitarios) o "Community Information Referral" (Información comunitaria). Otra fuente de información general sobre grupos existentes es su agencia local de United Way. Muchos grupos de autoayuda son en español.

Cintas de audio y libros de autoayuda

No todos los problemas exigen que usted consulte a un psicoterapeuta o que pertenezca a un grupo de apoyo. Hay muchas situaciones en las que se puede ayudar a sí mismo, si consigue la información adecuada o las nuevas ideas de competentes autores de libros y/o cintas de audio de autoayuda.

El psicólogo Abraham Maslow, considerado como el fundador de la psicología humanista, afirmó que todos tenemos una tendencia natural a buscar nuestro propio bienestar. Sin embargo, muy a menudo las numerosas presiones de la vida hacen que no nos cuidemos lo suficiente o que no nos ocupemos de las relaciones con aquéllos que amamos. Los libros y las cintas de audio de autoayuda pueden ayudarnos a prestar atención a nuestras necesidades y a motivarnos a buscar respuestas. Como latinos, somos tan orgullosos que a veces nos cuesta pedir ayuda. Así que si queremos ayudarnos a nosotros mismos, ésta es una buena manera de comenzar ese proceso.

Como en los Estados Unidos todos tenemos poco tiempo, creo que es una buena idea escuchar cintas de audio educativas o de autoayuda mientras conducimos hacia el trabajo o hacia la casa. Por esa razón, he creado una serie de cintas de audio que tratan los problemas emocionales más comunes en nuestra cultura. Los títulos de estas cintas de audio aparecen en el apéndice al final de este capítulo.

COMO OBTENER LA AYUDA QUE NECESITA

En este capítulo hemos explorado las diferentes maneras que existen para obtener ayuda con un problema personal o de pareja. Cuando usted se da cuenta de que necesita confrontar una situación difícil de su vida, su primer paso tal vez sea hablar con un familiar o un amigo en quien confía, con un pastor o párroco, o con un médico. Para nosotros los latinos, siempre es reconfortante acercarnos a la gente que nos conoce bien y cuya experiencia y cuyos consejos nos inspira confianza. A menudo lo que ellos nos dicen es suficiente para ayudarnos a buscar una solución o un plan de acción adecuado. A veces, el sólo saber que un amigo íntimo lo escucha o el escribir sus pensamientos en un diario le permite "sacar las cosas afuera", para lograr una perspectiva más clara de sus problemas.

También puede ser útil leer un libro o escuchar una cinta de audio que trata el tema que a usted le preocupa. Descubrir lo que los expertos tienen que decir, le puede aportar ideas beneficiosas y nuevas perspectivas. Los libros y las cintas de audio a menudo sugieren técnicas y ejercicios eficaces para lidiar con áreas problemáticas. Estas estrategias de autoayuda pueden resultar muy valiosas.

En algunos casos, unirse a un grupo de apoyo cuyos miembros comparten sus problemas puede ser la mejor forma de enfrentar sus dificultades. No sólo se sentirá realmente comprendido, sino que también recibirá consejos y obtendrá respuestas de aquéllos que "han pasado por lo mismo" y quieren ayudarlo. A su vez, tendrá la oportunidad de ayudar a otras personas al escuchar sus historias y ofrecerles su apoyo emocional.

Sin embargo, cuando tales medidas no parecen ser suficientes y usted se enfrenta a una situación angustiante que le impide disfrutar plenamente de la vida, es conveniente recurrir a la terapia psicológica. La psicoterapia, algo de lo que ya sabemos no hay que sentirse avergonzado, puede ofrecerle la guía necesaria para entender mejor cuáles son sus problemas y para tomar las medidas necesarias que hagan falta.

Su decisión de buscar ayuda para resolver activamente los problemas personales, de pareja o de familia demuestra que se respeta a sí mismo y también a aquéllos que ama, y que hará lo necesario para lograr estos cambios en su vida.

HISTORIAS DE EXITO QUE MEZCLAN LO MEJOR DE AMBAS CULTURAS EN UNA RELACION

Cuando *elegí a Diana como esposa, en parte lo hice porque quería compartir mi vida con alguien que tuviera mis raíces culturales. En la universidad siempre tenía que explicar aspectos de mi comportamiento a mis amigos porque mi manera de sentir y de pensar era extraña para ellos. De por sí, en un matrimonio normal hay bastantes cosas que no sabe el uno del otro. Por lo menos con Diana ambos sabemos que procedemos de la misma cultura, y ambos queremos respetar ciertas tradiciones.*

Sin embargo, en nuestras vidas hay muchos aspectos que son típicamente "americanos". Diana es una mujer profesional, ella y yo compartimos el trabajo del hogar y el cuidado de los hijos, y yo soy quien se ocupa más de cocinar. Ambos nos esforzamos mucho por tratar de la misma manera a nuestro hijo y a nuestras hijas, ya que queremos que las niñas tengan las mismas oportunidades que su hermano. Creo que hemos creado un buen equilibrio con lo mejor de las dos culturas, pero debo confesar que a veces se me escapa de adentro el machismo mexicano y entonces quiero que me cuiden y me atiendan.

—Martín, abogado y líder destacado de la comunidad latina

En este libro exploramos las muchas maneras en que nuestras raíces influyen en las relaciones personales. Hemos visto que ser latino y estadounidense al mismo tiempo afecta la forma en que nos percibimos a nosotros mismos, cómo nos enamoramos, cómo nos relacionamos con nuestra pareja o cónyuge y cómo educamos a nuestros hijos.

Para los recién llegados a este país, el vivir entre dos mundos a menudo provoca la sensación de ser equilibristas aferrándose a las costumbres tradicionales de sus países de origen al mismo tiempo que se adaptan al estilo de vida estadounidense. Para quienes nacieron en los Estados Unidos, a veces los valores latinos parecen más extraños que los de la cultura del país en donde crecieron. Sin embargo, la mayoría de nosotros tiene el deseo de retener lo que aprecia de ambas culturas.

Entonces, ¿cómo podemos vivir en estos "dos mundos" al mismo tiempo? Las historias de éxito que leerá en este capítulo responderán a esa pregunta. Aquí conocerá hombres y mujeres muy especiales que han aprendido a incorporar en su vida los aspectos más significativos de ambos mundos. Cómodos y felices con las alternativas que han escogido —aunque tengan problemas cotidianos—, estas personas han enriquecido y fortalecido sus relaciones dándole cabida tanto a su faceta latina como a su faceta "americana".

MARTIN Y DIANA

Martín se crió con su madre. Ella se esforzaba por ganar un sueldo y criar a sus hijos. Como el padre no vivía con ellos, era deber de Martín, como hijo mayor, ayudar con una serie de tareas hogareñas. El cocinaba, hacía el trabajo de la casa y a menudo vigilaba a sus hermanas y hermanos más pequeños. Aprendió desde muy joven que cada uno tiene que aportar su esfuerzo para que sobreviva la familia.

A pesar de las dificultades familiares, la madre de Martín inculcó en él la voluntad de superar cualquier obstáculo que se interpusiera con sus metas. Martín, miembro de segunda generación de méxicoamericanos, no se sentía intimidado por los maestros racistas de su escuela pública de la ciudad del Este de Los Angeles, que dudaban que un niño mexicano pudiera sobresalir académicamente y completar estudios superiores. De pequeño, Martín reaccionaba con ira y determinación a esos prejuicios. Se decía a sí mismo que él valía tanto como cualquier otro niño, que no iba a limitarse por ser mexicano y que iba a triunfar.

Y así lo hizo. Martín fue a la universidad y luego a la facultad de derecho y se convirtió en un abogado destacado en el área de Los Angeles. Hoy en día, está interesado en los temas de la discriminación en los medios de difusión de la comunidad latina.

Martín decidió casarse con Diana porque deseaba compartir su vida con alguien que procediera de su mismo entorno cultural. Aunque antes de casarse había salido con mujeres que no eran mexicanas, sentía que sería demasiado difícil tener una relación larga con una persona que no estuviera familiarizada con las culturas que lo definen. Cuando está con Diana, Martín no tiene que explicar su comportamiento como tenía que hacerlo con sus amigos de la universidad. El me comentó que ambos tienen las mismas raíces culturales y están de acuerdo en numerosos asuntos relativos a su matrimonio y su vida familiar. Por ejemplo, ambos han conservado sus estrechos lazos con la Iglesia católica. Bautizar a sus hijos fue una decisión automática en la que ambos estuvieron de acuerdo sin reserva alguna. Y después que nació su primer hijo, tomaron la decisión de asistir con regularidad a la iglesia para darle tanto la orientación moral como el lazo cultural que ésta proporciona. Así es como Martín explica la importancia de la Iglesia en sus vidas:

La cultura mexicana está muy ligada a la Iglesia católica. En mi opinión, casi no puedes ser mexicano sin ser católico. Nuestros hijos fueron bautizados en la iglesia y ya han tomado su primera comunión. Estas son ocasiones para celebrar. La gente considera que un bautismo mexicano es casi como un evento común. Pero aunque se trata de una ceremonia religiosa de quince minutos, luego del bautismo se hace una fiesta de siete horas o de toda la noche con la familia, los amigos y todo el mundo. Puede que en la ceremonia del bautismo sólo haya seis u ocho personas, pero si vas a la fiesta que se hace después de la ceremonia, te encontrarás con doscientos invitados. Sin embargo, no puedes dejar de lado la ocasión religiosa que es la raíz de la celebración.

En la universidad, solía discutir sobre eso con mis amigos. Todos estábamos inmersos en el movimiento chicano y queríamos definir nuestra identidad de méxicoamericanos. Había unos cuántos que rechazaban totalmente la religión, y yo sentía que no entendían el lazo esencial entre la cultura mexicana y su fe religiosa. Creo que no se puede tener la una sin la otra.

Además del catolicismo, ciertas costumbres latinas ayudan a fortalecer la unión de la pareja. Según explica Martín: "Vivir con alguien de la misma cultura facilita todo porque hay muchas decisiones que ni tienes que pensar. Sabes que tu cónyuge quiere lo mismo que tú porque los dos tienen el mismo patrón cultural". Las fiestas de cumpleaños son un ejemplo perfecto. Martín y Diana rechazan el típico ritual estadounidense de la fiesta de cumpleaños con "sólo niños, pastel y helado". En lugar de eso, invitan a todos los miembros de sus respectivas familias a las celebraciones de cumpleaños de sus hijos, brindándoles a los invitados una cena completa. Si todos los primos, tíos y abuelos no estuvieran presentes, los niños no sentirían que su cumpleaños se está celebrando adecuadamente. Martín y Diana recuerdan que muchas veces durante su niñez se reunían sus parientes para celebrar cumpleaños, aniversarios y graduaciones. Continuar esta tradición los acerca a sus familias y entre sí.

Estas son sólo algunas de las formas en que Diana y Martín incorporan las costumbres y los valores latinos a su familia, pero

¿cuáles son los aspectos más "americanizados" de su relación y de su vida hogareña? Tal vez el más importante sea su compromiso hacia la igualdad entre los sexos y su propósito de inculcar esta idea en sus hijos. Martín dice que se siente agradecido de tener una esposa que es inteligente, que tiene sus propias opiniones, que puede expresar lo que piensa sobre cualquier tema, y que tiene un buen trabajo como banquera sin que la sociedad la critique como podría suceder en México o en otros países latinoamericanos. El también aprecia la oportunidad de ser un padre que participa en la educación de sus hijos sin que le digan que está usurpando una función reservada exclusivamente para las madres.

Martín reconoce que esta actitud ha sido moldeada por su contacto con la cultura de la mayoría de los estadounidenses. Pero también recuerda que al principio de su matrimonio con Diana, él esperaba que ella se ocupara de todas las tareas "femeninas" del hogar. Esto es sumamente interesante porque Martín estaba familiarizado con las tareas domésticas ya que había tenido que cocinar, limpiar y cuidar a sus hermanos cuando era pequeño. Aun así, pretendía que Diana fuera la única "ama de casa". Así explica Martín sus expectativas tradicionales, y su cambio de opinión:

> Creo que tuvo que ver con que han cambiado los tiempos. Las mujeres como Diana comenzaron a preguntarse por qué tenían que ser las únicas responsables del trabajo doméstico y el cuidado de los hijos, especialmente cuando también trabajaban fuera del hogar. En cuanto a mí, comencé a pensar y me di cuenta de que sabía hacer todas esas tareas domésticas... a veces, mejor que Diana. Me pregunté por qué había esperado inconscientemente que ella asumiera esa función. Yo había ayudado a mi madre en la casa. No había vivido en un hogar donde la esposa atiende al marido. Mi padre no vivía con nosotros. La expectativa de que la mujer debe cocinar y limpiar para el hombre me debe haber llegado a través de la cultura. Tal vez la aprendí estando en las casas de mis tíos y viendo cómo vivían.

Sea como sea, finalmente comprendí que hacer las tareas
domésticas y cuidar a los hijos deben ser responsabilidades
compartidas. Y aunque fue difícil acostumbrarme al principio,
ahora me siento completamente cómodo al hacerlas.

En la crianza de los hijos, también surge el tema de la igualdad entre los sexos. Martín y Diana tienen un hijo y tres hijas. Martín dice que se esfuerza por no tratar al niño de manera diferente a las niñas porque quiere que sus hijas tengan las mismas oportunidades que su hijo. Diana y él han decidido que, si se le dan privilegios especiales al niño, éste crecerá con la idea equivocada de que es superior a sus hermanas, y se perjudicará la autoestima de las niñas, así como la del niño. "Sería terrible que mi hijo creciera con el concepto equivocado de que él es mejor que las niñas", comentó Martín. "El —y las mujeres que vivan con él— lo sufrirían toda la vida". Sabiendo lo difícil que ha sido para las mujeres, sobre todo para las latinas, salir adelante, Diana y Martín están decididos a darle a sus hijas el apoyo emocional y la orientación que necesitan para lograr lo que desean en la vida.

"Estamos tratando de educar a nuestros hijos con lo mejor de las dos tradiciones", enfatiza Martín. "El sentido de la familia, de compartir con los demás y preocuparse por ellos son valores mexicanos que queremos impartir a nuestros hijos. Pero también queremos aprovechar el ideal estadounidense de que todos somos iguales y debemos ser tratados de la misma forma. Queremos darles a nuestros hijos la oportunidad de convertirse en lo mejor que cada uno de ellos pueda ser".

Martín dice que aprecia el aspecto más moderno y "americano" de su papel de padre. Le gusta ser un padre que participa en la educación de sus hijos, sin el estigma de la sociedad que le dice que "ésa no es responsabilidad del hombre". El aprecia esto no sólo porque no vivió con su propio padre, sino también porque creció en una cultura en la que los padres se mantenían emocionalmente distantes y, por lo general, dejaban que las mujeres se encargaran de los hijos. Martín ha estado involucrado activamente en la vida de sus hijos desde el momento de su nacimiento, cuidándolos, observando su crecimiento diario, ayudándolos a resolver problemas, orientándolos, y jugando con ellos. El se siente libre de expresar sus sentimientos a sus hijos y a su esposa. Esto le ha permitido convertirse en un ser humano más completo.

Según cuentan Martín y Diana, su vida es una mezcla de los valores culturales que son más importantes para ambos. Ellos han tomado del estilo de vida latino y del estadounidense los aspectos que reflejan quiénes son como individuos y como pareja, y han rechazado aquéllos con los que no se identifican. Les encanta socializar con los miembros de sus respectivas familias y participan en eventos y ceremonias de la iglesia. También usan palabras cariñosas en español en los momentos de intimidad. Son equitativos en lo que concierne a la educación de sus hijos y el mantenimiento del hogar, y quieren que sus hijos concreten el sueño americano de realizar su potencial.

Aunque constituyen una pareja méxicoamericana muy moderna, Martín dice que todavía hay días en los que quiere que lo atiendan como "hombre de la casa", a la antigua manera latina. Quiere que Diana le cocine, que lo atienda, que lo mime. Como Diana confía en que Martín quiere tener una relación básicamente igualitaria, no le molesta complacer de vez en cuando las "necesidades machistas tradicionales" de Martín. En esas ocasiones, Diana le dice: "Este es tu día", y Martín admite jocosamente que puede satisfacer el anhelo que le fue transmitido a través de sus genes mexicanos.

Cuando Diana se sienta a la mesa con su familia para celebrar el día de acción de gracias ("Thanksgiving Day") típicamente americano, Martín aprovecha la oportunidad para dar las gracias por todo lo que ha recibido. También recuerda las dificultades que tuvo creciendo en una comunidad racista en la cual sus maestros lo miraban despectivamente por ser mexicano y jamás le dieron su voto de confianza. Ahora, está agradecido con el país que antes lo excluyó por darles a él y a su esposa la oportunidad de triunfar.

SAL Y NANCY

Sal y Nancy personifican la mezcla de lo mejor de la cultura latina y la estadounidense. Sal es un inmigrante y Nancy nació en los Estados Unidos. Ambos tuvieron la experiencia de perder el contacto con su identidad cultural y luego volverla a encontrar.

Sal es un profesional de la salud mental que viene de Bogotá, en Colombia. Hace diez años, cuando tenía diecinueve, vino a California "para vivir una aventura". También quería aprender inglés y cursar estudios superiores en los Estados Unidos, pero nunca pensó que este país se convertiría en su hogar. Para Sal ha sido un proceso gradual sentirse en casa en los Estados Unidos.

Nancy, la novia de Sal, también es una profesional que trabaja en el campo de la salud mental. Tiene veintisiete años y nació y creció en el sur de California. Sus padres son de la Argentina, pero Nancy creció sintiéndose muy integrada a la cultura estadounidense. Puede parecer lógico que haya encontrado a alguien como Sal ya que ambos provienen de familias sudamericanas de clase media y los dos trabajan en el mismo sector profesional. Pero Sal es uno de los pocos hombres latinos con los que Nancy ha salido. Ella admite que antes tenía un estereotipo bastante negativo de los hombres latinos. Sentía que eran "donjuanes" hipócritas a los que les gustaba seducir a muchas mujeres al mismo tiempo. Al involucrarse con Sal, Nancy dejó de lado sus estereotipos injustos.

Nancy y Sal se conocieron en mi clínica durante los días posteriores al terremoto de Northridge en 1994. Como profesionales de la salud mental, estábamos involucrados en ayudar a las víctimas latinas del terremoto en nuestra área. Ni Nancy ni Sal habían tenido mucho contacto previo con la población latina del sur de

California. Encontrarse con otros profesionales latinos, llegar a conocer a las familias latinas que estaban asistiendo, conocerse y enamorarse fueron vicisitudes decisivas en la vida de ambos. Estas experiencias hicieron que comenzaran a darse cuenta de que ser latinos es parte de su identidad. En la actualidad, ambos están profundamente comprometidos a mantener un estrecho lazo con sus raíces.

Sal asistió a una universidad que tenía 2.500 estudiantes, de los cuales sólo 50 eran latinos. Por lo tanto, cuándo llegó a los Estados Unidos, se relacionó en su mayoría con personas no hispanas. Salía con mujeres que no eran hispanas, se volvió aficionado a la música estadounidense, comía comida típicamente "americana" y quería aprender todo lo que podía sobre la vida en los Estados Unidos. Quería "americanizarse" tan rápidamente como le fuera posible para ser como la mayoría y vivir esta clase de vida.

Por desear formar parte de la nueva cultura, Sal perdió el contacto con su país de origen. Si se hubiese quedado en Colombia, habría tenido que seguir los pasos de su padre. En los Estados Unidos, podía ser quien quisiera y nadie podía criticarlo.

Sal explicó que sus padres vivían de manera conservadora y respetaban los estrictos patrones de comportamiento para cada sexo y para su clase social. El quería evitar estos estándares en su propia vida. A Sal nunca le había gustado la dependencia de su madre hacia su padre, y se dijo a sí mismo que no deseaba ese tipo de relación. El quería que la mujer con quién decidiera vivir tuviera una vida propia más allá del hogar.

Como Nancy, Sal confesó que tenía un prejuicio contra las personas latinas del sexo opuesto. "Con frecuencia las latinas no expresan lo que piensan porque tienen temor de que los demás las vayan a juzgar", me explicó Sal. Antes de conocer a Nancy, Sal buscaba una mujer que supiera quién era y qué quería. Buscaba alguien que lo pudiera entender, una mujer creativa y divertida.

Sal encontró todas esas características en Nancy. Para él, ella tiene todas las cualidades positivas de una mujer estadounidense.

Nancy confía en sí misma, es sincera y honesta y además es hogareña, cariñosa, comprensiva y le da gran importancia a la familia
aunque esta última no constituye todo para ella.

Como se educó en vecindarios no latinos, Nancy había salido
sobre todo con hombres que no eran hispanos. Y se divertía con
ellos, pero nunca le mostraban la sensibilidad y la caballerosidad
que deseaba en un hombre:

> *Lo que me gusta de Sal es que está en contacto con su aspecto*
> *intuitivo y emocional. Tiene metas y se preocupa por su profesión,*
> *pero también es capaz de hablar sobre lo que piensa y lo que siente.*
> *Es franco y honesto conmigo. Tiene un gran sentido del humor y es*
> *caballeroso.*
>
> *No me gustan los hombres que son demasiado machos o están*
> *siempre con sus amigos viendo partidos de fútbol y cosas por el*
> *estilo. Aunque los hombres latinos tienen la reputación de ser*
> *demasiado machistas, descubrí que quiénes más encajaban en esta*
> *imagen eran los hombres estadounidenses. Antes de conocer a Sal,*
> *pensé que todos los hombres eran así. Me había resignado a tener*
> *que soportar el fútbol de los lunes por la noche.*

Cuando Nancy comenzó a trabajar con otros latinos en el
proyecto de recuperación después del terremoto, empezó a pensar en sí misma como "latina". Entonces se dio cuenta de lo mucho que tenía en común con los demás, inclusive con Sal, quien
compartía con ella varios aspectos culturales. Anteriormente,
Nancy nunca le había prestado atención al hecho de que sabía
hablar español. Aunque lo habla con acento, puede comunicarse
muy bien. El proyecto le permitió apreciar su habilidad de hablar
con los nuevos inmigrantes sobre sus necesidades y preocupaciones. Después de ayudar a las víctimas del terremoto, encontró
empleo en otra agencia latina y descubrió que también se sentía
cómoda allí. "Me di cuenta de que soy latina", me dijo Nancy
orgullosamente.

Desde entonces, comenzó a explorar facetas culturales que había ignorado toda su vida. Empezó a escuchar música latina, por ejemplo. A pesar de haber crecido escuchando tangos, al llegar a la adolescencia, rechazó la música que escuchaban sus padres, y prefirió el rock, pues como muchos hijos de inmigrantes, es posible que Nancy quisiera negar cualquier cosa que no la definiera como americana. Existe tal presión para integrarse a la cultura de la mayoría, que quienes tienen padres o abuelos que siguen conservando los gustos y hábitos de su país de origen a menudo se sienten avergonzados de quiénes son. Pero al poco tiempo de cumplir los veinte años, Nancy descubrió que no quería seguir descuidando su identidad latina.

Sal fue parte del despertar cultural de Nancy. Como inmigrante, al principio él había sentido la necesidad de sumergirse de lleno en la cultura de la mayoría de los estadounidenses, pero descubrió que extrañaba la música, el idioma y los valores con los que había sido criado y comenzó a apreciar las tradiciones culturales que había abandonado. Cuando él y Nancy empezaron a estar juntos, se despertó en ellos un gran interés por compartir muchas de las tradiciones que ambos apreciaban.

Sal y Nancy han estado viviendo juntos durante casi un año y medio. Actualmente residen en Oregon y esperan casarse cuando Nancy termine su doctorado. Aunque no se han presentado ante un sacerdote o un juez para hacer sus votos matrimoniales, y no tienen anillos de boda, "se sienten casados". Ambos dicen que los dos tienen la misma responsabilidad y el mismo compromiso con el otro que una pareja casada. Ellos sienten que no tienen que "firmar un papel" para ser fieles. No es que estén en contra del matrimonio, sino que quieren asegurarse de que se conocen bien antes de dar el paso final para afianzar su compromiso.

Parte del proceso de aprendizaje personal de Nancy y Sal ha sido el volver a descubrir sus raíces culturales. La posibilidad de disfrutar de su identidad latina, al mismo tiempo que disfrutan de lo que han tomado de la cultura estadounidense contribuye a la intimidad entre los dos y fortalece el lazo que los une.

ANGÉLICA

Angélica tiene treinta y un años, es divorciada, madre de una niña de seis años, asistente ejecutiva y estudiante de radiodifusión. Durante la conversación que sostuvimos, Angélica habló de cómo había cambiado en los últimos años desde su divorcio. Me explicó que se ha vuelto más fuerte y más segura de quién es, lo cual está teniendo un efecto muy positivo en sus relaciones con los hombres.

Ella ha cambiado mucho porque durante su matrimonio generalmente aceptaba los deseos de su esposo. Aunque había sido educada en un medio ambiente donde se respetaban los derechos de la mujer y ella trabajaba fuera del hogar, en su matrimonio, Angélica se adaptó al papel tradicional de la mujer aceptado por muchas latinas. Así solía sentirse y comportarse ella con su ex esposo:

> Siempre pensé que tenía que ser la mujer sometida que no protestaba por nada. Esto es lo que me habían enseñado de niña. No podría cambiarlo. Más adelante, eso me provocó muchos problemas porque yo no comunicaba lo que me molestaba de la relación con mi esposo. Si mi ex esposo hacía algo que me parecía mal, o me faltaba el respeto, yo no decía nada.
>
> Además, no participaba en ninguna decisión financiera, ni en ninguna otra decisión importante —como la elección del lugar dónde vivíamos y lo que hacíamos. Sólo podía ejercer poder mediante las relaciones sexuales. Cuando había problemas, me negaba a hacer el amor con mi esposo. Solía decirle: "¿Cómo esperas que me muestre cálida y cariñosa contigo cuando estoy enojada?" En ese momento no me daba cuenta, pero ahora veo que todo era un juego de poder. Ese era el único poder que yo tenía.

Angélica explicó que la cultura estadounidense le había enseñado que una mujer debe ser fuerte "y un poco como un hombre" en los asuntos de negocios. Ella me comentó que: "Con los nuevos derechos igualitarios que se supone tienen las mujeres en los Estados Unidos se espera que le restes importancia a tus aspectos femeninos, que seas más despiadada y más hábil en el mundo laboral". Para Angélica, esta filosofía esencialmente individualista es la antítesis de su firme creencia en el sacrificio de las necesidades propias por el bien de la familia.

Deseando ser tanto una profesional exitosa como una esposa y madre cariñosa, Angélica se esforzó por equilibrar su nueva identidad de mujer independiente, manteniendo el respeto y amor por su familia. Ella reconoce que, cuando estaba casada, asociaba el sometimiento con el amor porque eso le habían enseñado sus padres. Pero hoy en día sus relaciones de pareja se basan en el respeto mutuo. Ella exige ese respeto reclamando sus derechos. Para demostrar cómo lo logra, Angélica me contó una experiencia reciente en una fiesta a la que asistió acompañada por el hombre con el que está saliendo, y me explicó que su comportamiento en esta ocasión fue muy diferente al que hubiera tenido con su ex esposo:

Cuando estaba casada, íbamos a un evento social y mi esposo flirteaba con otras mujeres pero yo nunca decía nada. Naturalmente, cuando nos íbamos a casa no teníamos relaciones sexuales, pero yo no hablaba sobre el asunto. No me expresaba. Ahora las cosas son realmente diferentes. Hace un par de semanas, estaba en una fiesta con el hombre con quien estoy saliendo, y me levanté de la mesa para ir al tocador. Cuando regresé, mi pareja estaba bailando con una muchacha joven y muy bonita, y eso me molestó bastante. Me pareció una gran falta de respeto hacia mí.

En lugar de quedarme callada, como solía hacer, dije algo inmediatamente, no de forma maliciosa ni hiriente, enojada o sarcástica, pero sí clara: "Creo que eso fue una gran falta de respeto. No pienso aceptarlo. No me gusta que me traten así". El se excusó contestando: "Pero si sólo me preguntó si quería bailar. ¿Qué iba a decirle, que no?" Y yo le respondí: "Sí. Puedes decirle que no. Puedes decirle: 'estoy con una amiga que regresa enseguida. Gracias, me siento halagado, pero no puedo bailar contigo'."

Conversamos sobre el tema y al principio él se defendió, como queriendo mostrar su machismo: *"Lo que pasa es que estás celosa".* A eso le contesté que: *"No es una cuestión de celos, es un problema de respeto y de lo que me parece un comportamiento inaceptable".* Luego, le pedí que se pusiera en mi lugar y le pregunté: *"¿Y qué pasaría si tú vuelves del baño y me encuentras bailando con un hombre apuesto? No te habría parecido una bofetada frente a todos tus amigos y colegas?"* El admitió que estaba diciendo algo lógico y me dijo: *"Tienes razón. Fue una falta de respeto y te pido que me perdones".*

Me sentí muy bien por haber defendido mi opinión. Si defiendes tus puntos de vista cuando sabes que tienes razón, el hombre que vale la pena se retractará, no porque sea débil, sino porque es comprensivo y sensible. Y este hombre demostró serlo. Eso me gustó mucho. El resto de la noche fue maravillosa. No hubo resquemores. Cuando regresamos a la casa, tuvimos unas relaciones sexuales maravillosas. Y al día siguiente, seguimos pasándola muy bien.

Después de haber salido con hombres latinos y no latinos, Angélica se siente más atraída hacia los primeros por una serie de razones. Aunque admite que los latinos pueden ser extremadamente dominantes y machistas, ella aprecia su fortaleza y su modo de ser afectuoso. Le gusta que los hombres latinos no se avergüenzan de mostrar su afecto físicamente abrazando, acariciando y besando. Le encanta que le digan palabras cariñosas en español. También cree que los hombres latinos "la respetan más como mujer, y eso demuestra su cariño". También es esencial para Angélica el hecho de que los hombres latinos valoran la familia:

Lo que me gusta de los hombres latinos es la importancia que le dan a la familia. Los otros hombres con los que he salido no parecen entender por qué para mí es tan importante mi familia, y lo que ésta piensa. No entienden por qué quiero hablar con mi madre una vez por semana. A algunos hombres no latinos no les interesa hablar con sus familiares, o estar junto a ellos durante las grandes ocasiones. Sin embargo, los hombres latinos saben que eso es importante. ¡Es tu familia!

Creo que cuando tenga sesenta años todavía buscaré la aprobación de mi familia. Y no es que mis decisiones dependan de lo que ellos piensen, sino que me han dado el fundamento de lo que es o no es correcto. Mis padres han dado todo por sus hijos: alma, corazón, cuerpo y mente. Por eso busco su aprobación en mis relaciones, mis estudios, mi trabajo y cualquier cosa que haga.

Angélica se ve como una mujer estadounidense moderna que está profundamente conectada con su raíces latinas. Critica a los hombres machistas que les faltan el respeto a las mujeres intentando impedir que se eduquen y tengan metas profesionales. Se siente orgullosa de que en estos momentos está tratando de concretar sus objetivos laborales. "Sé que está en mi poder lograr lo que quiero", me comenta. También se siente orgullosa de haber aprendido a ser más franca y más justa en sus relaciones, a expresarse y a decir lo que piensa, y a exigir lo mismo de su pareja.

Como Angélica se siente más segura de misma, sus relaciones sexuales son ahora mucho más placenteras, "mucho más placenteras, más íntimas". Ya no consisten en una actividad que usa para controlar a su pareja porque ha aprendido a decirle a un hombre lo que siente y lo que espera de una relación. Como ha logrado crear el tipo de vida que tanto deseaba, Angélica ya no necesita usar las relaciones sexuales para ejercer su influencia.

Pero a pesar de ser "liberada", también es una madre responsable que aprecia mucho a su familia y la cultura en la que se educó. El hombre que escoja para compartir su vida también deberá valorar los lazos familiares y el apego a la cultura latina.

Lo que más aprecio de ser una mujer latinoamericana es que puedo incorporar valores de dos culturas aparentemente opuestas. Puedo ser una mujer fuerte, intelectual, valiente y osada que defiende sus criterios, pero, al mismo tiempo, puedo ser muy femenina, dulce y romántica. Puedo amar a mi familia con pasión sin tener que pedir perdón por ello. Y realmente me gusta compartir estas cosas con un hombre que entienda mi cultura y mis ideas.

ANTONIA Y MIKE

Antonia Hernández es abogada y presidenta de MALDEF, el Fondo de Defensa Legal y Educacional Méxicoamericano. Ella nació en México y se crió en un ejido de El Cambio, en Coahuila. Antonia cuenta que siempre sintió que sus padres tenían una relación muy igualitaria. Aunque su padre era la cabeza de la familia y se le respetaba como poder máximo, él cooperaba mucho con la madre de Antonia. La madre era creativa, le gustaba estar con la gente y sabía expresar sus opiniones. Ella siempre les decía a sus hijos: "¡Tú puedes!" Por esa razón, fue un ejemplo digno de imitar para Antonia.

Muchas otras mujeres de la familia de Antonia eran fuertes y tenían opiniones firmes. Una de sus tías era directora de una escuela en la época en que muy pocas mujeres ocupaban ese tipo de puestos en México. Sus dos abuelas enviudaron siendo aún muy jóvenes y tuvieron que criar solas a sus hijos. Una de las abuelas heredó un ejido de su esposo y lo convirtió en una empresa cooperativa para todos los miembros de la familia. Antonia también tiene muchas primas que son profesoras, médicas y enfermeras.

Antonia vino a los Estados Unidos cuando tenía ocho años. Su padre había nacido aquí y se había mudado a México. Pero quiso regresar a los Estados Unidos con su familia porque creía que aquí tendrían una mejor calidad de vida. Antonia dice que el ajuste más difícil para ella y su familia fue pasar del estilo de vida del ejido al de la ciudad, de un pueblito con muy pocos habitantes a un área metropolitana extensa. También tuvo dificultades para aprender el nuevo idioma y ajustarse a las diferencias culturales. A sus padres les fue sumamente difícil acostumbrarse a que la madre de Antonia trabajara fuera del hogar. Su padre era un jornalero y su madre trabajaba como jardinera en un vivero. En México, la madre de Antonia había trabajado en el ejido, pero no tenía que estar alejada de sus hijos. Fue triste tanto para la madre de Antonia como para su esposo que el trabajo de ella no le permitiera estar cerca de sus hijos en este país.

Antonia era buena estudiante en la escuela y no le fue difícil llegar a la universidad. Después de asistir al East Los Angeles College, asistió a la Universidad de California en Los Angeles (UCLA). Gracias a becas y préstamos, pudo financiar su educación. A pesar de beneficiarse con el programa de acción afirmativa pues éste le abrió las puertas a la educación superior, Antonia siempre obtuvo buenas calificaciones y se destacó en la universidad. Ella aprecia las oportunidades educativas y profesionales que le ha ofrecido este país aunque opina que la abogacía sigue estando muy dominada por los hombres.

Antonia conoció a su esposo Mike cuando éste prestaba sus servicios legales a la población de trabajadores agrícolas de Santa María, en California. Mike no es latino, sino judío, pero Antonia dice que no se fija en las raíces étnicas. "El podría ser asiático, judío, mexicano, afroamericano o blanco. Para mí, lo fundamental es tener a alguien que me apoye, y Mike me apoya". Antonia también comparte las ideas del hombre con quien eligió casarse. El compromiso de Mike con la causa de los derechos de los trabajadores es tan profundo como el de ella. Cuando Antonia lo conoció, vio que Mike no sólo realizaba una labor en la cual creía, sino que también tenía una buena relación con los trabajadores del campo, hablaba español y respetaba la cultura de ella.

Mike y Antonia están educando a sus hijos dentro de la religión
católica, a pesar de que Mike no se convirtió al catolicismo. Ellos
han acordado respetar las diferencias de cada uno, ya sean culturales, religiosas o personales. Como dice Antonia: "Yo no lo voy a
cambiar a él y él no me va a cambiar a mí".

Antonia aún se siente muy mexicana y su vida hogareña con
Mike refleja muchas de las tradiciones que aprendió en México.
En su país de origen, se les enseña a los niños a respetar a sus mayores. Antonia y su familia comen el tipo de comida que se cocinaba en México. Como es tan importante la familia extensa, viven
muy cerca de los padres y los hermanos de ella, y a sus reuniones
familiares asisten abuelos, tíos y primos.

La relación personal de Antonia y Mike está basada no sólo en
el amor, sino también en el respeto mutuo. Aunque ambos toman
decisiones en la educación de los niños, a menudo Mike se dedica
más a ellos porque el trabajo de Antonia le exige que viaje mucho. Este no es el tradicional estilo mexicano de pareja, pero la
confianza en los valores y en la calidad del otro como padre permiten que este arreglo funcione para ellos. Cuando la situación
cambia y Mike tiene que viajar por su trabajo, Antonia se ocupa
de los hijos.

Ella está orgullosa de su éxito profesional. Lucha por causas
valederas y la gente la considera una feminista con mucha fuerza.
Pero ella posee características que la mayoría de las personas no
tiene oportunidad de conocer. En la vida privada, Antonia disfruta de muchos aspectos de la función femenina tradicional. Le
gusta coser, cocinar y ser anfitriona en las fiestas familiares.

*Disfruto de estar con mi familia y compartir actividades con
ellos. Me encanta hacer cosas juntos. Estoy orgullosa de que mi
profesión me permita trabajar con la mente, pero también de poder
trabajar con mis manos, igual que lo hacía mi madre. Es muy
satisfactorio llegar a la casa, hornear el pan y servirlo a mi familia.
Es un placer darles los gustos.*

Para Antonia, ¿cuál es el secreto de su buena relación con Mike? Y, ¿qué valora de su matrimonio?

Mike y yo nos consideramos amigos y socios. Tenemos los mismos propósitos y objetivos, nos respetamos mutuamente y podemos contar el uno con el otro en las buenas y en las malas. Me parece que es muy importante que nos aceptemos tal cual somos. Nos damos cuenta de que tenemos una buena relación, pero también de que ésta requiere cuidado y esfuerzo. Estamos muy comprometidos con nuestra pareja.

SUE Y LOUIS

Sue, que es productora asociada de televisión en Miami, vino a los Estados Unidos procedente de Cuba cuando tenía trece años. La historia de la relación de Sue y Louis ejemplifica varios tipos de "éxitos". En primer lugar, al crear una buena relación con Louis, Sue ha podido superar su desconfianza hacia los hombres y hacia el matrimonio (Sue y Louis están comprometidos para casarse). El otro "éxito" es que han hecho funcionar su relación intercultural. Louis pertenece a una familia euroamericana del sur de los Estados Unidos donde viven muy pocos latinos. Al principio, los padres de Sue se mostraron escépticos porque ella estaba de novia con un hombre que no era latino. Sin embargo, esto no impidió que Sue y Louis crearan un lazo fuerte y cariñoso entre sí y con las familias de cada uno.

Sue siempre ha sido una mujer muy independiente y antes de conocer a Louis se sentía cómoda viviendo sola. Para ella, tener una relación siempre "había sido como un trabajo".

Mis parejas anteriores exigían mucha energía. Era como un trabajo. Tenía que estar pensando constantemente en la otra persona,

llamándola y consultándola para asegurarme de que mi horario de
trabajo concordara con su necesidad de estar conmigo. Era
demasiado. Era un sacrificio. Por eso, decidí no casarme. No quería
lastimar a nadie y no estaba dispuesta a abandonar mi profesión.

¿Qué fue lo que cambió la opinión de Sue sobre la seriedad en una relación de pareja? Y, ¿cómo se conocieron estos dos veinteañeros de entornos tan distintos? Como un creciente número de parejas contemporáneas, Sue y Louis se conocieron en el Internet... pero la ocasión no careció de romanticismo. He aquí cómo lo describe Sue:

Una noche llegué tarde a casa del trabajo y decidí recoger mi
correo electrónico antes de irme a la cama. Entonces noté una
ventana abierta en mi pantalla y no sé por qué la escogí pues había
otros que querían comunicarse conmigo. Creo que estaba en mi
destino. Pues bien, era Louis, e inmediatamente nos fuimos a una
"sala privada" en la computadora. Me encantó que él pudiera
escribir con rapidez. Muchas veces me aburro esperando que
responda la otra persona, pero Louis escribía tan rápido como yo y
la conversación fluyó fácilmente entre nosotros.

Después de pasar aproximadamente una hora y media en la
computadora, decidimos hablar por teléfono para oír nuestras
voces. A ambos nos agradaba lo que estaba sucediendo entre
nosotros. Conversamos desde las dos hasta las cinco de la mañana.
Mientras más hablábamos, más queríamos hablar. Descubrimos
que no estábamos de acuerdo en todo, pero a los dos nos gustaba
escuchar los puntos de vista del otro.

Después de esa primera conversación telefónica interminable, Sue y Louis planearon encontrarse para ver si se sentían atraídos físicamente. Acordaron que no tendrían obligación de quedarse si el asunto no funcionaba. Cuando Sue vio a Louis, descubrió que era exactamente como se había descrito a sí mismo. Entonces se dio cuenta de que estaba tratando con una persona básicamente honesta en quien podía confiar. A medida que avanzó la relación, la confianza y la facilidad que tenían para comunicarse se convirtieron en elementos claves.

La confianza era algo muy importante para Sue porque había tenido una serie de fracasos amorosos que la habían conducido a no creer en los hombres.

Tuve tantas malas experiencias que comencé a dudar de que llegaría a tener un compañero para toda la vida. Nunca me había sentido tan bien acompañada como con Louis. Yo salía sobre todo con hombres latinos y parecía que a ellos no les gustaba mi manera de vivir. Como productora de televisión a veces tengo que ir a bares y a discotecas vestida en forma llamativa, o a la playa con una bikini pequeñita. Todos mis novios anteriores se ponían muy celosos de la atención que recibía. Nunca confiaban en mí, y yo nunca podía confiar en que ellos me vieran como soy. Ellos parecían no apreciar que yo fuera una mujer independiente, con mi propia profesión, mis opiniones y mi propia vida.

Sue dice que puede ser ella misma con Louis. El no quiere cambiarla y no quiere que viva su vida de manera diferente a cómo la viviría si estuviera sola. Ella siempre había sentido que una relación seria o un matrimonio no debe requerir sacrificio, pero se había dado por vencida y no creía que encontraría a alguien que aceptara estas opiniones.

Gracias a Louis, Sue se ha vuelto más romántica. Ella dice que Louis "vive para complacerme", y lo siente a través de sus caricias, sus besos, y sus gestos románticos. "Me llama a cualquier hora del día para decirme lo que está haciendo y eso me encanta. Yo no estaba acostumbrada a eso, pero en esta relación estoy aprendiendo a ser romántica".

Cuando Louis le habló por primera vez del matrimonio y de tener hijos, Sue le explicó que aún no estaba preparada para eso.

Fue honesta y le confió que había dejado de pensar en casarse porque "no tenía mucha fe en los hombres". Pero después de pláticas adicionales, Sue aceptó "hablar del tema" de casarse y tener una familia con Louis.

Finalmente me di cuenta de que estar con Louis es como cerrar un ciclo. Pasé de desear una relación seria, aunque desconfiando de que un hombre me dejaría ser como soy, a no desear una relación y punto. En estos momentos, confío y quiero mucho a alguien y sé que con él puedo lograr mis metas en la vida más fácilmente.

Muchas de mis amigas se casaron sólo porque habían llegado a la edad apropiada para hacerlo. Yo no quise eso. Mi madre se casó a los diecinueve años y mi abuela a los quince, así que cuando llegué a los veinticinco, me dije: "¿Cómo es esto? Todavía no he conocido a nadie". Sin embargo, no quería casarme tan sólo porque ya era hora de hacerlo.

Sue comenta que fue muy apropiado no sentirse presionada a casarse antes de tiempo, no sólo porque no había conocido al hombre adecuado, sino porque también necesitaba tiempo para madurar. Con los hombres que solía salir, se ponía celosa cada vez que miraban a otra mujer. Ahora se siente mucho más segura, y confía tanto en Louis que él puede mirar a las mujeres más bellas de la playa o del parque sin que Sue se sienta amenazada. Precisamente, me contó que hace poco alguien le envió a Louis una edición especial de una revista titulada *Latino Lover Playboy*. El la llamó por teléfono para preguntarle si había sido ella quien la había enviado. Aunque no lo había sido, Sue no se enojó. Hasta le dijo tranquilamente que podían hojear la revista juntos.

Cuando le pregunté a Sue si las diferencias culturales de la pareja le causaban algún problema, me dijo que no había conflictos por el hecho de que ella fuera cubana y él "anglo", pero sí surgía una serie de temas que resultaban interesantes. La mayor diferencia es el idioma, porque el inglés es el segundo idioma de Sue. Ella piensa en español y todos sus amigos de Miami hablan español; así que cuando está con Louis, debe tener presente que él no entiende ese idioma. Ella reconoce que los cubanos de Miami tienden a hablar todos al mismo tiempo y es muy difícil traducir lo que expresan. Pero Louis está tratando de aprender español, y lo está haciendo muy bien. "¡Ya puede pedir un bistec empanizado cuando salimos a comer fuera!", dice ella de buena gana. Sue se siente orgullosa de hablar español: "Es mi idioma, y me encanta mi acento. No quiero cambiarlo. Quiero hablar toda mi vida con este acento".

Tanto Sue como Louis están muy orientados hacia la vida familiar. Ella está muy apegada a sus padres, que también viven en Miami, sobre todo a su padre. "Mi padre siempre quiso tener un hijo varón", me dijo Sue. "Al principio él tenía dudas respecto a Louis porque no pertenecía a la misma cultura, pero ahora pasan mucho tiempo juntos, como padre e hijo, y lo disfrutan ampliamente".

La familia de Louis también ha demostrado estar dispuesta a darle la bienvenida a Sue. Cuando conoció al padre y a la madrastra de Louis, los dos la abrazaron y la madrastra le dijo: "Estamos ansiosos de llegar a conocerte mejor, y nos alegra tu relación con Louis".

Al principio, Sue se preocupó por el hecho de que ella se sentía "extraña" en sus vidas.

A veces con la familia de Louis, como con muchos otros que no son latinos, siento que tengo que explicar lo que digo. Algunas personas piensan que todos los latinos son mariachis. Así que tengo que explicar de dónde vengo, que mi entorno es caribeño. Los abuelos de Louis son de Mississippi, de un vecindario donde viven muy pocas personas de las minorías étnicas, así que al principio le pregunté: "¿Estás seguro de que tu familia sabe que soy latina?" Pero ellos han hecho un esfuerzo por conocerme, por aprender

*quién soy. Hasta los hice probar por primera vez los frijoles. Fue
como cuando Cristóbal Colón presentó los platos de América en
Europa. Ahora le envío a su familia con regularidad cinco
paquetes de sazón Goya, frijoles negros y café cubano. A ellos les
encantan estos productos.*

Sue está agradecida de que sus futuros suegros hayan sido tan
cariñosos con ella. Se comunica a través del correo electrónico
con su futura suegra y también hablan por teléfono con frecuencia. Los padres de Louis están ayudando a planear la boda, y la
abuela de él les está confeccionando un edredón de retazos (un
quilt) como regalo de bodas. Sue siente que ella y Louis están in-
tegrando lo cubano y lo "americano". Ella bromea sobre su boda
venidera diciendo que será una "spic and hick wedding"*. Obviamente está complacida de que los parientes de Louis sean personas amables que se esfuerzan por encontrar lo que tienen en
común con Sue, en lugar de mostrarse pesimistas por sus diferencias. Por ejemplo, cuando Sue y Louis fueron a visitar a la madre
de él y a su padrastro, la madre le preguntó a Sue qué querían
comer, y Sue le contestó: "Nosotros comemos arroz, frijoles y
carne". A lo cual ella contestó: "¡Qué bien! Nosotros comemos lo
mismo". Como quiere saber más del lenguaje y la cultura de su futura nuera, la madre de Louis ve programas de televisión en español todos los días.

Una cuestión no tan seria: a Sue le gusta bailar, pero Louis no
sabe bailar el merengue o la salsa. Sin embargo, él se esfuerza tanto
por complacerla y estar con ella, que está dispuesto a salir a bailar
y quedarse de pie mientras ella baila alrededor de él. Está dispuesto
a probar nuevas cosas porque así es él, y porque ama a Sue.

* Nota del traductor: Juego de palabras: "Una boda de una spic y un
hick". "Spic" es un término del habla popular estadounidense que se ha
usado despectivamente para mencionar a las personas de origen latino;
"hick" es un término peyorativo para mencionar a los estadounidenses
nativos que viven en remotas regiones rurales.

En la boda de Louis y Sue habrá ciento cincuenta personas de dos culturas distintas que hablan idiomas diferentes. Sue espera el acontecimiento con alegría, pero también le preocupa que las dos familias se separen en grupos, o que algunos de sus amigos no acepten a los amigos y parientes de Louis. Algunos de sus amigos cubanos han dicho cosas como: "Oye, ¿pero qué estás haciendo con ese 'gringo'?", como si ella los hubiera traicionado. "No es que me voy a 'convertir' ni nada de eso", les explica ella. "Soy una cubanoamericana independiente y me estoy casando con alguien que me respeta como soy". Aun así, ella teme que sus invitados no se lleven bien, que algunos malinterpreten el comportamiento de los otros, o que ciertas personas ofendan a otros invitados. "Soy una maniática del control", dice ella. "Quiero que todo esté bajo control. Pero no puedo controlar el comportamiento de los demás. Lo que sí sé es que quiero a Louis y que sus padres y los míos hacen todo lo posible para que nos sintamos en familia".

Los esfuerzos de las familias de Sue y Louis por romper las barreras, buscar lo que tienen en común en vez de lo que los separa, y darle la bienvenida sincera a su nuevo yerno y su nueva nuera demuestran su amplitud de criterios y un gran amor. ¡Qué bellos regalos para darle a una pareja que comienza su vida matrimonial!

EL TRIUNFO DEL AMOR

Las relaciones exitosas que hemos examinado en este capítulo revelan algunas diferencias y similitudes interesantes. Martín y Diana tomaron una decisión consciente de encontrar una persona del mismo entorno étnico porque sienten que esto facilita el matrimonio y porque disfrutan de tener "el mismo patrón cultural". Antonia y Mike provienen de culturas diferentes, pero comparten un compromiso profundo, no sólo hacia las causas sociales latinas, sino también hacia la igualdad en su matrimonio. Sal y Nancy pasaron por la experiencia de recobrar su identidad cultural que nunca habían apreciado totalmente antes de conocerse. Angélica siempre ha valorado su identidad latina y prefiere salir con hombres que puedan combinar la calidez y los valores familiares latinos con el respeto por los derechos de la mujer. Y Sue y Louis están a punto de comenzar su vida matrimonial entusiasmados y emocionados por combinar sus raíces cubanas y estadounidenses.

Cada uno de estos hombres y mujeres incorpora a su relación, no sólo el respeto y el amor por su pareja, sino también el aprecio de sus propias tradiciones culturales y la creencia en aquellos valores de la cultura estadounidense que le permiten afianzar su identidad. Ninguna de estas relaciones está libre de problemas y conflictos ocasionales, pero son sólidas porque los individuos que las componen están dedicados a resolver sus diferencias con honestidad, imparcialidad, compasión y amor.

LAS DIEZ PREGUNTAS MAS FRECUENTES SOBRE EL SEXO, EL AMOR Y LA FAMILIA

Durante mis veinte años trabajando como psicóloga en la comunidad latina, he escuchado a hombres y mujeres contarme los problemas de pareja que más les preocupan. En mi práctica privada, en clínicas, en talleres y en mis programas de radio y de televisión, parejas, solteros, jovencitos —y hasta niños— han compartido conmigo sus preocupaciones personales. Me han hablado de los conflictos entre el estilo de vida latino y el americano, de la inhabilidad de comunicarse con su pareja, de la infidelidad, de las dificultades sexuales, de los problemas de la educación de los hijos, del abuso doméstico, y de muchos otros temas importantes como los que hemos examinado en los últimos nueve capítulos. A ellos les he dado el tipo de información, los puntos de vista y los consejos que he compartido con ustedes a lo largo de este libro.

Naturalmente, leer este libro no es lo mismo que asistir a sesiones de terapia o participar en un taller. Pero espero haber tratado algunos de los temas difíciles que usted puede estar confrontando en este momento con su familia o en su relación. Ojalá que leer sobre personas que ya han enfrentado la situación por la que usted está pasando, le ayude a entender y resolver su problema. Si siente que necesita más apoyo con sus dificultades, le recomiendo que busque la ayuda más adecuada, ya sea la de un terapeuta, la de un grupo de apoyo o la de un libro sobre el tema específico que le preocupa.

En este capítulo, quiero responder algunas de las preguntas que me hacen con más frecuencia sobre el amor y el matrimonio, las relaciones sexuales y la intimidad, la educación de los hijos y los asuntos familiares. Si presta atención a estas preguntas, probablemente escuchará su propia voz, la de su pareja, o la de otro miembro de su familia haciendo preguntas semejantes. Espero que en mis respuestas pueda comenzar a identificar una solución funcional para usted y para su familia.

1. *¿Por qué mi esposo presta mas atención a su familia —a su madre, a su padre y a sus hermanos— que a la nuestra, a mi y a nuestros hijos?*

La lealtad a nuestra familia de origen es muy fuerte en nuestra cultura. Por eso, es normal que su esposo tenga lazos estrechos con sus padres y sus hermanos. Por ser hijo varón, es posible que los lazos con su familia de origen estén relacionados a su apego con la madre. Muchas madres latinas establecen un vínculo muy intenso con sus hijos varones porque su relación con su esposo no es tan íntima como ellas quisieran. A menudo, cuando estos hijos crecen, siguen sintiéndose responsables por su madre y sus hermanas y están orgullosos de esa responsabilidad.

Como esposas, no podemos pedirles: "Olvídate de tu madre, de tus hermanas, olvídate de toda tu familia, porque ahora yo soy tu familia", aun cuando sea eso lo que queramos. La familia inmediata no debe competir con la familia extensa porque el amor no es competencia. Lo más aconsejable es encontrar una manera de aceptar la importancia de la familia de él e incorporarla a su propia vida, asegurándose al mismo tiempo de crear un espacio íntimo que usted, su esposo y sus hijos puedan compartir.

La clave es encontrar un equilibrio. Creo que si estamos dispuestos a aceptar a nuestros suegros, no importa quiénes sean, podemos aprender algo de ellos. Yo he aprendido muchísimo de la familia de mi esposo, aunque al principio pensaba que no tenía mucho en común con ellos. Yo vengo de la ciudad, y ellos de un ambiente rural. Yo soy de la Argentina y mi esposo nació en California. Sus padres eran trabajadores agrícolas, mis padres eran de clase media. Por suerte, finalmente me di cuenta de que ellos eran inmigrantes tal como lo soy yo, y mis padres también inmigraron a la Argentina. Aunque mis padres eran de clase media, mi madre me contó que, antes de que yo naciera, hubo épocas en las que ella no tenía leche suficiente para alimentar a mi hermano mayor. La familia de mi esposo era de clase media baja en México, pero cuando vinieron a los Estados Unidos, tuvieron que comenzar de nuevo. Este "volver a empezar" es una experiencia que comparten nuestras dos familias. Las dos han trabajado duramente y se han mantenido unidas por el bien de sus hijos.

Yo admiro el espíritu de la familia de mi esposo y de la mía. Admiro a mi suegra por ser fuerte y alentar a sus hijos con palabras como: "Nunca te rindas. Hay que salir adelante". Aunque mi esposo y sus hermanos trabajaron en el campo con sus padres cuando eran niños, mi suegra tuvo la sabiduría de motivarlos: "Ustedes son iguales que los demás. No son menos. Pueden lograr lo que quieran con su vida". Gracias a esa actitud positiva, los cuatro hermanos estudiaron y llegaron a tener títulos universitarios. Por lo tanto, resultó decisiva la fortaleza de ella, y la de su esposo. Mi suegro llevaba a sus hijos a los museos, les leía historia de México y de los méxicoamericanos en los Estados Unidos, y a pesar de la presión económica, les comunicaba su optimismo y su curiosidad con un corazón generoso, y un espíritu maravilloso.

Es importante apreciar a cada miembro de nuestra familia, pero principalmente, es esencial que nuestros hijos tengan una relación cercana con sus abuelos, ya que ellos les permiten desarrollar su sentido de orgullo e identidad, ayudándolos a entender su origen y su historia personal. Pensar sólo en nuestra familia inmediata — nosotros y nuestros hijos— no es una costumbre latina. La familia de nuestro cónyuge y nuestra propia familia forman una sola. La unión nos da fuerza.

Si usted quiere que su esposo pase más tiempo con sus hijos, ayúdele a entender lo importante que es él en sus vidas y recuérdele cómo él apreciaba estar cerca de su padre cuando era niño. Como antes los hombres no solían pasar mucho tiempo con sus hijos, muchos niños latinos carecieron de la atención de su padre. Esto es algo que su esposo puede rectificar en la vida de sus propios hijos. Permítale participar en la educación de los hijos, pues muchos hombres sienten que este trabajo pertenece básicamente a las mujeres. Recuérdele que las mujeres y los hombres de éxito suelen ser aquellos que han contado con el apoyo emocional de ambos padres. Finalmente, aprecie el tiempo que él pasa con ustedes y hágale saber lo maravilloso que es estar juntos.

2. *¿Por qué es tan exigente mi esposa? ¿Que puedo hacer para que deje de tratarme como si fuera mi madre?*

¿Es posible que las "exigencias" de su esposa sean pedidos o deseos razonables? A menudo las cosas que les piden las mujeres a su esposo son muy importantes para ellas. Pero, tal vez por temor a que su esposa asuma un rol maternal o autoritario, algunos hombres se ponen a la defensiva cuando tienen que rendirle cuentas a una mujer por su comportamiento.

En vez de entrar en una dinámica de "exigencia y rebeldía" con su esposa, sugiérale que haga una lista de las cosas que le está pidiendo. Es posible que las muchas exigencias que usted escucha puedan ser reducidas a unos cuantos pedidos sencillos. Después que ella haya hecho la lista, pregúntele cuán importante es cada pedido. ¿Cómo la haría sentir tener lo que pide? Si ella le exige que haga ciertas cosas, pídale que convierta sus exigencias en pedidos. A nadie le gusta que lo intimiden o lo traten como a un niño. Sin embargo, si se le hace un pedido razonable, usted también puede responder de una manera razonable.

Un "pedido" que suelen hacerle las mujeres a su esposo es que les avisen dónde estará él durante el día o la noche, y cuándo estará de regreso en la casa. Sin embargo, esto parece causar una gran cantidad de conflictos. Muchos hombres me dicen: "Mi esposa siempre quiere saber exactamente dónde estoy en cada minuto y qué estoy haciendo. ¿Por qué es tan insegura y tan exigente? ¿Por qué debo informarle todo lo que hago? ¡Ella no es mi madre!"

Por lo general, tal conflicto refleja un problema de confianza. El marido quiere que su esposa confíe en él, pero puede que, por determinadas razones, ella no sea capaz de hacerlo. Tal vez él haya violado esa confianza siéndole infiel. O quizás, ella se crió en una familia donde uno de los padres traicionó al otro, por lo que le resulta difícil confiar en su propio esposo. Algunas mujeres dicen: "No es que crea que él está haciendo algo malo cuando no sé dónde está, sino que me siento más tranquila si me dice: 'Voy a llegar a la casa dos horas más tarde porque tengo que ir a tal y tal lugar'. Quiero que me avise y no que aparezca dos horas más tarde sin decirme nada".

Tanto usted como su esposa necesitan ser más francos con el tema de las "exigencias". Ella debe decirle por qué son tan importantes las cosas que le pide, o por qué su comportamiento la hace sentir intranquila o insegura. Usted debe escuchar respetuosamente lo que ella dice, tratar de entender sus sentimientos y explicarle cómo se siente usted ante esa situación. La mayoría de las esposas no quieren ser "imágenes maternales" para su esposo y tampoco quieren ser percibidas como "molestas" o "exigentes". La realidad es que ustedes comparten una vida en común. Cuando un miembro de la pareja sabe que el otro sufre, debe hacer lo posible para facilitarle la vida. ¿Por qué no hacer eso por la persona que uno ama? Creo que, si le proporciona a su esposa la información que pide, ella se sentirá más segura y no tendrá motivo para "ponerse molesta" con usted. De ese modo, usted también se sentirá mejor.

Si los dos pueden convertir sus exigencias en pedidos y prometen expresar sus pedidos con respeto por los sentimientos de la otra persona, ninguno se sentirá excesivamente inseguro ni presionado. Si expresa los pedidos de una manera franca y lidia con sus sentimientos latentes, hará que su relación sea mucho más tranquila... y sólida (véase el ejercicio titulado "Pedir lo que se desea, dar lo que se puede", en el Capítulo 3).

3. Soy soltero/soltera y tengo muchos deseos de encontrar una pareja. ¿Cuál es la mejor manera de encontrar a alguien para casarse?

Ante todo, quiero decir que, a veces, cuando estamos muy ansiosos por tener una pareja, acabamos en la relación equivocada. Una relación es algo que debe surgir de forma natural; no se consigue saliendo y buscando desesperadamente. Esta clase de búsqueda obsesiva no sólo puede hacer que tomemos la decisión equivocada, sino que también puede impedir que disfrutemos de nuestra vida. A menudo nos impacientamos y queremos que se materialice una relación de un momento a otro cuando en realidad aún no estamos listos para tenerla. Por lo general, cuando estamos listos, es cuando conocemos a alguien.

El amor aparece a su debido tiempo. Es aconsejable mantenerse abierto a una posible relación, pero no debe estructurarse la vida pensando en conocer al señor o a la señorita ideal. Estar abierto a una relación significa reconocer que quiere encontrar a alguien a quién amar. Incluso puede informarles a sus amigos o familiares que quiere conocer a alguien por si ellos saben de alguna persona que le pueden presentar. Pero antes de buscar al compañero perfecto, busque dentro de usted mismo lo que necesita para hacer que su vida sea lo más satisfactoria posible.

Por otro lado, estar abierto a una relación también significa socializar con otras personas, pero sin hacer un esfuerzo apremiante por encontrar una pareja. Pasar tiempo con otras personas en el trabajo, la escuela, la iglesia o los eventos comunitarios le dará la oportunidad de estar cerca de aquéllos que comparten sus intereses. A veces estas relaciones pueden conducir a una amistad más profunda. Muy a menudo, la mujer o el hombre adecuado está mucho más cerca de lo que usted piensa, pero en el frenesí de encontrar a "la pareja ideal", pasa por alto a alguien que puede ser un compañero apropiado.

La clave es mantenerse abierto a una relación poniendo su energía en mejorar su propia vida y en evolucionar como persona. Jamás detenga su vida mientras espera conocer a "la persona adecuada". Invierta su tiempo en su propia persona. Conviértase en lo mejor que pueda ser, de forma que se sienta feliz consigo mismo. Piense en lo que desea y trate de obtenerlo. Cuando esté en el camino de su realización personal, encontrará el amor que está buscando.

4. Mi esposo me dice que soy demasiado inhibida en la cama. ¿Cómo puedo sentirme mas libre?

Nuestra educación, cultura y religión tienden a ser muy represoras en lo que al sexo se refiere, sobre todo en cuanto al papel sexual de la mujer. Por ello, muchas mujeres aprenden que deben comportarse de una manera pasiva. Pero no tenemos por qué aceptar este anticuado modo de pensar. Si usted se permite desarrollar su sexualidad, y si su esposo es paciente y gentil, logrará ser más expresiva y espontánea en la cama.

Sin embargo, si el hombre se vuelve demasiado exigente, atemorizará a la mujer, quien tenderá a ocultar sus sentimientos en vez de mostrarlos. Por eso, es necesario que su esposo apoye su deseo de convertirse en una persona más activa sexualmente evitando las exigencias excesivas. En cambio, es necesario que su marido le diga lo mucho que disfruta su companía, que la elogie, y que se haga más consciente del significado de la relación sexual: un encuentro entre dos almas que se unen a través del cuerpo.

Sin presiones ni exigencias, podrá sentirse más cómoda con su propio cuerpo y sabrá qué le gusta y qué la excita sin preocuparse por lo que se espera de usted. Muchos temores sexuales tienen que ver con la satisfacción de las expectativas del otro. Por un lado, las mujeres quieren ser dignas de ser queridas y tratan de complacer a su pareja. Pero, por otro lado, se preocupan de que si se muestran demasiado apasionadas, pueden ser consideradas "prostitutas". Una vez más: a menudo las inhibiciones de las mujeres latinas están relacionadas a la Iglesia y al ideal de la figura materna virginal. Muchas latinas reciben el mensaje de que sentirse demasiado sexual es pecaminoso o indigno, y que las mujeres deben controlar su pasión.

Usted debe descubrir cómo han afectado estos tabúes su desarrollo sexual, para luego tratar de superarlos. Olvide lo que se espera de usted, deje de pensar en el sexo como una obligación que debe cumplir o un terreno que debe evitar. En vez de eso, aprenda a confiar en sus propios sentimientos.

La sexualidad es una expresión de sus sentimientos, que incluye el temor y el amor, la confianza y las dudas. Si usted y su esposo alimentan la confianza y el amor en otras áreas de su pareja, la relación sexual lo reflejará. Si logra ser espontánea y establece una mayor confianza con su cónyuge, se sentirá más libre de expresar y disfrutar su sexualidad (véase la receta: "Cómo extender e intensificar el encuentro sexual", en el Capítulo 4).

5. *¿Cómo puede esperar mi esposa que dedique más tiempo a la educación de nuestros hijos cuando ella sabe que ya tengo demasiadas responsabilidades manteniendo a la familia y a mis padres?*

Es cuestión de prioridades. Sin duda es muy importante mantener a su familia como también ayudar a la familia de sus padres. Pero también es fundamental aprovechar la oportunidad de compartir sus valores y su vida con los hijos. Por eso necesita preguntarse cuánto tiempo está invirtiendo en ganar dinero. ¿No sería mejor que pasara parte de su tiempo con su familia? ¿Cuántas horas tiene que invertir para ganar el dinero que le permite comprar artículos de lujo? ¿Vale la pena sacrificar el tiempo que puede emplear en ayudar a sus hijos con sus tareas escolares por esas cosas? Si le es imposible reducir su horario laboral, ¿qué pasa con el tiempo que le queda después del trabajo? ¿Es más importante tomarse una cerveza con los amigos que leerle a su hija un cuento infantil antes de que se vaya a dormir? Es cuestión de equilibrio.

Nuestros hijos crecen y se van; se acaba el tiempo que podemos pasar con ellos. Esos momentos ya no regresan. Su hijo tendrá cinco, diez o dieciséis años sólo una vez, y luego ese jovencito pasará a otro momento de la vida donde ya no lo necesitará como ahora. Por eso tenemos que volver a evaluar nuestra forma de administrar el tiempo, un recurso muy limitado, sobre todo en los Estados Unidos. Pero los momentos que pasamos con nuestros hijos también son limitados. Los niños deben poder contar con nosotros durante su crecimiento.

La oportunidad de ser padre es única. Nuestros niños necesitan estar con los padres. Tal vez pueda recordar cuánto necesitaba o deseaba la atención de su propio padre cuando estaba creciendo. Al hombre, el rol de padre le permite desarrollar la ternura y la sensibilidad, y le brinda un nuevo contexto emocional donde descubrirse a sí mismo. Además, volver a ser niño junto a sus hijos es una experiencia vigorizadora y renovadora. Demasiados hombres dejan pasar estas oportunidades de la vida, a menudo sin darse cuenta. Aquéllos que la aprovechan, adoran su papel de padre y se dan cuenta de cuán importante es este aspecto de la vida.

Cuando decidimos invertir tiempo en algo, tenemos que preguntarnos: "¿Qué ganamos y qué perdemos?" Todos sabemos que los hombres disfrutan lo que los hace lucir bien ante la sociedad: lograr algo, luchar por algo, competir por algo. Satisfacer el papel social de "hombre de éxito" no siempre es compatible con cubrir las necesidades de un hijo. Los niños exigen atención, flexibilidad, comprensión, paciencia, sentido del humor y tiempo. Participar en la vida de su hijo le proporciona al hombre un beneficio que no tiene precio. Le permite equilibrar su vida y, al mismo tiempo, darle a su hijo lo mejor de dos mundos: una madre y un padre.

6. *¿Cómo podemos aconsejar a nuestros hijos adolescentes sin que nos digan que no los entendemos porque somos de otra generación, de otro país o de otra cultura?*

Como padres latinos, no sólo somos de una generación distinta a la de nuestros hijos, sino que a menudo somos de entornos culturales muy diferentes, hasta de países diferentes. Aun quienes no somos inmigrantes, somos hijos o nietos de inmigrantes, y debemos reconocer que las experiencias de nuestra niñez fueron totalmente diferentes a las de nuestros hijos. Tenemos que hablar abiertamente con los hijos sobre estas diferencias.

La clave es hablar CON ellos en vez de hablarles A ellos para poder escucharlos cuando nos dicen lo diferente que es su vida hoy día en los Estados Unidos. Lo más probable es que tengamos mucho que aprender de ellos. Si no sabemos cómo es la vida de un hijo usaremos información limitada para tomar nuestras decisiones e impondremos sobre él nuestra propia vivencia, lo cual es equivocado. Es esencial la comunicación recíproca.

Sin embargo, tenemos que recordar que somos los padres, que somos los adultos y que, por eso debemos ser más flexibles, comprensivos y tolerantes. Este último es un ingrediente muy importante para un padre. Los obstáculos pueden convertirse en desafíos. Si hay algo de nuestro hijo adolescente que no entendemos, podemos hacer que esa falta de comprensión se convierta en una oportunidad de aprender. Esta es una invitación a conocerse mejor mutuamente.

A veces sentimos que le hablamos a nuestros hijos y ellos no nos escuchan. Ellos se quejan de que no los entendemos y nosotros sentimos que ellos no nos prestan atención. Es importante tener en cuenta que el tiempo invertido en los hijos jamás es tiempo perdido. Es muy posible que lo que les decimos no produzca la reacción inmediata esperada. Puede que no logremos que hagan exactamente lo que queremos, pero si pensamos en el efecto que tendrán nuestras palabras a largo plazo, nos daremos cuenta de que todo lo que decimos, nuestros consejos y nuestras conversaciones, quedarán guardadas en su mente.

Puede parecer que ellos no prestan atención o que descartan lo que les decimos, pero tarde o temprano entenderán nuestro mensaje. Lo mismo nos pasó a nosotros con nuestros propios padres. ¿Recuerda los consejos que le repetían una y otra vez? ¿No permanecen en su memoria muchos de ellos, a pesar de que en ese entonces usted tal vez pensaba que sus padres estaban locos, eran anticuados o no lo entendían?

Lo que nos dicen nuestros padres queda en nuestro interior. De igual forma que lo que le comunicamos a nuestros hijos permanece en su memoria. Tenemos que ser pacientes. Algún día, veremos los frutos de la relación con nuestros hijos a pesar de que ahora parece que no nos hacen caso.

Los jóvenes de hoy día soportan muchas presiones: la escuela, las relaciones sexuales, el empleo, los estudios superiores, la droga, la violencia y los prejuicios raciales. Creo que debemos ser más comprensivos con lo que deben superar los adolescentes en la actualidad. Los hijos no siempre pueden hacer lo que queremos que hagan, tan sólo porque así lo queremos. Por eso tenemos que darles apoyo, perdonarlos, confiar en ellos y tener fe en que nuestra relación de padres e hijos evolucionará con el tiempo. Todos deseamos que nuestros valores básicos sean integrados al sistema de valores de los hijos; y, en la realidad, eso es lo que suele pasar. A veces, puede ser que un hijo tome un camino que no queremos para él, pero a medida que se va haciendo adulto, tenemos que ser capaces de aceptar sus elecciones.

Es posible que tengamos que cambiar nuestra manera de dar consejos, sobre todo a los adolescentes. Si siempre les decimos lo que tienen que hacer, pueden concluir que creemos que no son lo suficientemente inteligentes o morales para pensar y tomar decisiones por sí mismos. Esto puede hacer que reaccionen en exceso con un comportamiento rebelde o desafiante. Por eso necesitamos darles la oportunidad de resolver sus propios problemas para que puedan desarrollar la confianza en sí mismos que necesitan y convertirse en adultos competentes.

Comunicarle nuestros valores a un hijo adolescente, estar disponibles para hablar con él, hacerle saber que nos importa lo que le sucede, y permitirle poner a prueba su habilidad de tomar decisiones es lo mejor que podemos hacer cuando haya llegado a esta etapa. Rescatarlo, atacarlo o tratar de resolver sus problemas sólo logra deteriorar su capacidad de encontrar sus propias soluciones.

Cuando aconsejamos a nuestros hijos adolescentes, tenemos que hacerles saber que el hecho de que pertenecemos a otra generación, a otro país o a otro entorno cultural es muy valioso porque pueden aprender de nuestra experiencia. Nuestras diferencias no son una desventaja, sino una ventaja. Cuando les contamos lo diferente que fue todo para nosotros, se benefician pues pueden comparar nuestra experiencia con la suya. Si suman esta información a la suya les será más fácil determinar qué dirección tomar y encontrarán alternativas que pueden enriquecer sus vidas.

Por desgracia, nunca podemos proteger a nuestros hijos de todos los peligros del mundo. Pero sí podemos prepararlos para que vivan sabiamente dándoles un buen ejemplo, escuchando sus problemas, ofreciéndoles orientación para que aprendan a resolverlos solos y compartiendo la sabiduría que hayamos adquirido en nuestra propia vida.

7. ¿Cómo podemos evitar que nuestros hijos consuman alcohol o drogas?

Mi consejo es que converse con sus hijos sobre este problema tan importante. Pídales que le digan lo que saben del peligro de la drogadicción y el alcoholismo, y qué opinan al respecto. Luego, explíqueles lo que sepa sobre los riesgos de consumir estas sustancias.

Es muy importante proporcionarles información correcta sobre los daños que producen el alcohol y la droga. Esta información puede encontrarse en libros, artículos de periódicos o programas de radio y televisión. Aun más convincentes son las historias personales de amigos o familiares que han estado involucrados en accidentes automovilísticos causados por conductores ebrios, que han destruido su vida con la droga o que han contraído una enfermedad mortal a causa de fumar cigarrillos (el tabaco también es una droga). Por lo general, los niños aprenden más cuando son testigos directos de algo. Si usted conoce a alguien que haya vivido las consecuencias destructivas del abuso del alcohol o la droga, haga que esa persona le hable a sus hijos sobre sus errores o los errores cometidos por aquella persona afectada por la influencia de sustancias químicas. En vez de decirles a sus hijos: "Nunca vayas a emborracharte o a consumir drogas", proporcióneles información concreta y ejemplos personales que los hagan pensar.

Es más importante como padre dar un buen ejemplo. ¿Cuántos padres que conoce les dicen a sus hijos que no consuman drogas, pero sin embargo beben demasiado o fuman cigarrillos? Con frecuencia mis pacientes adolescentes comentan cuánto les molesta que sus padres les digan que no hagan algo que pueda dañar su cuerpo, mientras fuman una cajetilla de cigarrillos por día. Los cigarrillos matan a millones de personas causando cáncer de pulmón, enfermedades del corazón, enfisema y otras enfermedades. Además se sabe que las compañías de tabaco vuelven adictos a sus consumidores asegurándose de que sus cigarrillos tengan el nivel de nicotina necesario para crear adicción en la persona que fuma. Por eso, los jóvenes tienen razón cuando señalan la hipocresía de los padres fumadores que les dicen que no consuman drogas dañinas.

Hoy en día hay muchos padres que han tenido experiencia con la droga cuando eran jóvenes por lo que pueden dar a sus hijos mensajes confusos como el siguiente: "Yo probé la marihuana cuando tenía tu edad, por eso no quiero que tú lo hagas". Los jóvenes son muy sensibles a la hipocresía, por lo que tenemos que transmitirles mensajes muy claros. "Haz lo que digo, más no lo que hago" jamás ha sido un método efectivo para enseñar a los hijos.

Otra consideración significativa sobre el tema del alcohol y la droga es que los jóvenes son presionados a consumirlos y muchos acceden porque quieren ser como sus pares. Sobre todo, los más jovencitos no quieren ser diferentes a sus amigos. Sin embargo, podemos ayudarles a entender que es bueno tener opiniones propias y ser uno mismo. Paradójicamente, como la rebeldía y el ser diferente también son percibidos por muchos jóvenes como atributos positivos, usted puede explicarle a su hijo que, si se abstiene de consumir drogas, se estará rebelando contra la norma.

También es importante conocer a los amigos de sus hijos. Invítelos a su casa. Sepa quiénes son, quiénes son sus padres. Escuche lo que dicen los amigos de sus hijos y no los critique. Los adolescentes se identifican tan estrechamente con sus amigos que si usted hace comentarios negativos sobre sus compañeros, sus hijos sentirán que la crítica es también para ellos, y se distanciarán cada vez más de usted. Por lo tanto, tenga cuidado con lo que dice y con la forma en que orienta a sus hijos. Hágales saber lo que piensa sin hacerlos sentir criticados.

La mejor forma de lograrlo es hacerles preguntas. Por ejemplo: "¿Por qué crees que tu amigo hace eso? ¿Qué estará pensando? ¿Qué le habrá pasado que lo hace actuar de ese modo?" Hacerles preguntas a sus hijos para entablar una conversación sobre el tema tendrá un impacto más positivo que la simple advertencia de lo que *no* deben hacer. Así les enseñará a entender qué está pasando con sus amigos y cómo ciertos comportamientos pueden estar relacionados a problemas tales como la falta de autoestima y objetivos personales.

Finalmente, esté consciente de que, por lo general, el adicto a sustancias químicas está buscando algo. Como padres, tenemos que preguntarnos: "¿Qué estará tratando de encontrar? ¿Qué está tratando de evitar? ¿Qué estará sintiendo y por qué trata de esconderlo tras la droga o el alcohol?" Ayudar a nuestros hijos a buscar la respuesta a esta clase de preguntas puede ser muy eficaz para evitar y/o superar los problemas devastadores asociados al consumo de la droga y el alcohol.

8. *Cuando éramos novios y durante los primeros años de nuestro matrimonio, mi esposo fue siempre un "amante latino" conmigo. Pero nuestro matrimonio parece haber perdido el romanticismo. ¿Cómo hago para que él vuelva a ser más romántico conmigo?*

Esta es una situación típica de la cual se quejan muchas mujeres casadas. Lo primero que quisiera preguntarle es: ¿Es USTED romántica con su esposo? ¿Sigue haciendo por él las pequeñas cosas que él disfruta? ¿Cultiva la pasión en usted misma y se la expresa a él? A veces las mujeres, después de casarnos, contribuimos a la falta de romanticismo en nuestro matrimonio sin estar conscientes de ello. Nos concentramos tanto en las tareas domésticas, y llegamos a preocuparnos tanto por los hijos y nuestro trabajo que descuidamos el romanticismo. En vez de seguir siendo una esposa para nuestro marido —la mujer con la que se casó— nos convertimos en su madre. Estar siempre preocupada por las tareas de la casa, por preparar la comida y por lavar la ropa no es nada romántico. Por eso tenemos que considerar qué falta ahora en la pareja, y cómo podemos reservar tiempo para el romance.

Puede comenzar considerando la historia de su relación. ¿Qué clase de vida romántica solían tener? Piense en la época en la que usted y su esposo se enamoraron. ¿Cómo se sentía usted? ¿Cómo era con él? ¿Qué sentía cuando ansiaba estar con él, cuando esperaba que viniera a buscarla para salir? ¿Cómo puede recuperar ese sentimiento de anticipación? ¿Cómo lo miraba? ¿Qué expresión tenía usted en los ojos? ¿Con qué tipo de caricia expresaba su amor por él? ¿Cómo se sentía cuando él la acariciaba? ¿Qué tipo de palabras usaba para recibirlo? ¿Qué tipo de actividades hacían juntos en aquella época? Cuando él se enojaba por algo, ¿qué hacía usted? ¿De qué forma le pedía a su marido que la apoyara cuando lo necesitaba?

Si quiere que su esposo sea más romántico, empiece por desarrollar el sentido del romanticismo en usted misma. Cuando se crean situaciones amorosas, se atrae el romance. Es posible que, a medida que su esposo note la intensidad de sus emociones, se sienta inspirado a colaborar en volver a crear la pasión que existió entre ustedes dos.

Yo soy una persona muy romántica. Cuando quiero recobrar el romanticismo en mi matrimonio recuerdo cómo era todo cuando conocí a mi esposo, Alex. Cuando lo miro a los ojos, tengo en cuenta cómo comenzó nuestro amor, y utilizo ese recuerdo en nuestra vida cotidiana. No me parece un esfuerzo mantener el romanticismo en la relación. Disfruto pensando de esta forma. Sé que cuando ese sentimiento no está ahí, es porque hay muchas actividades y distracciones en nuestras vidas y entonces vuelvo a él. Jamás olvido el romance. Es muy importante para mí y para nuestra relación.

Como mujeres, también debemos recordar que el romance no siempre es igual para nosotras que para los hombres, aunque ambos queremos ser amados y apreciados. El psicólogo John Gray dice que "los hombres se motivan y se sienten llenos de poder interior cuando se sienten necesitados, y las mujeres se motivan y se sienten llenas de poder interior cuando se sienten apreciadas". Tal vez necesitamos entender que somos distintos en ese sentido, y es posible que percibamos el concepto de "romance" de manera diferente. Cuando podamos apreciar estas diferencias, quizás aprendamos nuevos métodos para ser románticos el uno con el otro. ¿Qué hace usted para que su esposo se sienta especial y necesitado? Cuando hace estas cosas, ¿él la hace sentir apreciada?

Los latinos compartimos la idea de que el romance debe ser muy apasionado e intenso. Para nosotros, éste no es solamente una cena con velas y un ramo de rosas; es una intensa experiencia de emociones. Sin embargo, tal vez sea demasiado pedir esta intensidad todos los días. Recuerde que cuando usted y su esposo eran novios, sólo pasaban juntos unas pocas noches o días por semana. Ahora están juntos siempre, por lo que no sería realista esperar que cada momento esté pleno de pasión.

Sin embargo, lo que puede hacer es reservar cierto tiempo en la semana para disfrutar juntos románticamente. Usted aparta tiempo para su vida social, para estar con amigos o familiares, ¿no es verdad? Pues entonces puede reservar momentos para ustedes dos. Durante este tiempo compartido, pueden escoger lo que deseen para entrar en contacto con su pasión, para volver a conectarse con el amante latino que está dentro de cada uno. Encontrarán que desarrollar estas experiencias no sólo será placentero en ese momento, sino también creará recuerdos permanentes que los unirán aun más. Estas experiencias románticas harán más profunda su intimidad y les ayudará a atravesar las crisis de la vida.

Para un matrimonio, es muy importante crear un tiempo especial para el romance. Al igual que riega sus plantas y sus flores para que crezcan, debe suministrarle romance a su relación para mantenerla viva. No debemos olvidarnos del beso, de mirarnos a los ojos, de acariciarnos, de darnos masajes, de caminar de la mano, de tener conversaciones íntimas, de reír, de bromear, de dejar una nota amorosa para que la lea el otro, de preparar un almuerzo o una cena especial, de ver juntos una película de amor, de bailar a media luz. Si lo desea, puede hacer una lista de las expresiones de amor que más le gustan y compartirla con su esposo. Recuérdele lo que solían hacer juntos que despertaba la pasión y el romance en ambos. O sugiera nuevas formas de estar juntos.

Todos necesitamos pasión pues éste es un tributo a la vida, y una función natural de nuestro matrimonio. La pasión nos mantiene vivos, conectados con el espíritu de la juventud. Jamás permita que se le escape.

9. *Hemos vivido en los Estados Unidos durante varios años y ahora que la situación política y económica de nuestro país de origen ha mejorado, quiero volver. Pero mi esposa no quiere. Ella dice que aquí ha des-*

cubierto un nuevo modo de vida que le encanta. Tiene una profesión que le gusta y se siente más que "la esposa de alguien". Aunque en los Estados Unidos tenemos una vida más cómoda, yo ya no siento alegría de vivir. Extraño a mi familia y a mis amigos cercanos. Este país no me parece un hogar. Mi esposa y yo discutimos acerca de nuestro futuro, por lo diferentes que son nuestros sentimientos al respecto. Y sin embargo, no queremos separarnos. ¿Qué debemos hacer?

Como usted se dará cuenta, este conflicto no puede solucionarse rápidamente porque posee dos versiones, la de usted y la de su esposa. Ambas caras encierran sentimientos profundos, y también una serie de cuestiones a considerar. Este es un dilema que escucho muy a menudo de mis pacientes y de los participantes en mis programas. Ajustarse a un nuevo país y adaptarse a una forma de vida diferente a la que conocíamos "en casa", no es nada fácil. Tampoco lo es poner en peligro sus deseos y metas por la felicidad de su pareja.

Como inmigrantes latinos, tenemos raíces muy fuertes en nuestros países de origen. Acostumbrarnos al nuevo hogar requiere mucho valor y fortaleza. Hay muchas razones por las que la gente quiere vivir en los Estados Unidos. No es sólo porque quieran vivir con más "comodidades", ya que no es "cómodo" sentirse diferente a los demás. Es incómodo no poder hablar el idioma e integrarse a una sociedad nueva. También es incómodo tener que aceptar un trabajo de menor prestigio que el que teníamos en nuestro país. Todas estas cosas son muy incómodas y frustrantes. A veces, la gente nos humilla por ser latinos. Muchos creen que los latinos tratan de aprovecharse de los beneficios sociales que ofrece este país, aunque, en realidad, trabajamos muy duramente para conseguir lo que tenemos. Ser acusados injustamente no es nada cómodo ni agradable.

Pero cada uno de nosotros tiene razones muy valederas para venir a los Estados Unidos. De no ser así, no hubiéramos hecho el esfuerzo necesario para llegar y sobrevivir aquí. Cada uno invierte mucho de sí mismo al trasladarse a otro país. Los inmigrantes ilegales gastan todo lo que han ahorrado en su vida para cruzar ríos y montañas, arriesgándose a ser arrestados y en ocasiones hasta a morir.

Ni usted ni su esposa serán felices, ni serán capaces de hacerse feliz el uno al otro, si no pueden estar en paz con su decisión de quedarse aquí o de regresar a su país de origen. De alguna forma, tendrán que pasar algún tiempo considerando las ventajas y las desventajas de la vida aquí y allá, analizando no sólo cómo se siente usted, sino también la persona con la que ha escogido pasar su vida.

Su esposa tiene que enterarse si las oportunidades en su país de origen han mejorado desde que ustedes se fueron. ¿Es posible que pueda transferir lo que ha aprendido en los Estados Unidos a su país, de modo que allá pueda obtener un empleo satisfactorio como el que tiene aquí? ¿Y usted ha considerado lo difícil que podría resultar volver a adaptarse a su país de origen después de haber vivido en los Estados Unidos durante varios años? En ocasiones, la gente regresa a su país y se da cuenta de que ya no se siente cómoda allá tampoco. ¿Usted les ha dado una oportunidad honesta a sus amigos de los Estados Unidos para relacionarse socialmente con ellos, o ha extrañado tanto su tierra que no se ha abierto a nuevas amistades?

Usted y su esposa han estado casados durante unos pocos años y todavía no tienen hijos, pero también deben considerar qué sería lo mejor para éstos si los llegaran a tener. Varios factores deben estar presentes en su decisión. Deben sopesar las oportunidades que tendrían aquí y allá, la familia extensa que tendrán en su país de origen y las nuevas alternativas que podrían tener aquí.

En última instancia, su decisión debe tomarse desde una perspectiva a largo plazo; no debe basarse solamente en lo que sienten en este momento. ¿Es probable que las cosas mejoren para usted en los Estados Unidos a medida que haga nuevas amistades y se acostumbre a este modo de vida? ¿Puede su esposa disfrutar de la vida en su país de origen cuando se haya establecido profesionalmente allá? ¿Dónde tendrían sus futuros hijos más posibilidades?

Su relación amorosa con su esposa le proporciona la fortaleza para lidiar con los cambios y las dificultades de la vida. Quererse y estar a la disposición del otro brinda una base estable sobre la cual pueden florecer sus vidas. Cualquiera sea la decisión que tomen, dondequiera que decidan establecer su hogar, no olviden que lo fundamental es el amor y el apoyo mutuo.

10. Mis hijos parecen estar muy "americanizados". ¿Cómo les enseño a apreciar nuestra cultura?

Ante todo, nosotros tenemos que apreciar nuestra cultura. Si no sabemos nada de ella, si tenemos prejuicios ocultos o evidentes en su contra o criticamos a nuestra propia gente como sucede con algunos latinos, ¿cómo podemos enseñar a nuestros hijos el orgullo de ser quienes son? Por eso, debemos comenzar con nosotros mismos. Podemos reconocer nuestros prejuicios y opiniones y tratar de entender por qué existen. ¿Han influido la cultura de la mayoría en los Estados Unidos y los medios de difusión en cómo valoramos o no a nuestra gente? No estaremos evitando identificarnos con aquéllos que son menos afortunados que nosotros?

Por otro lado, ¿qué puede compartir con sus hijos que los estimule y despierte su interés por sus raíces culturales? Hay libros, revistas y películas que pueden disfrutar juntos para aprender más acerca de la cultura latina o la rica y variada historia de su país de origen (véase la lista de lecturas sugeridas, al final del Capítulo 6). ¿Hay determinadas áreas de su pueblo o ciudad que puedan visitar, que contengan elementos históricos? ¿Tiene su ciudad un museo cultural o un museo de arte que exhiba objetos y artefactos de sus antepasados? ¿Lleva a sus hijos a conciertos especiales de música latinoamericana? ¿Ha visitado su país de origen con sus hijos, y de ser así, les ha mostrado lugares, vecindarios, museos y murales de interés cultural?

No hay manera más significativa de conectarnos con nuestras raíces culturales que el contacto con las generaciones anteriores.

Si mantiene a sus hijos en contacto con sus abuelos, bisabuelos o con sus tíos abuelos, les brindará un sentido muy personal de su historia cultural. A veces damos por sabidas las historias que nos cuentan nuestros padres o abuelos sobre la vida en sus países de origen, cómo fue para ellos venir a los Estados Unidos, y los esfuerzos y ajustes que tuvieron que hacer para vivir aquí. Pero cuando estos familiares ya no estén, sería una tragedia que sus historias se borren con el tiempo. Estas historias nos ayudan a entender, de una manera muy personal, cómo nos ha moldeado nuestra historia y nuestra cultura. Sé de algunas familias que se han tomado el trabajo de hacer grabaciones en cintas de audio o de video de parientes ancianos narrando anécdotas que serán conservadas para las generaciones futuras. Me parece una forma excelente de preservar y transmitir cultura.

También quisiera compartir con usted un poco de información sobre un grupo maravilloso del sur de California que fue fundado por dos actores, Tony Plana y Ada Maris, para exponer a los niños pequeños a la cultura latina. Se llama "La Escuelita". Le sugiero que inicie un grupo semejante en su propia comunidad. "La Escuelita" enseña español a los niños latinos que no lo hablan o no lo hablan con fluidez. Allí también cocinan comidas latinoamericanas con los niños, organizan proyectos de artesanía relacionados a la cultura, disfrutan de juegos típicos y enseñan canciones en español y bailes folklóricos relacionados a las culturas tradicionales de América Latina. Mi esposo y yo esperamos que la participación de nuestras hijas en "La Escuelita" sea una experiencia divertida y enriquecedora.

Elija la forma que más le guste, pero no olvide que, de un modo u otro, incluir su cultura de origen en la vida de sus hijos de manera significativa es un regalo de incalculable valor para ellos. Les ayudará a entender quiénes son y de dónde provienen, y les dará la base para compartir este conocimiento con sus propios hijos el día de mañana.

CINTAS DE AUDIO DE AUTOAYUDA
PSICOLÓGICA DE LA DRA. ANA NOGALES

1. Superando nuestro pasado
2. Cómo quererse a sí mismo
3. Cómo salir de la depresión
4. Use el enojo positivamente
5. Comprenda y resuelva sus miedos
6. Cómo manejar la ansiedad
7. Quiera a su cuerpo, es su mejor amigo
8. Ideas y consejos sobre la pareja ideal
9. El hombre y la mujer; cómo entenderse mejor
10. Hacia una vida sexual sana
11. Cómo encontrar la felicidad
12. Aprenda a relajarse

(El juego de doce cintas de audio incluye una cinta de video y un manual de ejercicios.)

Para obtener información sobre cómo adquirirlas, por favor póngase en contacto con:

Nogales Psychological Group, Inc.
3550 Wilshire Boulevard, Suite 670
Los Angeles, CA 90010
Teléfono: (213) 413-7777
Internet: www.drnogales.com
E-mail: anogales@earthlink.net

asshole

complaint